KRETA

Sämtliche Museen und archäologische Stätten

Anna Kofou

EKDOTIKE ATHENON REISEFÜHRER
EKDOTIKE ATHENON S.A.
Athen 1992

MITARBEITER

FÜR DIE HÖHLEN:
Anna Petrocheilou
Vorsitzende der Griechischen Speläologischen Gesellschaft

FÜR DIE MUSEEN:

SITIA und AGIOS NIKOLAOS
Nikos Papadakis, Direktor der Museen

CHANIA und RETHYMNO
Stavroula Markoulaki, Direktorin der Museen

HISTORISCHES MUSEUM IRAKLIO und BYZANTINISCHE DENKMÄLER
Manolis Borboudakis, Direktor der byzantinischen Altertümer Kretas

FÜR DIE MYTHEN KRETAS:
Evangelos N. Roussos, Doktor der Philosophie

FÜR DIE PFLANZENWELT KRETAS:
Giorgos Sphikas, Erforscher der griechischen Pflanzenwelt

Verlagsleitung: George A. Christopoulos, John C. Bastias

Redaktion: Anna Tsangogiorga-Soupiona
Aus dem Griechischen: Dr. Hanns E. Langenfass, Ingrid Livieratou
Künstlerische Gestaltung: Tonia Kotsoni
Korrekturen: Ioanna Diamantourou, Dr Hanns E. Langenfass
Umschlaggestaltung: Spyros Karachristos
Landkarten: Chartekdotike Hellados-Dimitrios Tsopelas
Fotografien: Nikos Kontos, Nikos Desyllas
Farbreproduktionen: K. Adam E.P.E. und Ekdotike Hellados S.A.
Fotosatz: FOTOSYN, Solonos 68, Athens
Druck: Ekdotike Hellados S.A., Philadelphias 8

ISBN 960-213-057-1

EKDOTIKE ATHENON S.A.
1, Vissarionos St., Athens 106 72
Printed in Greece

INHALT

GEOGRAPHIE 5-18

Die Landschaft, Die Menschen, Die Berge, Die Hochebenen, Die Schluchten, Die Ebenen, Die Flüsse und Seen, Die Küsten, Die Verkehrsverbindungen, Das Klima, Die Landwirtschaft, Die geologische Vergangenheit, Die Vegetation, Die Tierwelt

DIE MYTHEN KRETAS 19-34

Götter und Heroen, Die Geburt des Zeus, Zeus und Europa, Das Reich des Minos, Talos, Die Kunst in der Zeit des Minos, Pasiphae - Minotauros, Ariadne - Theseus, Dädalos und Ikaros

GESCHICHTLICHER ÜBERBLICK 35

DIE ARCHÄOLOGISCHEN AUSGRABUNGEN 37

GESCHICHTE 37-82

Neolithische Zeit (6000-2600 v.Chr.), Vorpalastzeit (2600-2000 v.Chr.), Die Zeit der Alten Paläste (1900-1700 v.Chr.), Die Zeit der Neuen Paläste (1700-1450 v.Chr.), Nachpalastzeit (1450-1100 v.Chr.), Protogeometrische Zeit (1100-900 v.Chr.), Geometrische und Orientalisierende Zeit (900-650 v.Chr.), Archaische Zeit (650-500 v.Chr.), Klassische und Hellenistische Zeit (500-67 v.Chr.), Römische Zeit (67 v.Chr.-330 n.Chr.), Erste Byzantinische Zeit (330-824), Die Arabische Besetzung (824-961), Zweite Byzantinische Zeit (961-1204/10), Venezianische Herrschaft (1204-1669), Türkische Zeit (1669-1898), Neueste Zeit

BESCHREIBUNG DER INSEL 83

IRAKLIO 84

Geschichte der Stadt. Besichtigung 86

DIE MUSEEN

Das Archäologische Museum 92, Das Historische Museum Kretas 108, Die Kirche Agia Ekaterini - Sammlung Byzantinischer Ikonen 118

RUNDFAHRTEN 1-7 126

Das Ausgrabungsgelände von Knossos, Ausgrabungsgelände von Archanes, Ausgrabungsgelände von Phästos, Ausgrabungsgelände von Agia Triada, Ausgrabungsgelände von Tylissos, Die Sentoni-Höhle, Die Idäische Grotte, Kasteli Pediados (Venezianisches Kastell), Die Eileithyia-Höhle, Ausgrabungsgelände von Malia, Die Milatos-Höhle, Die Diktäische Grotte.

AGIOS NIKOLAOS 184

Geschichte der Stadt 184, Das Archäologische Museum 186

Rundfahrten 8-11 192

Verkehrsverbindung nach Spinalonga, Kirche Panagia Kera in Kritsa, Das archäologische Gelände von Gournia, Volkskundemuseum in Chamezi

SITIA 205

Das Archäologische Museum 206

Rundfahrten 12-13 212

Ausgrabungsgelände von Zakros, Kloster Toplou, Kloster Kapsa, Melidoni-Höhle

Rundfahrt 14 222

RETHYMNO 226

Geschichte der Stadt 228, Das Archäologische Museum 230

Rundfahrten 15-18 236

Kloster Arkadi, Amari Tal, Kloster Preveli, Kourna See

CHANIA 246

Geschichte der Stadt 246, Besichtigung der Stadt 248, Das Archäologische Museum 250

Rundfahrten 19-26 258

Gouverneto-Höhle, Kloster Chrysopigi, Hochebene von Askypho, Schlucht von Samaria, griechisch-römische Stadt Elyros, Kasteli Kisamou, Kloster Chrysoskalitissa, Kasteli Selinou

1

GEOGRAPHISCHER ÜBERBLICK

Die Landschaft

Kreta ist die größte griechische Insel und nach Sizilien, Sardinien, Zypern und Korsika die fünftgrößte Insel des Mittelmeeres. Die Bodenfläche beträgt 8261 qkm (mit den kleinen Inseln Gavdo und Dia 8303 qkm), die Küstenlänge 1046 km. Eigentlich ist Kreta ein Bergzug, der das ägäische Meer nach Süden abschließt. Gleichzeitig verbindet es Asien mit Europa. Die besondere geographische Lage zwischen Europa, Asien und Afrika bestimmte auch den Verlauf der Geschichte im Altertum und in neuerer Zeit. Die Insel hat eine langgestreckte Form. Von Westen nach Osten beträgt die größte Länge 260 km, die größte Breite ist 60 km. An manchen Stellen verengt sich die Landmasse sehr stark, wie am Isthmus von Ierapetra, wo die Insel nur noch 12 km breit ist. Im Süden grenzt die Insel an das Libysche Meer, im Westen an das Myrtoische Meer, im Osten an das Meer von Karpathos und im Norden an das Kretische Meer. Die Küsten, die im nördlichen Teil sanft und im Süden schroff sind, sind von kleineren Inseln umgeben (Koufonisi, Gaidouronisi, Dia, Agii Pantes, Spinalonga, Gavdo u.a.). Gavdo im Libyschen Meer ist der südlichste Punkt Europas.

Nach den Ergebnissen der letzten Volkszählung (1981) hatte die Insel 502.165 Bewohner. Verwaltungsmäßig ist die Insel in vier Präfekturen eingeteilt. Von Westen nach Osten sind es die Präfektur Chania mit der Hauptstadt Chania, die Präfektur Rethymno mit der Hauptstadt Rethymno, die Präfektur Iraklio mit der Hauptstadt Iraklio und die Präfektur Lasithi mit Agios Nikolaos als Hauptstadt. Hauptstadt und zugleich größte Stadt der Insel ist Iraklio (101.634 Einwohner).

Die Menschen

Die Bewohner von Kreta gehören dem sogenannten mittelmeerischen Typ an, dessen wichtigste Merkmale sie aufweisen. Die Mehrzahl wohnt in den sechs größten Städten der Insel, in den vier Provinzhauptstädten, in Ierapetra und in Sitia, und ist im Handel, der Industrie, dem Tourismus etc. tätig. Die übrigen Bewohner sind vor allem in Landwirtschaft und Viehzucht beschäftigt.

Fast alle Bewohner der Insel, vor allem jedoch der kleineren Ortschaften und Dörfer, halten an den überlieferten Sitten und Bräuchen fest. Auf dem Land trifft man in Kreta häufig ältere Männer in traditioneller Tracht (weite Hose und Kopftuch). Die Frauen dagegen tragen die reichbestickte, überlieferte Tracht nicht mehr, doch weben und

1. Der berühmte Strand von Vai an der Nordostküste Kretas.

2

3

2. Junge Kreterinnen in einheimischer Tracht.

3-4. Die Volkstänze Kretas sind besonders interessant und werden gewöhnlich von traditionellen Musikinstrumenten begleitet.

4

5

sticken sie immer noch die traditionsreichen Textilien, die wegen ihres ornamentalen Reichtums und der Kombination der Farben bemerkenswert sind. Mehr noch als in anderen Teilen Griechenlands hält man in Kreta an engen familiären und verwandtschaftlichen Beziehungen und an der herkömmlichen Gastfreundschaft fest. Bis heute haben sich zahlreiche alte Bräuche erhalten wie auch die traditionelle Musik, die auf der uralten kretischen Lyra gespielt wird (ein Musikinstrument mit drei Saiten), die Tänze (Pentozalis, Chaniotikos, Kritikos, Ortses, Sitiakos, Melevisoustikos) und die melodischen Mantinades. Die Bewohner von Kreta sind berühmt für ihr Selbstbewußtsein, ihre Freiheitsliebe und ihr Bedürfnis nach Unabhängigkeit. Sie waren deshalb auch an allen Kämpfen des griechischen Volkes führend beteiligt und schrieben ruhmvolle Seiten seiner heroischen Geschichte. In den Dörfen und Städten Kretas lernt der Reisende Menschen von außergewöhnlicher Schönheit kennen.

Die Berge — Die Hochebenen

Ein wesentliches Merkmal der kretischen Landschaft sind die hohen Berge. Sie bestehen aus Kalkstein und durch die Verkarstung des Kalkbodens bildeten sich Talkessel und Hochebenen sowie zahlreiche eindrucksvolle Höhlen, von denen viele im Altertum kultischen Zwecken dienten. Die Berge Kretas bilden einen Teil des Dinarotaurischen Bogens, der in den dinarischen Alpen beginnt, sich in den Bergen Albaniens, dem Pindos, dem Peloponnes, Kythera und Antikythera, Kreta, Karpathos und Rhodos fortsetzt und im kleinasiatischen Taurusgebirge endet. In Kreta gibt es drei große Bergmassive, von denen jedes seine Eigenart besitzt. Zwischen den Hochgebirgszügen liegen die Gebirgs- und Mittelgebirgszonen, die den größten Teil der Gesamtfläche einnehmen. Einer dritten Zone, dem Tiefland, begegnet man an den Küsten und im Landesinneren. In Westkreta erheben sich die Lefka Ori oder Madares, ein Gebirgszug mit zahlreichen Gipfeln, dessen höchste Erhebung der Pachnes (2453 m) ist. Der Ida oder Psiloritis, ein geschlossenes, langgestrecktes Bergmassiv mit dem Timio Stavro (2456 m) als höchster Erhebung, ist das wichtigste Gebirge und zugleich der höchste Punkt Kretas. An der Westseite des östlichen Kreta befindet sich der Dikti, auch Lasithiotika Vouna genannt, ein Bergmassiv mit zahlreichen Gipfeln, dessen höchster Gipfel der anonyme 2148 ist. Zwischen den Gipfeln liegt die bekannte Hochebene von Lasithi (Ausdehnung 402 qkm). An der Südseite der Insael erheben sich niedrigere Gebirgszüge wie der Kedros (1777 m), der vom Idagebirge durch das Amari-Tal getrennt ist. Nördlich des Ida befindet sich der Kouloukona, ein anderer, kleinerer Bergzug, der im Altertum als Tallaiagebirge bekannt war. Dazwischen erstreckt sich das Tal von Mylopotamos. Südlich der Mesara-Ebene erhebt sich der Berg Kofinas (Arteriousa Ori, höchster Gipfel 1231 m). Zwei große Bergmassive finden sich schließlich im Kreis Sitia: Im Westen das Sitia-Gebirge (die höchsten Gipfel sind der Kliros mit 1320 m und der Afendis Kavousi mit 1476 m) und im Osten niedrigere Berge (die höchsten Gipfel sind der Plagia mit 819 m und der Prinias mit 803 m.) Außerdem besitzt jede Halbinsel ihren eigenen niedrigeren Bergzug.

5. Beschneiter Gipfel des Psiloritis.

6

6. Die Hochebene von Lasithi mit den charakteristischen Windmühlen zur Bewässerung.

In Kreta gibt es drei Bergsteigervereine: in Iraklion, in Chania und in Rethymno. Drei Schutzhütten für Bergsteiger sind in den Bergen Kretas

7

7. Landschaft mit Buschwerk und Gestrüpp bei dem Dorf Gonies/Lasithi.

eingerichtet: in den Lefka Ori, in Kallergi (in 1680 m Höhe) mit Unterkunft für dreißig Personen und in Volika (in 1480 m Höhe) mit Unterkunft für vierzig Personen. Beide gehören dem Bergsteigerverein Chania. Auf dem Psiloritis, in Prinos (in einer Höhe von 1100 m) gibt es eine weitere Schutzhütte für sechzehn Personen, die dem Bergsteigerverein Iraklio gehört.

Eine weitere Besonderheit der Landschaft Kretas sind die vielen Hochebenen, die sich zumeist in der mittleren Zone der Gebirge befinden. Hier sammelt sich im Winter das Wasser. Manche der Hochebenen sind fruchtbar und dicht besiedelt. Andere werden als Weiden genutzt. Die schönste und eindrucksvollste ist zweifellos die Hochebene von Lasithi, die von den Gipfeln des Dikti umgeben ist, und in einer Höhe von etwa 900 m liegt. Sie ist heute, wie schon im Altertum, dicht besiedelt. Bedeutend sind auch die Hochebenen von Omalo in den Lefka Ori in einer Höhe von 700 m, Nida am Psiloritis in etwa 1400 m Höhe in der Nähe der Idäischen Höhle, Askyphos u.a. Hochebenen, die in großer Höhe liegen (wie etwa die von Omalos) werden nur im Sommer bewohnt und sind verhältnismäßig leicht erreichbar.

Die Schluchten

Eines der wichtigsten Merkmale der kretischen Landschaft sind die vielen Schuchten, die die Insel in nordsüdlicher Richtung durchziehen. Fast alle beginnen in der Gebirgszone und enden in der Nähe des Meeres. Ihre Bedeutung für die Erhaltung der seltenen Flora und Fauna ist sehr groß, denn es sind die einzigen Gebiete, die der menschlichen Einwirkung weitgehend entzogen sind. Am bekanntesten wegen ihrer Schönheit und Größe ist die Schlucht von Samaria, die berühmte Faranga, die 18 km lang ist. Die Breite wechselt zwischen 3 m an der schmalsten und 150 m an der breitesten Stelle. Um sie zu durchwandern, benötigt man mehr als 7 Stunden. In der Tiefe der Schlucht schlängelt sich ein kleiner Gebirgsbach mit kaltem Wasser. Bei einer Wanderung durch die Schlucht muß man diesen Bach 47 Mal überqueren. Die Wände der Schlucht erreichen oft eine Höhe von 500 m. Die Gipfel der Umgebung (Gingilos, Volakias, Pachnes) sind höher als 2000 m.

An den Rändern der Schlucht wachsen Wälder aus wilden Zypressen (Cypressus sempervirens) mit waagrechte Ästen und Kiefern der Art Pinus brutia. In der Tiefe der Schlucht gibt es Platanen. Die Schlucht ist voll seltener Wildblumen der kretischen Flora. Hier befindet sich auch die letzte Zufluchtsstätte der kretischen Wildziege (Kri-kri), weshalb das Gebiet zum Nationalpark erklärt wurde. Es ist in der Schlucht verboten zu jagen, Holz zu fällen, Wildpflanzen zu pflücken und zu nächtigen.

Andere große Schluchten Kretas sind die Schlucht von Imprio zwischen dem Dorf Imprio und Sfakia, die Schlucht von Kourtalio, wo auch das historische Kloster Preveli liegt, die Schlucht von Topolia in der Nähe des Dorfes Topolia, wo es außer Tausenden von Platanen, die ihre Blätter abwerfen, auch verschiedene immergrüne gibt, die Schlucht von Prasia in der Präfektur Rethymno u.a.

Die Ebenen

Große Ebenen gibt es in Kreta nicht. Zwischen den Bergmassiven liegen allerdings kleine, frucht-

8. Die berühmte Schlucht von Samaria.

8

9

10

bare Ebenen wie auch an manchen Küstengebieten der Nordseite der Insel, vor allem an den Buchten. Die bedeutendste Ebene ist die Mesara-Ebene (Präfektur Iraklio) auf der Südseite Mittelkretas. In der Geschichte der Insel spielte die Mesara eine wichtige Rolle, denn wegen ihrer Fruchtbarkeit war sie durch die Jahrhunderte die Kornkammer Kretas. In minoischer Zeit entwickelten sich hier bedeutende Siedlungen und Paläste (Phästos, Agia Triada). Bemerkenswert sind auch die Ebenen von Kisamos, Kydonia, Apokorono und Agios Vasilios (Präektur Rethymno). In der Präfektur Iraklio befinden sich die Ebene von Iraklio und die Ebene von Pediada. In der Präfektur Lasithi liegt die Ebene von Ierapetra. Die landwirtschaftliche Nutzung erstreckt sich nicht nur auf die Ebenen, sondern auch auf die flacheren Abhänge der Berge, die zumeist in beträchtlicher Höhe über dem Meer liegen.

Die Flüsse und Seen

Große Flüsse gibt es in Kreta nicht. Die meisten Wasserläufe führen im Sommer nur sehr wenig oder gar kein Wasser. Bekannt sind der Geropotamos, der Kiliaris, der Anapodiaris, der Megas Potamos u.a. Seen gibt es nur zwei: den Kourna-See im Kreis Apokorono und den Agios Nikolaos-See der gleichnamigen Stadt am Golf von Mirambelo. Wegen der Kalksteingebirge gibt es in Kreta auch keinen Überfluß an Quellen. Die meisten vorhandenen Quellen befinden sich in Südkreta und an den südlichen Küsten.

Die Küsten

Die Küsten Kretas sind vielgestaltig und vielfach gezackt. Sie bilden zahlreiche größere und kleinere Buchten, Vorgebirge und Halbinseln. Die nördlichen, eher sanften Küsten werden von kleineren und gröberen Sandstränden unterbrochen, die für einen Ferienaufenthalt mit Schwimmen und Wassersport besonders geeingnet sind. Die südlichen, felsigen Steilküsten sind einsamer und abgelegener. Sie sind von eigener Schönheit und bieten sich allen an, die Stille und die Nähe der Natur suchen.

9. Der Strand von Paläokastro.

10. Das eigenartige Matala.

11. Der Strand von Vai und die Palmen.

11

12

12. *Kretische Hochzeitskringel und Obst.*

Die Verkehrsverbindungen

Kreta besitzt vor allem auf der Nordseite ein gut ausgebautes Straßennetz. Linienflüge verbinden die Insel ganzjährig mit Athen (Flughäfen in Chania, Iraklion und Sitia). Im Sommer gibt es Flugverbindungen nach Paros, Mykonos, Santorin und Rhodos.

Die wichtigsten Häfen der Insel liegen gleichfalls an den nördlichen Küsten (Souda, Kisamos, Chania, Iraklio, Rethymno, Agios Nikolaos und Sitia). Für den Handel und die Passagierschiffahrt sind vor allem die Häfen Chania und Iraklio an der Nordküste bedeutsam. Jeden Tag gibt es mehrere Schiffe von und nach Piräus und nach anderen Inseln der Agäis. Im Sommer gibt es auch Schiffe nach Zypern. Regelmäßige Fährschiffverbindung besteht zwischen Kastelli Kisamou und dem Peloponnes (Gythio, Monemvasia, Neapoli) und Kythera. Mit Ausnahme von Kali Limenes und Ierapetra sind die Häfen auf der Seite des Libyschen Meeres von geringer Bedeutung. Von der Südküste fahren kleinere Motorschiffe nach Gavdo, das als einzige der kleinen Inseln, die Kreta umgeben, bewohnt ist.

Das Klima

Das Klima Kretas ist mild, gesund und ohne heftige Schwankungen. Wissenschaftlich wird es als gemäßigtes Meeresklima bezeichnet. Der Winter ist im allgemeinen mild, Schnee fällt nur auf den sehr hohen Bergen. In den Niederungen regnet es, jedoch ist die Zahl der Sonnentage sehr groß. Der Sommer ist heiß und trocken, wärmer im östlichen Kreta und besonders warm an den Küsten des Libyschen Meeres. Das milde und warme Klima begünstigt zu allen Jahreszeiten den Anbau von Obst und Gemüse, der in anderen Landschaften Griechenlands nur in den Sommermonaten möglich ist.

Die Landwirtschaft

Trotz seiner gebirgigen Landschaft ist Kreta im allgemeinen fruchtbar. Die intensiv betriebene Landwirtschaft bringt einen großen Reichtum an landwirtschaftlichen Produkten hervor. In den Bergen wachsen Walnüsse und die wohlschmeckenden kretischen Kastanien. In der mittleren Zone dominieren die Ölbäume und der Weinbau. In den kretischen Weinbergen werden Trauben kultiviert, aus denen Weine von hervorragender Qualität hergestellt werden, die auch in europäische Länder exportiert werden. Bemerkenswert sind auch die hervorragenden kretischen Sultaninen. In tieferen Lagen werden Zitrusfrüchte angebaut, vor allem Orangen und Mandarinen, sowie verschiedene Gemüsesorten.

Auch hier findet sich der Ölbaum, der die ganze Insel beherrscht.

Weitere landwirtschaftliche Erzeugnisse Kretas sind Johannisbrot, gelbe Erbsen, Kräutertee, Saubohnen, Oregano, Flachs, In den flacheren und wärmeren Gebieten gibt es eine große Zahl von Gewächshäusern, in denen das ganze Jahr hindurch Tomaten, Gurken, Auberginen, Bananen etc. angebaut werden.

Bananen und Avocados werden in manchen Gegenden auch im Freien kultiviert.

Sehr hoch entwickelt sind auf der Insel die Bienenzucht und die Viehzucht wie auch die Käseherstellung. Kreta ist besonders berühmt für seine wohlschmeckenden Käse wie Graviera, Mizithra und Anthotiro.

Die geologische Vergangenhelt

Die Morphologie Kretas ist das Ergebnis der verschiedenartigsten geologischen Phänomene und tektonischen Bewegungen. Vor etwa zehn Millionen Jahren brach Kreta vom Festland los, das damals Griechenland und Kleinasien verband, als das ganze Gebiet vom Meer überschwemmt wurde.

Im Pliozän, vor 1-3 Millionen Jahren, nahm Kreta annähernd seine heutige Form an und die Berge entstanden. Die geologischen Verschiebungen und die Veränderungen des Klimas prägten das Leben auf den Insel. Viele und große Säugetiere, wie der Elephas antiquus, der winzige Elephas creticus, Flußpferde, Rhinozerosse, Wildrinder, Hirsche und Bisone, die ursprünglich die Insel bewohnt hatten, starben aus. Die ersten menschlichen Bewohner, die in kleinen Gruppen lebten, sind zwischen 6000 und 5000 v.Chr. nachweisbar. Neuere wissenschaftliche Untersuchungen jedoch deuten auf das Vorhandensein menschlichen Lebens bereits im Paläolithikum.

Es scheint, daß in diesem Zeitraum Kreta vollständig von Bäumen und dichten Wäldern bewachsen war. Wälder muß es in einem gewissen Umfang auch noch in jüngerer Zeit gegeben haben, denn nach den Zeugnissen der minoischen Zeit wurde Zypressenholz in alle Nachbarländer ausgeführt. In homerischer Zeit war der Psiloritis mit unermeßlichen Wäldern bewachsen. Seine Bezeichnung im Altertum -Idi- ist auf das dorische Wort Ida zurückzuführen, das Baum, Wald und bewaldeter Berg bedeutet. Heute sind von diesen Wäldern nur noch geringe Reste erhalten. Die Vernichtung der Wälder und die Verkarstung der Berge ist hauptsächlich auf Zerstörungen zurückzuführen, die vor allem in venezianischer und türkischer Zeit verursacht

13

14

13. Das Melken der Ziegen in Anogia.

14. Schäfer auf einer kretischen Wiese.

wurden. Das Fehlen von Wasser und Flüssen sowie die Weidewirtschaft führten dazu, daß die Wälder heute weniger als 1/10 der Bodenfläche bedecken und Buschwerk vorherrscht.

Die Vegetation

Nach Schätzungen der Wissenschaftler gibt es auf der Insel nahezu 2000 verschiedene Pflanzenarten. Von diesen sind etwa 160 ausschließlich in Kreta heimisch und kommen in anderen Teilen der Welt nicht vor. Die große Vielfalt an Pflanzen läßt sich von den Ebenen und Küsten bis zu den Bergmassiven verfolgen. Die blühende Pflanzenwelt bietet im Frühling einen ganz außerordentlichen Anblick. Im Sommer beherrscht das Gebüsch das Bild. Mit den ersten Regenfällen des Herbstes beginnen die Pflanzen zur grünen. Im Winter gibt es an windgeschützten Stellen eine große Anzahl von Anemonen und im Tal von Mirambelo erscheinen Ende Januar die Narzissen, die wilden Tulpen, Orchideen und vor allem Asphodelen. Die meisten der seltenen Pflanzen Kretas finden sich in den Schluchten oder an abgelegenen Berghängen. (Einige dieser Pflanzen sind: Ebenus cretica, Linum arboreum, Campanula pelviformis, Staechelina arborea, Petromarcula pinnata, Tulipa bakeri, Tulipa saxatilis, Anchusa caespitosa, Ersinum raulinii, Dianthus juniperinus, Dianthus pulviniformis, Crocus oreocreticus, Asperula idaea, Arum Idaeum, Scabiosa albocincta, Scabiosa minoana). Seltene Pflanzen trifft man auch in den Ebenen oder an den Küsten. Als besonders typisch müssen die kretische Palme (Phoenix Theophrastii) erwähnt werden, die am Strand von Vai wächst und zu den Sehenswürdigkeiten der Insel gehört, das Pancratium maritimum, die Centaurea pumilio, die Anthemis tomentella, die Anthemis filicaulis, das Eryngium ternatum, das Teucrium cuneifolium u.a.

Schließlich gibt es mehrere sehr interessante und schöne Pflanzen, die sowohl in Küstennähe wie auch in den Gebirgen und in der Mittelgebirgszone wachsen wie Cyclamen creticum, Gladiolus italicus, Chrysanthemum coronarium, Cistus villosus-creticus u.a.

Viele der in Kreta heimischen Pflanzen gibt es in großer Fülle, andere hingegen sind außerordentlich selten geworden, weil ihre Biotope zerstört oder sie im Übermaß gepflückt wurden. Zu dieser Gruppe muß auch das berühmte Diktamen gezählt werden (Origanum dictamnus) und die wundervolle Paeonia clusii mit ihren strahlendweißen Blüten.

Ein besonderes Element der kretischen Vegetation bildet die in der Welt einzigartige immergrüne Platane. In Kreta gibt es die im ganzen östlichen Mittelmeergebiet bekannte Platanus orientalis, ein Baum, der seine Blätter abwirft. In manchen Gebieten lassen sich allerdings auch Bäume der Art finden, die das ganze Jahr hindurch ihre Blätter behalten. In der Wissenschaft werden sie mit dem Namen varietas cretica bezeichnet.

Die Tierwelt

Neben seiner reichen Pflanzenwelt besitzt Kreta eine besonders interessante Tierwelt. Außer den Tieren, denen man gewöhnlicherweise auch im übrigen Griechenland begegnet wie Hase, Igel, verschiedenen Nagetieren und Fledermäusen, ist als Art einzigartig die kretische Wildziege (Capra aegagrus - cretica), die eine besonders eindrucksvolle Erscheinung ist. Sie lebt heute nur noch in den Lefka Ori, dem Nationalpark von Samaria, wie auch auf den Kreta benachbarten kleineren Inseln Dia, Thodorou und Agii Pantes. Im Altertum, besonders in minoischer Zeit, gab es Wildziegen in großer Zahl auf der Insel. Aus der Vielzahl der Darstellungen in der Kunst jener Zeit läßt sich erschließen, daß der Wildziege unter den heiligen Tieren besondere Bedeutung zukam.

Andere interessante Säugetiere Kretas sind der kretische Marder (Martes foina-bunites), der kretische Dachs (Meles meles-arcalus), die kretische Wildkatze (Felis silvestris-agrius) das kretische Wiesel (Mustela nivalis-galinthias), und der Acomus minus, eine Mäuseart mit Stacheln, die auf der Welt einzigartig ist.

Unter den Vögeln sind der kretische Goldadler hervorzuheben (Aquila chrysaetus) und der Lämmergeier (Gypaetus barbatus), eine auf der Welt einmalige Unterart. Kreta ist berühmt für seine vielen Geier (Gyps fulvus), die in den Bergen und Schluchten Kretas nisten. Kreta ist eine wichtige Zwischenstation für alle Arten von Zugvögeln, die jedes Jahr im Frühling aus Afrika nach Europa ziehen und im Herbst zurückkehren.

15. Asiatischer Hahnenfuß (Ranunculus asiaticus).

16. Kretische Zistrose (Cistus villosus-creticus).

17. Kronenwucherblume (Chrysanthemum coronarium).

18. Strandnarzisse (Pancratium maritimum).

19. Kronenanemone (Amenone coronaria).

20. Felstulpe (Tulipa saxatilis).

15

16

17

18

19

20

21

DIE MYTHEN KRETAS

Götter und Heroen

Die ältesten Mythen Kretas erzählen von der klugen Ordnung des Lebens in minoischer Zeit, von den „göttlichen" Gesetzen des kretischen Staates, dessen Macht und Ausbreitung sich auf Inseln und Länder im weiten Umkreis erstreckte. Sie erzählen auch von dem Reichtum und der technischen Entwicklung, von Persönlichkeiten mit überragenden Fähigkeiten, die diese hochstehende Gesetzgebung und die unübertrefflichen Kunstwerke geschaffen hatten, und das Volk vor jedem Unheil bewahrten.

Diese Mythen, zumindest in der Form wie sie durch die griechischen Autoren, die sie der offiziellen Religion und politischen Erfahrung in Griechenland anpaßten, weitergegeben wurden, vermitteln ein Kretabild, das vorallem durch eine ausgeprägte Tradition der Verehrung der Zeit und der Sterne und eine Blüte der minoischen Kultur mit einer gewissen Zentralmacht um die Person des Minos gekennzeichnet ist. Die Verehrung von Sonne und Mond, die auch aus den Ländern des Vorderen Orients bekannt ist, Kulte wie der des Zeus Asterios und der Astarte mit magischen Ritualen um Regen und Fruchtbarkeit, mit geheimnisvollen Tänzen und Feiern wie dem Stierspringen, deren älteste Kultorte die großen Höhlen Kretas waren, die Idäische Grotte und die Diktäische Grotte, führten zur Herausbildung der Mythen von Zeus und Europa, von Minos und Pasiphae, von Talos und Dädalos, vom Minotauros und vom Labyrinth, von Ariadne und Diktynnis oder Britomartis. Andrerseits waren die Überlieferungen von lokalen Herrschern und die Erinnerung an die Macht des minoischen Kreta, an seine Ausdehnung mit Städten innerhalb und außerhalb Kretas anscheinend Anlaß für die Mythen von Radamanthys, Sarpedon, Gortys, Kydonas, Deukalion, Idomeneus, Katreas, Althamenes, Miletos, Pandareos, Kaunos und Byblis. Diese Heroen werden ausnahmslos als Vorfahren oder Abkömmlinge des Minos bezeichnet.

21. Die Tötung des Minotauros durch Theseus und die damit verbundenen Abenteuer bilden einen der packendsten Mythen Kretas. In diesem Mythos wird von den beiden mächtigsten Königen Griechenlands der Vorzeit berichtet: Minos von Kreta und Theseus von Attika. Auf dem Bild hat sich Theseus mit dem Schwert auf Minotauros gestürzt, der, verwundet und geschwächt, sein Ende nahen sieht und von seinem Widersacher Gnade erbittet, wie auch Minos, sein sterblicher Vater, der ihm zu Hilfe geeilt war (Rotfiguriger Krater. Um 470 v. Chr. Ferrara, Museo Archeologico di Spina)

Die Geburt des Zeus

Die mythische Überlieferung berichtet, daß Kreta nach einer Tochter des frühesten kretischen Königs Asterios benannt wurde, der tatsächlich kein anderer ist, als Zeus Asterios. Die Geschichte Kretas beginnt mit Zeus, der selbst in Kreta geboren und dort aufgezogen wurde (Kretagenes). Von der Geburt des Zeus wurde erzählt, daß sein Vater Kronos, als er noch König des Himmels war, von seinen Eltern Uranos und Gaia gehört hatte, daß eines seiner Kinder ihm

22

22. Man erzählte, daß der neugeborene Zeus im Idagebirge von der Ziege Amalthea mit ihrer Milch ernährt wurde. Andere wiederum sagten, daß Amalthea eine Nymphe war. Eine Nymphe reicht auch hier dem jungen Gott ein großes Horn, das Symbol der Fruchtbarkeit und des Reichtums, um daraus zu trinken. Der Künstler betont, entsprechend den künstlerischen Vorbildern Alexandrias, hier besonders die natürliche Umgebung (Relief. Um 130 v. Chr. Rom, Musei Vaticani).

die Macht rauben würde. Er verschlang deshalb seine Kinder sofort nach der Geburt und behielt sie in sich, um sicher zu sein, daß sie ihm nicht schadeten. Seine Gemahlin Rhea war untröstlich über dieses Unheil, denn sie konnte sich nicht an ihren Kindern erfreuen. Als die Stunde kam, in der sie ihren letzten Sohn Zeus zur Welt bringen sollte, bat sie Uranos und Gaia um Hilfe, um das Kind vor seinem Vater zu verbergen. Uranos und Gaia hatten Erbarmen mit Rhea, und Gaia selbst brachte Zeus nach seiner Geburt nach Kreta und verbarg ihn im Idagebirge. Kronos gab man einen umwickelten Stein, den er verschlang ohne Verdacht zu schöpfen. Damit Kronos das Weinen des Neugeborenen nicht hören konnte, tanzten die Koureten, wohlmeinende Dämonen Kretas, die sich vor der Höhle aufhielten, in der das Kind verborgen war, und lärmten gewaltig. Das göttliche Kind wurde mit der Milch einer Ziege ernährt, die Amalthea hieß. Später, als Zeus König geworden war, ehrte er sie besonders. Er versetzte sie unter die Sterne und machte sie zu einem leuchtenden Gestirn im Sternbild des Steinbocks. Ihre Haut trug Zeus selbst und im Kampf mit den Titanen war sie sein unbezwinglicher Schild, die berühmte Ägis. Das Horn der Amalthea wurde ein Symbol der Fruchtbarkeit. Wiederum andere berichteten, daß Amalthea eine Nymphe war, die gemeinsam mit Ida, Adrasteia und anderen Nymphen Zeus aufzog. Das an Körper und Geist rasch herangewachsene göttliche Kind fühlte sich bald stark genug, mit Kronos zu kämpfen, dem es an Stärke und Gewandtheit überlegen war. Nachdem Kronos von seinem Sohn besiegt worden war, „erbrach" er alle seine Kinder, die er verschlungen hatte und als erstes kam der Stein zum Vorschein, den er statt Zeus verschlungen hatte. Diesen Stein nahm Zeus und stellte ihn auf den Parnas, in das Orakel von Delphi, damit auf immer Götter und Menschen ihn sähen und die Macht des Zeus bewunderten und verehrten.

Zeus und Europa

Zeus, so wurde erzählt, wurde der Stammvater der Kreter, als er sich mit der schönen Prinzessin Europa vereinigte, die er von der phönizischen Küste nach Kreta brachte. Nach dem Mythos war Europa an einem schönen Morgen mit ihren Freundinnen in ein Tal in der Nähe des Strandes gegangen, um Blumen zu pflücken. Zeus näherte sich den Mädchen in Gestalt eines Stieres, der makellos weiß, voll Anmut und Schönheit war. Über den strahlenden Augen leuchteten die beiden Hörner wie ein goldener Halbmond auf seinem Kopf. Mit sanftem Muhen näherte er sich den Mädchen und legte sich Europa zu Füßen. Die Mädchen waren entzückt, faßten Mut und begannen, ihn mit neugieriger Bewunderung zu betrachten. Kurz danach setzte sich Europa fröhlich

23. Damit Kronos nicht das Weinen des Zeus hören konnte, der in einer Höhle des Ida heranwuchs, tanzten die bewaffneten Koureten davor und lärmten mit ihren Schilden. Auf dem Bild bemühen sich die Koureten mit dem Klang ihrer Schilde die Stimme des Kindes zu übertönen, das die Nymphe Amalthea im Arm hält (Römisches Architekturrelief. Augusteische Zeit. Paris, Louvre).

23

24

25

24. Zeus, der sich in einen Stier verwandelt hat, entführt Europa. Rotfigurige Amphora aus dem Beginn des 5. Jhs. v. Chr. (Archäologisches Museum Tarquinia).

25. Der mächtigste der olympischen Götter war Zeus. Als Himmelsgott, was durch viele seiner Beinamen belegt wird, schickte er die Winde, die Wolken, Regen und Blitz und Donner auf die Erde, um den Guten Gutes zu tun und die Frevler und Ungerechten zu bestrafen. Er wird hier mit seinem Szepter und seinem Blitz dargestellt, eindrucksvoll und hochfahrend (Rotfigurige attische Amphora. Etwa 480-470 v. Chr. Staatliche Museen, Berlin).

26

lachend auf seinen Rücken. Plötzlich erhob sich das Tier und stürmte zum Meer. Um nicht zu stürzen, klammerte sich das Mädchen an seinem Rücken fest und rief verzweifelt um Hilfe, die Freundinnen waren jedoch in panischem Schrecken geflohen. Mit Europa auf dem Rücken überquerte Zeus das Meer und kam an die Küste Kretas. In Kreta hatten die Nymphen das Brautbett in der Diktäischen Grotte bereitet. Andere dagegen erzählten, daß Zeus sich in Gortys mit Europa unter einer Platane vereinigt habe, die seither nie mehr ihre Blätter abwarf. Es wurde auch erzählt, daß Zeus zu der 'Heiligen Hochzeit' seiner Geliebten drei einzigartige Geschenke brachte: Talos, einen ehernen Riesen, der ganz Kreta bewachte, einen goldenen Hund, dem keine Beute entging und einen Köcher voll Pfeilen, die immer ihr Ziel trafen. Europa brachte drei Söhne zur Welt: Minos, Radamanthys und Sarpedon.

Das Reich des Minos

Mit seinem goldenen Szepter, von dem man glaubte, daß sein Vater Zeus es ihm geschenkt hätte, vereinigte Minos unter seiner Macht die über hundert Städte Kretas. Von Knossos herrschte er über Kreta und den weiteren Umkreis. Er baute eine berühmte Flotte, um die Meere von den Piraten zu befreien und die barbarischen Völker zu bekämpfen. Er gründete auf den Inseln und dem umliegenden Festland neue

27

26. Minos erwies sich als würdiger König Kretas. Er verlieh seinem Land Macht und Reichtum und regierte mit Gerechtigkeit und Weisheit. Minos wird mit seinem Szepter dargestellt, das ihm Zeus selbst schenkte. Er wird mit Ariadne, einer seiner Töchter gezeigt, deren Namen sich mit einem mächtigen König, Theseus, und dem von aller Welt geliebten Gott Dionysos verbinden sollte (Detail eines rotfigurigen Kraters. Um 470 v. Chr. Athen, Nationalmuseum).

27. Der zweite Sohn von Zeus und Europa war nicht weniger geachtet als Minos. Wegen seiner Weisheit und Unbestechlichkeit wurde er nach seinem Tod von Zeus mit Minos und Aiakos als Richter in der Unterwelt eingesetzt. In dem Bildausschnitt ist er mit seinem Szepter dargestellt als Herrscher und Richter in der Unterwelt mit Aiakos und Triptolemos, der statt des Minos (Einfluß von Eleusis) gezeigt ist. Die Namen sind beigeschrieben (Apulischer Krater. Spätes 4. Jh. v. Chr., Neapel, Museo Nazionale Archeologico).

Städte und herrschte über zahllose Untertanen mit Gesetzen, die ihn Zeus gelehrt hatte. Zu seiner Zeit wuchsen die Städte und wurden schöner, die Künste blühten und die Menschen lebten in Frieden, Wohlstand und Sicherheit. Jahrtausendelang behielten die Völker die Erinnerung an Minos im Gedächtnis, an seinen eisernen Willen und seine unübertreffliche Gerechtigkeit. Selbst in der Unterwelt machte sie ihn berühmt, wo er als Oberrichter über Radamanthys und Aiakos stand und die Toten richtete, die Osten und Westen täglich in die Unterwelt sandten. Mit solchen Fähigkeiten errichtete Minos in wunderbarer Weise seinen Staat. Die Gesetzgebung, von der die Untertanen glaubten, daß er sie mit Hilfe seines Vaters Zeus geschaffen habe, blieb jahrtausendelang im Gedächtnis der Menschen. Um seinen ausgedehnten Staat leichter zu regieren, teilte Minos, so erzählte man, ihn in drei Bezirke: Der erste war nach Asien ausgerichtet. Sein Mittelpunkt war Knossos, die größte Stadt Kretas und zugleich die Stadt, die Minos über alles liebte und zu seinem ausschließlichen Wohnsitz gemacht hatte. Der zweite Bezirk war nach Afrika ausgerichtet, sein Mittelpunkt war Phästos, eine weitere große Stadt. Der dritte Bezirk war nach Europa orientiert und sein Mittelpunkt war Kydonia. Zu seinem Stellvertreter ernannte Minos seinen Bruder Radamanthys. Von seinem anderen Bruder Sarpedon wird erzählt, daß er nach Asien ging und ein eigenes Königreich begründetete. Ebenso erzählte man, daß Minos seinen Bruder Radamanthys gelehrt hatte, die Streitigkeiten unter den Menschen zu schlichten, die Einhaltung der Gesetze zu überwachen und vor allem in Knossos, der Hauptstadt des Reiches, Recht zu sprechen.

Talos

Talos war ein beseelter Riese aus Erz, der Hüter von Kreta. Man sagte, daß Hephaistos ihn für Minos oder Zeus geschaffen hatte, der ihn zur Hochzeit mit Europa als Geschenk brachte. Andere sagten, daß er ein Nachfahre des ehernen Zeitalters sei und andere wiederum, daß sein Vater Kres gewesen sei und er selbst der Vater von Phästos und der Großvater von Radamanthys. Schießlich war für andere Talos der Bruder von Radamanthys, der dritte Bruder des Minos oder ein Offizier in seinen Diensten.

Wie Radamanthys als Richter über die Streitigkeiten der Einwohner von Knossos entschied, so war Talos Richter für das übrige Kreta. Mit den ehernen Gesetzestafeln auf den Schultern durchwanderte er dreimal im Jahr die ganze Insel von Ort zu Ort und zeigte den Untertanen des Minos Recht und Gesetz. Nach einer anderen Überlieferung war Talos nicht nur der Hüter des Gesetzes, sondern auch ein bewaffneter Beschützer Kretas und durchwanderte die Insel nicht dreimal im Jahr, sondern dreimal täglich. Von den Anhöhen spähte er wachsam über das Meer und schleuderte gewaltige Felsbrocken auf die Schiffe, die sich in feindlicher Absicht den Küsten Kretas zu nähern suchten. Wenn ein Feind die Dreistigkeit besaß, auch nur den Fuß auf das Land des Minos zu setzen, sprang Talos in ein Feuer und mit glühendem Körper preßte er den Feind an seine Brust und verbrannte ihn. Immer wenn er auf diese Weise einen Feind Kretas beseitigt hatte, brach er in ein dröhnendes Gelächter aus.

Doch auch für Talos schlug einst die letzte Stunde. Als die Argonauten an Kreta vorbeisegelten, warf Talos Felsen nach der Argo und erlaubte ihr nicht näherzukommen. Medea verhexte mit ihren Zauberkünsten den Riesen aus der Ferne und machte ihn bewegungsunfähig oder sie versprach ihm, ihn unsterblich zu machen. So gelang es ihr, sich ihm zu nähern. Der eherne Riese war von allen Seiten unverletzlich, doch besaß er eine einzige Ader, die vom Hals zur Ferse führte. Dort schloß sie ein Nagel oder eine feine Membran. Medea zog den Nagel heraus oder durchbohrte die Membran und der Ichor, eine göttliche Flüssigkeit, die er statt Blutes in sich hatte, ergoß sich wie flüssiges Blei und gleich einer riesenhaften Fichte stürzte Talos zu Boden.

Die Kunst zur Zeit des Minos

Im Zeitalter des Minos, als die Menschen begannen, in Frieden zu leben und sich ihres Wohlstandes und ihrer Errungenschaften zu erfreuen,

28. Talos, der bronzene Riese von Kreta, liegt im Sterben. Die Argonauten überwältigten ihn, als sie sich mit der Zauberin Medea der Insel genähert hatten. Zwei der Argonauten, Kastor und Pollux, stehen ihm hier jedoch in seinen letzten Stunden bei; wahrscheinlich weil man die beiden Heroen für Beschützer und Retter in Todesgefahr hielt (Detail eines rotfigurigen Kraters, 400-390 v. Chr., Ruvo, Museo Jatta).

28

29

kam auch der berühmteste Künstler der Welt, Dädalos, nach Kreta, um es mit seinen herrlichen Kunstwerken zu schmücken. Von ihm wurde gesagt, daß er als erster die meisten Werkzeuge erdacht habe. Die gleiche Kunstfertigkeit besaß er auch in der Baukunst und der Bildhauerei. Die Statuen, die Dädalos schuf, glichen lebendigen Wesen, denn sie konnten sehen, laufen und die Leiber konnten jede Stellung einnehmen. Bis zu diesem Zeitpunkt hatten die Künstler nur Statuen mit steifen und unbeweglichen Leibern, geschlossenen Beinen, an den Körper gepreßten Armen und halbgeschlossenen Augen geschaffen. Als erster schuf Dädalos Standbilder in verschiedenen Körperstellungen, die Beine in Schrittstellung, die Arme ausgebreitet oder erhoben. Er setzte ihnen Augen ein, die echten glichen. Deshalb sagte man, daß die Statuen des Dädalos angebunden wurden, damit sie nicht wegliefen. Dädalos, dessen Ruhm schon früh auf die Insel gedrungen war, gewann die Freundschaft des Minos. Der große König verschwendete alle Schätze seines Reiches mit offenen Händen, um dem großen Künstler zu ermöglichen, die Insel mit schönsten Kunstwerken zu schmücken. Dädalos erbaute in Kreta die großen Paläste mit ihren luxuriösen Hallen, Statuen und Altären, Bädern und das Labyrinth, in dem Minotauros gefangen gehalten wurde, und den großen Tanzplatz aus Marmor, wo Ariadne, die Tochter des Minos, mit ihren Freundinnen zu den großen alljährlichen Festen tanzte.

Pasiphae — Minotauros

Um als König von ganz Kreta anerkannt zu werden, hatte Minos, so wurde erzählt, Poseidon gebeten, ihm ein Zeichen zu schicken, daß dies auch der Wille der Götter sei. Da tauchte aus den Wellen ein Stier von unvergleichlicher Schönheit auf. Diesen Stier opferte Minos nicht dem Poseidon, wie es sich gehört hätte, sondern er behielt ihn und opferte ein anderes Tier. Der Gott wurde zornig auf Minos und ließ zur Strafe Pasiphae, die Gemahlin des Minos, sich in einer ebenso leidenschaftlichen wie widernatürlichen Aufwallung in den Stier verlieben. Pasiphae in ihrer Begierde, sich mit dem Stier zu vereinigen, fand Hilfe bei Dädalos. Er schuf eine hölzerne Kuh, die innen hohl war, um Pasiphae aufzunehmen. Von außen war sie mit der Haut einer echten Kuh bedeckt und auf Rädern zog er sie in das Tal, in dem der Stier des Poseidon graste. Der Stier näherte sich der unechten Kuh und Pasiphae, die im Inneren verborgen war, konnte sich mit ihm vereinigen. Nach dieser Paarung gebar

30

29. Minotauros war die Frucht der Liebe von Pasiphae zu dem kretischen Stier. Das Ungeheuer besaß einen Stierkopf und einen menschlichen Körper. Es hauste in dem Labyrinth und ernährte sich von Menschenfleisch. Das Bild zeigt Pasiphae in den Frauengemächern des Palastes, die durch den an der Wand hängenden Korb und den Schwan, der hier als Haustier gezeigt wird, angedeutet werden (Innenseite einer etruskischen Schale, 340-320 v. Chr., Paris, Bibliothèque Nationale).

30. Oinochoe aus Arkades, die eine 'heilige Hochzeit' zeigt; dargestellt sind vermutlich Theseus und Ariadne. 7. Jh. v. Chr. (Museum Iraklio)

31

Pasiphae den Minotauros, ein Ungeheur mit Stierkopf und menschlichem Leib. Minos tötete den Minotauros nicht, sondern schloß ihn in das Labyrinth ein. Das Labyrinth, eine der meisterlichen Schöpfungen des Dädalos, lag in den Kellern des Palastes und war leicht zu betreten, doch war es fast unmöglich, es wieder zu verlassen, wenn man es nicht sehr gut kannte. Diese rätselhafte Baulichkeit besaß zahlreiche Gänge mit unüberschaubaren Abzeigungen, die fast alle nirgends führten. In dieses Labyrinth schloß der König seine Feinde ein, um sie zu vernichten.

Ariadne — Theseus

Ariadne war die Tochter von Minos und Pasiphae. Als Theseus sie einmal erblickte, verliebte er sich sofort in sie. Theseus gehörte zu den Jugendlichen, die aus der Stadt Athen, die man für den Tod des Androgeos, eines Sohnes von Minos, verantwortlich machte, als Blutzoll an Kreta entrichtet wurden. Die Jugendlichen waren als Nahrung des Minotauros im Labyrinth bestimmt. Theseus war der schönste der jugendlichen Athener, die das Schiff nach Knossos gebracht hatte. Er war der Sohn des athenischen Königs Ägeus oder des Gottes Poseidon. Er hatte beschlossen, seine unglücklichen Freunde zu begleiten, um einen Weg zu finden, auf dem sein Land für immer von dieser Schande befreit würde. Als Ariadne von seinen Absichten erfuhr, bot sie ihm ihre Hilfe an. Sie ließ ihn schwören, sie bei seiner Abreise nach dem Sieg mitzunehmen und zu seiner Frau zu machen. Entsprechend den Bestimmungen der Tributpflichtigkeit stellte Athen, so lange das Ungeheuer

32

31. Als Tribut mußten die Athener alljährlich an Minos, den König von Kreta, sieben Jünglinge und sieben Mädchen als Nahrung des Minotauros entrichten. Es gelang Theseus, dieses Ungeheuer, halb Mensch und halb Tier, zu vernichten. Der Held hat den Minotauros bei den Hörnern gepackt und stößt ihm das Schwert in den Leib (Schwarzfigurige attische Vase, 6. Jh. v. Chr. Musei Vaticani).

32. An der Seite von Theseus schläft Ariadne sorglos wie die geflügelte Gestalt von Hypnos zeigt, die sich auf ihrem Kopf niedergelassen hat. Der Heros erhebt sich überrascht durch die unerwartete Anwesenheit von Athena, die ihn auffordert, die Königstochter zu verlassen (Detail einer rotfigurigen attischen Lekythos, ca. 460 v. Chr., Tarent, Museo Nazionale Archeologico).

lebte, die Jugendlichen als Nahrung des Minotauros zur Verfügung. Um seine Heimatstadt zu befreien, war Theseus gezwungen, den Minotauros zu töten. Zu seiner eigenen Rettung nach der Vernichtung des Ungeheuers, mußte er einen Weg aus dem Labyrinth finden. Ariadne hatte von Dädalos, dem Erbauer des Labyrinths erfahren, daß es möglich war, einen Faden am Eingang des Labyrinths festzubinden und mit dem Knäuel in der Hand so weit vorzudringen wie man wollte. Um ans Tageslicht zurückzukehren, mußte man den Faden wieder aufwickeln. Ariadne gab Theseus das Knäuel und wichtige Auskünfte. Theseus erreichte die Mitte des Labyrinths, fand den Minotauros, kämpfte mit ihm, besiegte ihn, packte ihn an der Mähne und durchschnitt ihm mit dem Schwert die Kehle. Das Blut opferte er Poseidon. Ariadne floh mit Theseus, nachdem er den Minotauros getötet hatte. Bei der Rückfahrt von Kreta ankerte das Schiff zuerst vor der Insel des Zeus, die später Naxos hieß, oder an der Insel vor der Küste von Knossos. Dort vereinigte sich Ariadne mit Theseus und aus dieser Verbindung, so wurde erzählt, entstammten Staphylos und Oinopios oder Demophon und Akamas, die Kinder des Theseus. Am gleichen Abend verlor Ariadne den Theseus und sah ihn nie mehr wieder. Deshalb erzählte man auch, daß Theseus an Ägle, der Tochter der Panopes in Athen interessiert war, oder daß ihm Athena im Traum erschienen war und ihn aufforderte, Ariadne sofort zu verlassen und in seine Heimatstadt zurückzukehren, oder, daß Dionysos erschienen sei und ihm Unheil angedroht habe, wenn er Ariadne nicht verließe, oder auch, daß Dionysos selbst erschienen sei und sie ihm geraubt habe. Nach dieser Version erschien Dionysos selbst voll Güte und Liebe vor Ariadne und vereinigte sich mit ihr. Er schenkte ihr einen goldenen Kranz, ein Werk des Hephaistos.

Dädalos und Ikaros

Als Dädalos die hölzerne Kuh geschaffen hatte, damit sich Pasiphae mit dem Stier des Poseidon vereinigen konnte, fürchtete er die Strafe des Königs, wenn dieser von seiner Mithilfe beim Ehebruch der Königin erführe. Er beschloß zu fliehen, solange ihm noch Zeit blieb. Pasiphae half ihm dabei und gab ihm heimlich ein Schiff, um abzureisen. Dädalos nahm auch seinen Sohn Ikaros mit, den er von Naukratis, einer Sklavin des Königs hatte, und verließ Kreta für immer. Als sie östlich der Kykladen an einer Insel vorbeisegelten, machte Ikaros eine falsche Bewegung, fiel ins Meer und ertrank. Dädalos begrub seinen Sohn auf der nahegelegenen Insel, die seither Ikaria, das sie umgebende Meer Ikarische See heißt. Dädalos setzte seine Fahrt alleine fort und kam nach Sizilien, das damals Sikania genannt wurde. Er ging nach Kamikos oder Inikos, auf dem später die Stadt Akragas erbaut wurde. Bei König Kokalos fand er Gastfreundschaft und Schutz.

33

33. Die tragische Geschichte von Ikaros ist hier in vier Szenen dargestellt. Links sein Vater Dädalos, der einen der Flügel verfertigt, die er und Ikaros auf den Rücken binden werden, um aus Kreta zu fliehen. Die weibliche Gestalt dahinter, vielleicht eine Personifikation der Kunstfertigkeit, unterstützt ihn bei seiner Arbeit. In der zweiten Szene erprobt Ikaros die Flügel. Eine Parze erhebt zu ihm ein geschlossenes Eileton, in dem sein Schicksal geschrieben steht. Rechts hat sich Apollo, der einen Lorbeerzweig hält, umgewendet, um sie zu betrachten. Anschließend fliegt der Held mutig in den Himmel. In der letzten Szene hat die Parze das Eileton geöffnet und Ikaros ist entseelt auf eine bewachsene Anhöhe gestürzt, sicherlich die Insel Ikaria. Aus der Höhe verfolgt eine lokale Gottheit (?) das Geschehen (Römischer Sarkophag, kurz nach der Mitte des 2. Jhs. n. Chr., Messina, Museo Nazionale).

Nach einer anderen Form des Mythos hatte Minos erfahren, was Dädalos getan hatte, bevor dieser aus Kreta fliehen konnte. Doch Pasiphae hielt ihn an einem sicheren Ort verborgen. Als Minos ihn nicht finden konnte, befahl er den Einwohnern, alle Schiffe zu durchsuchen, die Kreta verließen. Demjenigen, der Dädalos entdeckte und herbeischaffte, versprach er viel Gold. Als Dädalos bemerkte, daß alle Fluchtwege abgeschnitten waren, begann er zur Rettung seines Lebens nach neuen Möglichkeiten zu suchen. Als er schließlich die Vögel beobachtete und sah, daß sie sich in ihrem Flug ungehindert bewegen konnten, fand er die Mittel, seiner schwierigen Lage zu entkommen. Er sammelte die Federn der verschiedendsten Vögel, klebte sie mit Wachs zusammen und schuf Flügel für sich und seinen Sohn.

Eines Tages erhoben sich Vater und Sohn in die Lüfte. Der junge Ikaros war bezaubert von dem Flug über die Ägäis und flog, da er leichter war als sein Vater, immer höher und höher und kam in die Nähe der Sonne. Das Wachs schmolz, die Federn lösten sich und Ikaros stürzte ins Meer. Dädalos flog alleine weiter und kam nach Sizilien. Andere wiederum erzählten, daß Dädalos und Ikaros ungehindert mit einem Schiff Kreta verließen, denn sie hatten als erste das Segel erfunden. Mit starkem Rückenwind und von Dädalos kunstvoll gelenkt, glitt das Schiff durch die Wellen und war schneller als die Ruderschiffe, mit denen Minos sie verfolgte. Und alle, die das Segel am Horizont verschwinden sahen, sagten, daß Dädalos und Ikaros Flügel gehabt hätten und geflogen seien.

In Sizilien, wo Dädalos nach seiner Flucht aus Kreta angelangt war, blieb er lange Zeit und wurde von König Kokalos beschützt. In der Zwischenzeit suchte Minos mit seiner Flotte überall nach dem verschwundenen Dädalos. Minos zeigte immer eine Schnecke und einen Faden und versprach demjenigen reiche Schätze, dem es gelänge, den Faden durch die Schnecke zu ziehen. Minos wußte, daß nur ein Mensch, nämlich Dädalos, der das Labyrinth ersonnen hatte, dazu fähig war. Nachdem er alle Länder durchstreift hatte, kam Minos nach Sizilien, ging nach Kaminos und traf den König. Er zeigte ihm die Schnecke und den Faden und sah mit Erstaunen, daß Kokalos keine Schwierigkeiten darin sah. Voll Ungeduld erwartete Minos das Ergebnis, denn Kokalos hatte ihn verlassen und war heimlich zu Dädalos gegangen, um ihm zu zeigen, was Minos verlangte. Ohne zu zögern durchbohrte Dädalos das Schneckenhaus, nahm den Anfang des Fadens, band eine Ameise daran und ließ sie durch den Mund der Schnecke hindurchgehen. Voll Stolz zeigte Kokalos das Ergebnis dem Minos. Minos erkannte, daß Dädalos sich hier versteckt hielt und forderte seine Auslieferung. Kokalos gab dem Verlangen nach und lud Minos ein, im Palast zu wohnen. Minos folgte der Aufforderung und wurde kurz darauf im Bad getötet.

GESCHICHTLICHER ÜBERBLICK

Die geographische Lage bestimmte durch die Jahrhunderte die geschichtliche Entwicklung Kretas. Zwischen drei Kontinenten gelegen - Europa, Asien und Afrika-, befand sich die Insel am Schnittpunkt der bedeutendsten kulturellen Strömungen. Kreta erlebte auf seinem Boden die Entstehung und Blüte kultureller Schöpfungen, die Meilensteine in der Geschichte der Menschheit sind. Allerdings mußte die Insel für ihre strategische Lage auch einen hohen Preis entrichten. Sie erlebte wiederholt Überfälle und Zeiten der Fremdherrschaft, die begleitet waren vom Untergang bestehender Kulturen, der Vernichtung der Lebensbedingungen und der Verelendung der einheimischen Bevölkerung. Inmitten dieser wechselhaften Verhältnisse entstanden jedoch neue Formen gesellschaftlichen Zusammenlebens, neue geistige Werte und neue materielle und kulturelle Schöpfungen.

Die Erinnerung an die fernste und zweifellos bemerkenswerteste Vergangenheit, die minoische Zeit, hatte sich in der antiken Welt nur in der Gestalt der griechischen Mythologie erhalten. Die mythischen Erzählungen können jedoch nicht als ausreichende Darstellungen der geschichtlichen Wirklichkeit gelten. Erst die erfolgreiche Ausgrabungstätigkeit griechischer und ausländischer Archäologen und die Forschungen der Historiker und Sprachwissenschaftler haben die Vergangenheit Kretas erhellt.

Außerdem erstreckt sich vor allem in den letzten Jahren die Ausgrabungstätigkeit und die historische Forschung auch auf jüngere Epochen.

Immer noch sind die Anfänge des menschlichen Lebens auf der Insel, die Zeiträume ohne schriftliche Überlieferung (Neolithikum) oder die Epochen, aus denen zwar schriftliche Aufzeichnungen gefunden wurden (Linear A), die aber bis heute noch nicht entziffert wurden, voller Geheimnisse. Zur Systematisierung der Kenntnisse jener Epochen wurden von den bedeutendsten Erforschern der minoischen Kultur zwei unterschiedliche Chronologien vorgeschlagen. Die eine stammt von dem Engländer Arthur Evans, der zu Beginn unseres Jahrhunderts Knossos ausgrub, die andere, neuere, von dem Griechen Nikolaos Platon.

Evans bezeichnete den Zeitraum vom Ende des Neolithikums (2600 v. Chr.) bis zum Ende des 2. Jahrtausends (1100 v. Chr.) mit dem Namen des mythischen Königs Minos von Knossos. Den Zeitraum von annähernd 1500 Jahren unterteilte Evans in drei Epochen. Als Grundlage dienten ihm die archäologischen Funde, vor allem die Keramik und der Vergleich mit entsprechenden Fundstücken in Ägypten. Früh-

34. Bemaltes Relief des Lilienprinzen oder des Priesterkönigs. Er trägt den minoischen Gürtel und eine Krone mit Lilien und Pfauenfedern. Palast von Knossos (etwa 1500 v. Chr.). Museum Iraklio.

minoische Zeit (FM) nannte Evans den Zeitraum von 2600-2000 v. Chr., mittelminoische Zeit (MM) die Jahre von 2000-1600 v. Chr. spätminoische Zeit (SM) den Zeitraum von 1600-1100 v. Chr.

Professor N. Platon nahm als Ausgangspunkt seiner Chronologie die wichtigen Geschehnisse, die sich auf der Insel zutrugen und in der Erbauung und Zerstörung der Paläste des minoischen Kreta erkennbar sind. Den gleichen Zeitraum, den Evans in drei Epochen unterteilt hatte, gliederte N. Platon deshalb in vier Epochen: Die Vorpalastzeit (2600-1900 v. Chr.), die Zeit der Alten Paläste (1900-1700 v. Chr.), die Zeit der Neuen Paläste (1700-1450 v. Chr.) und die Nachpalastzeit (1450-1100 v. Chr.). Jede Epoche wurde zur genaueren Bestimmung wiederum in Unterabschnitte eingeteilt, z.B. Zeit der Alten Paläste A, B, C etc.

Um dem Leser dieses Führers und dem Besucher der Altertümer und Museen die Orientierung zu erleichtern, wurde die Chronologie von Prof. N. Platon übernommen. Bei der Darstellung der jeweiligen Epochen wurde die entsprechende chronologische Bezeichnung von Evans den Kapitelüberschriften in Klammern abgekürzt hinzugefügt.

ZEITTAFEL ZUR GESCHICHTE KRETAS

Neolithikum	6000 - 2600 v. Chr.	Hellenistische Zeit	330 - 67 v. Chr.
Vorpalastzeit (FM I, II, III, MM Ia)	2600 - 1900 v. Chr.	Griechisch - römische Zeit	67 v. Chr.-330 n. Chr.
Zeit der Alten Paläste (MM Ib, II)	1900 - 1700 v. Chr.	1. Byzantinische Zeit	330 - 824
Zeit der Neuen Paläste (MM III, SM I)	1700 - 1450 v. Chr.	Arabische Besetzung	824 - 961
Nachpalastzeit (SM II, III)	1450 - 1100 v. Chr.	2. Byzantinische Zeit	961-1204/10
Protogeometrische Zeit	1100 - 900 v. Chr.	Venezianische Herrschaft	1204/10 - 1669
Geometrische und Orientalisierende Zeit	900 - 650 v. Chr.	Türkische Herrschaft	1669 - 1898
Archaische Zeit	650 - 500 v. Chr.	Kretischer Staat	1898-1913
Klassische Zeit	500 - 330 v. Chr.	Griechische Provinz	seit 1913

DIE ARCHÄOLOGISCHEN AUSGRABUNGEN

Mit archäologischen Ausgrabungen begann man in Kreta nach der Mitte des 19. Jahrhunderts. Bei einer Art vorläufiger Ausgrabung entdeckte der aus Iraklio stammende Kunstfreund Minos Kalokairinos 1878 den Palast von Knossos. Der Verein der Freunde der Bildung, dessen Vorsitzender Josif Chatzidakis war, unternahm 1884 in Zusammenarbeit mit dem italienischen Archäologen Federico Halbherr eine Ausgrabung in der Idäischen Grotte. Josif Chatzidakis selbst entdeckte die Höhle der Eileithyia bei Amnissos. Im gleichen Jahr, 1884, wurde mit der Inschrift von Gortys ein berühmter und bedeutender Text des antiken Griechenlands freigelegt. Die Autonomie Kretas ermöglichte griechischen und ausländischen Archäologen berühmte Ausgrabungen. A. Evans entdeckte mit seinen Mitarbeitern den minoischen Palast von Knossos, die 'königliche Villa', die Häuser um den Palast, die minoische Nekropole in Zafer Papoura und das Königsgrab in Isopata. S. Xanthoudides erforschte die Gräber der Mesara-Ebene und unternahm Ausgrabungen in anderen Teilen Kretas. In den folgenden Jahren machte man auf der ganzen Insel archäologische Funde, die aus Gräbern, Siedlungen und Höhlen stammten. Die Tätigkeit der griechischen und ausländischen Archäologen (englische, italienische, französische und amerikanische archäologische Institute) erreichte nach dem zweiten Weltkrieg einen Höhepunkt. Kostbare Gegenstände, Reste der verschiedensten Kunstformen kamen ans Licht und erlauben nun, das Leben des minoischen Kreta in allen seinen Formen weitgehend zu rekonstruieren. Wieviel unter dem Boden Kretas noch verborgen sein mag, lassen etwa die einzigartigen Funde ahnen, die N. Platon im Palast von Zakros machte und die Ausgrabung von Jannis und Efi Sakellarakis in der unberührten Nekropole und in dem Palast von Archanes, die noch nicht abgeschlossen ist.

GESCHICHTE

Neolithikum (6000-2600 v. Chr.)

Archäologische Funde lassen erkennen, daß seit mindestens 8000 Jahren Menschen in Kreta ansäßig sind. Nach dem Ende der Eiszeit entstanden im Raum des östlichen Mittelmeeres die Voraussetzungen für eine Lebensweise, dle auf Landwirtschaft und Viehzucht basierte und feste Wohnsitze kannte.

Früh bildete sich eine Arbeitsteilung heraus. Man errichtete Häuser, deren Unterteil aus Stein gebaut war und deren Oberteil aus Ziegeln und Ästen bestand, wie sich an den Überresten erkennen läßt, die in Knossos, Phästos und Mangasa Sitias gefunden wurden. Nur noch zeitweilig benutzte man die Höhlen, die es in Kreta in großer Anzahl gibt. Bekannt sind die Höhlen von Plativola tou Geraniou, Ellinospilio ton Afraton in Westkreta, die Höhle der Eileithyia und von Stravomyti in Mittelkreta sowie die Höhle in Trapeza Lasithiou in Ostkreta. Die Toten begrub man in den tiefergelegenen Teilen von Höhlen oder in Gruben in der Nähe der Siedlungen.

Die Werkzeuge, die man benutzte - Hämmer, Meißel, Keulen - waren aus Knochen oder Flußkieseln sowie aus Obsidian gefertigt, der von Milos oder Nisyros stammte, was auf Beziehungen zu den Nachbarinseln hinweist. Die Keramik jedoch, wie sich aus den Fragmenten erkennen läßt, die in Höhlen und Siedlungen gefunden wurden, trug primitive Zeichnungen und flüchtige Verzierungen. Im Vergleich zur gleichzeitigen Keramik, die im übrigen Griechenland gefunden wurde, ist sie weniger entwickelt.

In dieser Zeit wird in den Höhlen vor allem die Göttin der Fruchtbarkeit verehrt, die in gedrungenen (steatopygen) Idolen dargestellt ist, die nicht nur auf Kreta, sondern im ganzen Bereich des östlichen Mittelmeeres gefunden wurden.

Vorpalastzeit (FM I - III, MM Ia) 2600-1900 v. Chr.

In den ersten Jahrhunderten des dritten vorchristlichen Jahrtausends ist ein Bevölkerungswachstum zu beobachten. In den benachbarten Kulturen (Kykladen, Kleinasien und Ägypten) hatte man mit der Verwendung von Bronze zur Herstellung von Werkzeugen begonnen, wodurch die Lebensumstände verbessert wurden. Die minoischen Kreter glichen in ihrem Körperbau den heutigen Kretern. Nach einer ersten Übergangsphase entwickelte sich rasch eine gehobenere Lebensform, die auf den Kenntnissen der Kykladenbewohner beruhte, die mit ihren Schiffen nach Kreta kamen.

Der folgende Zeitraum von sieben Jahrhunderten (2600-1900 v. Chr.) wird als Vorpalastzeit oder Vorminoische Zeit bezeichnet. Es werden vier Phasen unterschieden.

In der ersten Phase entwickelte sich die Landwirtschaft. Später werden Werkzeuge, Waffen und Geräte aus Bronze neben steinernen und tönernen verwendet, die qualitativ und technisch jedoch wesentlich verbessert sind. Der Grund

dafür ist möglicherweise, daß die Beziehungen zur benachbarten Inselwelt enger werden. Von besonderer Bedeutung sind die Gräber der Toten. Neben Bestattungen in Höhlen und Felsspalten gibt es jetzt in Zentralkreta auch Kuppelgräber, mächtige Bauten mit starken Mauern und Kuppeln ohne Stützpfeiler.

Die zweite Phase der Vorpalastzeit ist gekennzeichnet durch bedeutende künstlerische Tätigkeit und eine Änderung der Lebensform. Neben dem Fischfang, der Landwirtschaft und der Viehzucht beschäftigt man sich jetzt auch mit der Seefahrt und dem Handel. Ausgedehntere Reisen werden unternommen. Zur Härtung des Kupfers und zur Herstellung von Bronze wird Zinn benötigt, das aus fernen Ländern geholt wird. Man tauscht es gegen eigene Produkte, vor allem landwirtschaftliche Erzeugnisse. Der Blüte des Handels folgt eine Organisierung der wirtschaftlichen Kräfte, womit sich allmählich gesellschaftliche Klassen herausbilden. Eine weitere Folge sind Veränderungen in der Art, wie die Gesellschaft verwaltet wird.

Die Freilegung von Siedlungen in Vassiliki und in Myrtos bei Ierapetra, führt zu dem Schluß, daß in dieser Zeit in den fruchtbaren und strategisch wichtigen Gebieten lokale Herrscher einflußreich wurden, in deren Händen die wirtschaftliche Macht lag. Dies wird auch durch die Architektur jener Epoche bestätigt. Die Gebäude besitzen starke Mauern, Zinnenbekrönungen, die leuchtend rot bemalt waren, und umfaßten Wohnungen, Werkstätten und Lagerräume.

Die Religion stellt einen entscheidenden Faktor des Lebens dar. Die Göttin der Fruchtbarkeit wird immer noch in Höhlen verehrt, aber auch in kleinen Heiligtümern. Die Idole, die die Göttin abbilden, sind aus Steatit, Elfenbein und Marmor und ahmen teilweise die entsprechenden kykladischen nach.

Mit der Anhäufung von Reichtum und der Entwicklung der Töpferkunst, der Steinschneidekunst und der Metallurgie werden die verschiedenen Werkzeuge und Geräte so gestaltet, daß sie nicht nur den praktischen Anforderungen, sondern auch dem ästhetischen Empfinden genügen. In vielen Gebieten Kretas haben Archäologen Siedlungen und Friedhöfe jener Epoche freigelegt, die unser Wissen über die plötzlich stattfindende kulturelle Entwicklung bereichern. Die wichtigsten Funde stammen aus der Nekropole auf der Insel Mochlos zwischen Sitia und Agios Nikolaos, aus den Bestattungen in den Höhlen von Mationa, Zakros und Trapeza, den Siedlungen in Vassiliki und Myrtos, den Kuppelgräbern der Mesara, dem Friedhof in Fourni Archanes und anderen.

35. Neolithisches Tonidol aus Kato Ierapetra (Höhe 14,5 cm). Museum Iraklio.

Tongefäße werden nun zum ersten Mal mit Hilfe einer Art Töpferscheibe hergestellt.

Obwohl auch Geräte aus Metall gefunden wurden, läßt sich die Metallverarbeitung dieser Epoche am besten an den Waffen, den Werkzeugen und vor allem an den Schmuckstücken beobachten. Besonders beeindruckend sind die goldenen Diademe, Haarnadeln, Ringe und Halsbänder aus der Nekropole von Mochlos, den Kuppelgräbern der Mesara und Archanes. Die Bearbeitung von Halbedelsteinen wie Amethyst, Karneol, Achat und Bergkristall in Verbindung mit Gold, ist bekannt. In der letzten Phase der Vorpalastzeit ist der Schmuck, den Männer und Frauen tragen, von sehr hoher Qualität, wie die Halsbänder aus Karneol, Bergkristall und Amethyst zeigen. Die Goldschmiedekunst ist besonders hoch entwickelt, und eindrucksvoll ist die Verbindung von Gold mit Bergkristall und Kupfer. Charakteristische Beispiele sind die winzige Darstellung eines Frosches aus Koumasa mit sehr feinen Pünktchen und der mikroskopisch kleine Zylinder aus Kalathiana mit Drahtspiralen.

Eindrucksvoll ist die Behandlung weicherer Materialien wie Knochen und Elfenbein aus Ägypten und Syrien, die zu Idolen, Fingerringen und Siegeln verarbeitet werden. Zahlreiche Wesen aus dem Tierreich, aber auch menschliche Gestalten werden dargestellt.

Diese Epoche endet mit der Zerstörung und dem Verlassen der großen Siedlungen wie Vassiliki (das allerdings wieder aufgebaut wurde) und Myrtos. In anderen Gebieten entstehen neue Siedlungen (Mesara, Knossos, Phästos, Malia, Zakros), wo später auch die berühmten Paläste der Zeit der Alten Paläste erbaut werden.

Das tägliche Leben und die künstlerische Tätigkeit erfahren jedoch keine Unterbrechung. In den Künsten ist eine gewisse Spezialisierung zu beobachten und die verschiedenen Berufszweige differenzieren sich. Die Künstler bilden den Mittelstand; der Handel liegt jedoch in den Händen einer eigenen Schicht, die sich in den Siedlungen herausbildet, die günstig gelegen sind. Die Exportgüter stammen aus der land-

36

wirtschaftlichen Produktion, aber auch aus dem Handwerk.

Die Siegelsteine gehören zu den besonders typischen Kunstwerken dieser Zeit. Man verwendet sie nicht nur als Schmuckstücke und Amulette, sondern sie werden vor allem zur Versiegelung von Türen, Behältern etc. verwendet.

Von besonderem Interesse sind Siegel, auf denen Hieroglyphen eingeschnitten sind (z. B. ein vierzehnseitiger Siegelstein aus Archanes). Sie gelten als die ersten Beispiele von Schrift in der Frühzeit Kretas.

Das gesamte kulturelle Leben befindet sich in einem Aufschwung und schafft die Grundlage für die Zeit, die als Zeit der Alten Paläste (Mittelminoische Ib, II Periode) bezeichnet wird. In dieser Epoche bekommen die Bestattungsbräuche noch größere Bedeutung. In der Mesara, in Myrsini bei Sitia und in Archanes werden immer noch Rundgräber errichtet. Überraschend ist die Verwendung von orthogonalen Urnen zur Überführung der Gebeine aus älteren Gräbern, woran die Verehrung erkennbar ist, die in Kreta den Toten entgegengebracht wurde.

Die Zeit der Alten Paläste (MM Ib, II) 1900-1700 v. Chr.

Der Umschwung, der in Kreta gegen 1900 v. Chr. zu beobachten ist, kam plötzlich. Zu diesem Zeitpunkt werden die ersten Paläste erbaut, deren Errichtung die Konzentration der Macht an einigen Punkten Kretas zeigt. Es hat den Anschein, daß äußere Ursachen zur Erbauung der Paläste führten. Aus anderen Quellen ist bekannt, daß in dieser Zeit in Griechenland, in der Ägäis und in Ägypten Unruhen herrschten, die durch Wanderbewegungen verschiedener Völkerschaften ausgelöst wurden.

Kreta antwortet auf diese Unruhen mit der Vereinigung unter zwei oder drei Königen.

Es ist jedoch gesichert, daß auch in dieser Zeit keine neuen Bevölkerungsteile nach Kreta kamen. Die Konzentration von Macht und Reich-

36. Karte des minoischen Kreta. Eingezeichnet sind die wichtigsten Orte, an denen die archäologische Forschung Reste der minoischen Kultur freigelegt hat.

tum, die es bis zu einem gewissen Grad schon in den vorangegangenen Jahren gegeben hatte, führte zu einer kulturellen Blüte, die im Rahmen der Ägäis einzigartig war.

Von nun an sind für fünf Jahrhunderte die Paläste, die an bedeutenden Orten Kretas errichtet wurden, in Knossos, Phästos, Malia, Archanes, Zakros und Kydonia, die Zentren der Ausstrahlung.

In Knossos, der nördlichen, zentralen Ebene, wo schon seit Jahrhunderten eine große Siedlung bestand, wurde der größte Palast erbaut. Im Süden, in der Mesara-Ebene, entsteht der Palast von Phästos. Im gleichen Zeitraum werden Palastanlagen in Malia (östlich von Knossos), in Zakros (auf der Südwestseite der Insel), in Archanes und wahrscheinlich auch in Kydonia errichtet.

Rings um die Paläste entstehen Städte, die unbefestigt sind. Diese Tatsache zeigt, daß die verschiedenen lokalen Herrscher unter sich in Eintracht lebten und vielleicht unter der Oberherrschaft des Königs standen, der Knossos gegründet hatte. Die Wohnungen des Adels, der Offiziere und der Priester lagen gewöhnlich in der Nähe des Palastes. Auch sie waren mehrstöckig, aus Stein, Ziegeln und Holzverbindungen errichtet (vermutlich als Schutz vor Erdbeben), besaßen Flügeltüren und Fenster.

Zu dieser Gruppe von Gebäuden gehört ein bemerkenswertes Privathaus mit Wand- und Fußbodenschmuck, mit Treppen und Korridoren, das in Malia freigelegt wurde.

Obwohl aus der Zeit der Alten Paläste Überreste von Palästen nicht in großer Zahl erhalten sind, ist eine Rekonstruktion der Architektur möglich. Es handelte sich um Bauten mit mehreren Stockwerken, rechtwinkligen Räumen und zahlreichen Korridoren um den zentralen Innenhof und einer großen Zahl von Vorrats- und Kulträumen. Die Innenräume waren mit Wandmalereien und Stuckplatten geschmückt, die dem Inneren Glanz verliehen. Beeindruckend sind die technischen Anlagen, vor allem das System der Abwasserbeseitigung. Das gesamte Netz besaß ein ausreichendes Gefälle und mündete in den zentralen Kanal, der so groß ist, daß in ihm ein Mensch stehen kann. Ebenso entwickelt war auch die Wasserzufuhr. Das Wasser für den Palast von Knossos kam in Tonröhren aus einer Quelle, die am Abhang des Berges Jouchtas 10 km entfernt liegt. In Phästos und in Malia stammte das Wasser aus Zisternen, in Zakros aus Brunnen.

Die Vielzahl der Werkstätten und Vorratsräume läßt erkennen, daß der Palast nicht nur für die Bedürfnisse seiner Bewohner sorgte. In den Vorratsräumen wurden nicht allein Erzeugnisse der königlichen Ländereien gesammelt, sondern auch aus der Produktion der Untertanen. Die Erzeugnisse der Werkstätten dienten den Bedürfnissen des einheimischen Marktes, waren aber auch für den Export bestimmt. Dies bestätigt, daß der Handel, zumindest der Außenhandel, von den Palästen kontrolliert wurde.

Gegenstände aus kretischen Palästen wurden in Ägypten und im Vorderen Orient gefunden. Ein typisches Beispiel ist der minoische Silberschatz in einem Tempel in Byblos in Phönizien und ein ähnlicher Schatz in Tod in Ägypten. In Gräbern in Abydos aus der 12. ägyptischen Dynastie wurden zusammen mit ägyptischem Kunsthandwerk herrliche Kamares-Vasen gefunden, die mit Rosetten und Girlanden geschmückt sind. Entsprechende Funde wurden auch in Zypern gemacht, zu dem Kreta wegen seines Reichtums an Kupfer enge Handelsbeziehungen unterhielt. Der entgegengesetzte Einfluß der Handelsbeziehungen ist daran zu erkennen, daß in den minoischen Zentren Kretas steinerne Gefäße, Idole und Skarabäen aus Ägypten und orientalische Rollsiegel gefunden wurden.

Der kretische Außenhandel an den Küsten des Mittelmeeres entwickelte sich in einem solchen Umfang, daß die Historiker von einer minoischen Seeherrschaft sprechen. Auf verschiedenen Inseln, wie Milos und Kythera, wurden minoische Niederlassungen festgestellt, die wahrscheinlich minoische Handelsstationen waren. Über die minoischen Schiffe dieser Zeit ist nur sehr wenig bekannt. Sie sind auf einigen Siegeln dargestellt, die Segelschiffe mit 1-3 Segeln zeigen, und in kleinen Schiffsnachbildungen in Ton.

In der gleichen Zeit entwickelt sich auf der Insel auch der Straßenbau. Gepflasterte Straßen verbinden den südlichen mit dem nördlichen Teil der Insel. Gleichzeitig entwickelt sich auch die Landwirtschaft und die ersten großen Bewässerungsanlagen werden erbaut.

Die Töpferei erlebte gleichfalls einen sehr großen Aufschwung. Die Vasen werden in einer Vielzahl an Formen mit sehr reicher Dekoration hergestellt. Der vorherrschende Stil ist der Kamares-Stil. Kennzeichnend für ihn ist die Vielfarbigkeit des Dekors und die Kombination der Schmuckmotive. Die Oberfläche der Gefäße ist schwarz gehalten. Auf sie werden mit weißer und roter Farbe eindrucksvolle Schmuckmotive in vielfachen Variationen aufgetragen. Benannt wurde dieser Stil nach der Kamareshöhle am Psiloritis, wo 1884 die ersten Stücke gefunden wurden. Die vollkommene Beherrschung der Töpferscheibe erlaubte auch die Herstellung von Gefäßen mit außerordentlich dünner Wandung. Doch auch die großen Vorratsgefäße besitzen ihren eigenen Reiz, denn sie sind reich mit aufgesetztem plastischen Schmuck verziert. Die Kleinplastik aus Ton, die vorwiegend Idole schafft, steht in Blüte. Manche der Plastiken stellen menschliche Gestalten in der Haltung von Adoranten dar. Die Männer sind nackt und tragen nur den minoischen Gürtel, an dem manchmal ein Messer angebracht ist. Die Frauen sind reich gekleidet und tragen kunstvolle Diademe.

Die Religion spielt auf der ganzen Insel eine bedeutende Rolle. In der gesellschaftlichen Rangordnung der Minoer nehmen die Priester eine hohe Stellung ein. Religiöse Eigenschaften, vielleicht auch göttliche Kräfte, scheinen den König selbst zu umgeben. Große Teile der Paläste sind den Göttern geweiht. Die Kulthandlungen finden aber auch im Freien und in überdachten Heiligtümern statt, die häufig auf den Gipfeln von Hügeln oder Bergen liegen, wie das Heiligtum auf dem Gipfel des Jouchtas bei Archanes, auf dem Profitis Ilias bei Malia, in Vrisina bei Rethymno, dem Kofina bei Petsofapaläkastro, dem Piskokephalo bei Sitia und Kalo Chori Pediadas. In diese Heiligtümer weihte man Darstellungen von Tieren und Menschen und verehrte mit Feuern die drei Formen der Gottheit: Die Himmlische (Göttin mit den Tauben), die Unterirdische (der Schlangen) und die Irdische (Herrin der Tiere).

Die Bestattungsbräuche ändern sich. Es werden keine Kuppelgräber mehr gebaut, sondern es vermehren sich die Einzelbestattungen in

37. Tonfigur eines Bewaffneten in anbetender Haltung aus dem Gipfelheiligtum von Petsofa (Zeit der Alten Paläste). Museum Iraklio.

38

38. Siegelabdruck in Ton, der eine männliche Figur und Ideogramme zeigt. Museum Iraklio.

kleinen Tongefäßen und erstmals werden Tote auch in kleinen Tonsarkophagen bestattet.

In dieser Zeit entwickelte sich die Schrift von einer ideogrammatischen zu einer hieroglyphischen mit schematisierenden Bildern und Ritzungen. Hieroglyphische Schriftzeichen und Texte finden sich auf Siegeln, Täfelchen, Stäben und Scheiben aus Ton. Sie erscheinen auch auf anderen Materialien wie dem steinernen Altar im Palast von Malia und der Doppelaxt aus der Höhle von Arkalochori. Die größte Masse hieroglyphischer Aufzeichnungen wurden in den Palästen von Knossos und Malia gefunden, wo sie in einem eigenen Raum untergebracht waren. Texte in Hieroglyphenschrift gibt es bis zu Beginn der Zeit der Neuen Paläste, in der die Linear-A-Schrift erscheint, neben der sie noch eine Zeit verwendet wird.

Der wichtigste Fund in hieroglyphischer Schrift ist der berühmte tönerne Diskos aus Phästos, der in die Jahre 1700-1600 v. Chr. datiert wird. Ganz sicher handelt es sich dabei um einen heiligen Kultgegenstand. Der Text verläuft auf beiden Seiten des Diskos spiralförmig vom Rand zur Mitte. Mit Rollsiegeln wurden Menschengestalten, Werkzeuge, Geräte, Waffen, Tiere, Pflanzen, sogar ein Boxhandschuh und Schiffe eingedrückt. Die Herstellung eines solchen Textes mit Hilfe von Rollsiegeln könnte man als eine erste Form des Letterndruckes bezeichnen. Insgesamt zählt man 241 Abdrücke von 45 verschiedenen Typen. Sie sind in Gruppen zusammengefaßt, die senkrechte Linien trennen. Trotz aller Bemühungen der Wissenschaftler wurde der Text noch nicht entziffert. Ursprünglich vermutete man, daß er hethitischen oder asiatischen Ursprungs sei, weil er sich von anderen minoischen Texten unterschied. Durch den Fortschritt der Wissenschaft wurde deutlich, daß die Hieroglyphenschrift des minoischen Kreta, trotz aller scheinbaren Verwandtschaft mit den ägyptischen Hieroglyphen, eine eigenständige Entwicklung ist. Auf der ganzen Insel entstanden verschiedene lokale Schriftsysteme.

Die Kunstgattung jedoch, in der die künstlerische Meisterschaft der Minoer sichtbar wird, ist die Siegelschneidekunst. Zahlreiche Siegel sind erhalten, von anderen gibt es nur Abdrücke in Ton. Zur Herstellung von Siegeln werden vor allem Halbedelsteine verwendet. Sie haben die Form von Prismen mit drei oder vier Seiten und bilden viele Gestalten und Gegenstände des alltäglichen Lebens ab.

Um das Jahr 1700 v. Chr. erschütterte ein schweres Erdbeben weite Gebiete Kleinasiens und des östlichen Mittelmeeres von Troja bis Palästina und den Inseln der Ägäis. Für Kreta bedeutete es die Zerstörung der Alten Paläste. Das Leben wurde jedoch nicht unterbrochen und plötzlich setzte eine glanzvolle Epoche, die Zeit der Neuen Paläste, ein.

39-40. Der einzigartige Diskos von Phästos mit hieroglyphischen Schriftzeichen (beide Seiten) (um 1600 v. Chr.). Museum Iraklio.

41

Die Zeit der Neuen Paläste (MM, II, SM I) 1700 - 1450 v. Chr.

Die annähernd zweieinhalb Jahrhunderte, die auf das verheerende Erdbeben von 1700 v. Chr. folgten, kann man als das Goldene Zeitalter des minoischen Kreta bezeichnen. Die Wissenschaftler nennen sie die Zeit der Neuen Paläste, weil an Stelle der alten Paläste neue, beeindruckende Bauten errichtet wurden.

Ein Vergleich der Verhältnisse vor und nach der Zerstörung der alten Paläste zeigt deutlich, daß keine Invasion fremder Völkerschaften auf der Insel stattgefunden hat. Eine solche Invasion hätte die Eigenart der Kultur und die Zusammensetzung der Bevölkerung ganz wesentlich verändert. Die einheimischen Kräfte besaßen die Mittel und die geeignete Organisationsform nicht nur zum Wiederaufbau, sondern auch zu einer kulturellen Erneuerung auf einem höheren Niveau.

Die zahlreichen Ausgrabungen, die mit dem englischen Archäologen A. Evans um die Jahrhundertwende begannen und bis in unsere Tage von namhaften griechischen und ausländischen Archäologen fortgesetzt werden, vermitteln ein nahezu vollständiges Bild des Lebens und der Kultur des minoischen Kreta in der Zeit seiner höchsten Blüte.

Der Vorrang, der dem Wiederaufbau der Paläste eingeräumt wurde, ist dadurch zu erklären, daß sich in ihnen das wirtschaftliche, gesellschaftliche, religiöse und politische Leben konzentrierte, wodurch auch die riesenhafte Ausdehnung und die Pracht verständlich wird. Die Palastanlagen von Knossos umfassen 22.000 m^2, von Phästos und Malia etwa 9000 m^2 und von Zakros 7000-8000 m^2. Zu den vier großen Palästen kommen noch die Bauten in Agia Triada mit 6000 m^2 und der palastähnliche Bau in Archanes, der annähernd so groß ist wie der Palast von Knossos. Der überdachte Raum in Knossos (Wohnräume, Vorratsräume, Werkstätten) wird auf etwa 1500 m^2 geschätzt.

Es ist bemerkenswert, daß die Architekten beim Entwurf der Palastanlagen immer den gleichen Prinzipien der Raumaufteilung mit zentralem und westlichem Hof, Treppenhäusern, Vorhöfen und Lichtschächten gefolgt sind. Die Höfe bildeten ein zentrales Element für Belüftung und Beleuchtung der Räumlichkeiten und die Be-

41. Rekonstruktion des Treppenaufganges zum Palast von Knossos.

42. Rekonstruktion der Fassade des Westflügels des Palastes von Knossos.

42

43

wegung der Menschen nach allen Richtungen. An den Tagen der wichtigen religiösen Feste waren sie von Menschenmengen erfüllt. So erklären sich auch die Altäre und die heiligen Symbole, die in ihnen gefunden wurden. Die verschiedenen Wohnräume liegen nicht in allen Palästen an der gleichen Stelle. Die heiligen Räume liegen jedoch immer an der Westseite und grenzen an die Kulträume, die der Gottheit geweiht sind. Die Lage der königlichen Gemächer wurde ganz sicher an der geeignetsten Stelle nach Gesichtspunkten wie Belüftung, Aussicht, Kommunikationsmöglichkeiten etc. gewählt. Die Verteilung der Vorratsräume erfolgte entsprechend ihrer Nutzung. Die der Priester lagen in der Nähe der heiligen Räume, die des Königs in der Nähe der königlichen Werkstätten, die Vorratsräume für allgemeine Geräte in der Nähe der Dienerzimmer.

Die Baumaterialien stammten aus den nahegelegenen Steinbrüchen oder Wäldern. Da die Baumeister das Erlebnis des Erdbebens noch deutlich vor Augen hatten, verbanden sie bei der Errichtung der Wände Stein mit hölzernen Balken, die dem Bau Elastizität verliehen. Die Säulen wurden aus Stämmen gefertigt und so angebracht, daß der breitere Teil nach oben wies. Die Fußböden aus grünem Schiefer wurden mit rotem Mörtel verbunden. Die Wasserversorgung und die Abwasserbeseitigung, die bereits in der Zeit der Alten Paläste hoch entwickelt waren, wurden noch weiter verbessert.

Gleichzeitig mit den Palästen errichtete man auch andere große und luxuriöse Wohngebäude, entweder rings um den Palast oder auch in beträchtlicher Entfernung. Über die Bestimmung dieser Bauten gibt es die verschiedensten Theorien. Aller Wahrscheinlichkeit nach handelte es sich um Wohngebäude lokaler Herrscher oder Großgrundbdesitzer oder auch einer Schicht von Adeligen, die offensichtlich unter der Kontrolle der königlichen Macht lebte.

Auf dem Land verstreut, im westlichen, mittleren und vor allem im östlichen Kreta wurden Baulichkeiten gefunden, die man wegen ihrer Lage und ihrer Innenausstattung als Landhäuser oder Landsitze bezeichnen kann. Die wichtigsten liegen in Sklavokampos, Nirou Chani, in Vathypetro und Vitsiles im Gebiet von Lykastos und der Mitropolis Gortyna in Mittelkreta, in Plati bei Lasithi, in Pyrgos bei Myrtos und die Landhäuser von Sitia, Zou, Achladi, Profitis Ilias, Makryjalo und Epano Zakros in Ostkreta und von Nekrokouro in Westkreta (Chania).

Die verschiedenen Gebäude mit 30-50 Zimmern umfaßten auch die notwendigen Einrichtungen für Landwirtschaft und Handwerk: Kelter für die Trauben, Ölmühlen, gemauerte Behälter zur Zubereitung von Ton, Räume zum Brennen kleinerer Keramik und zur Aufbewahrung der ungebrannten Keramik, Ein-

44

43-44. *Fassaden mehrstöckiger Häuser aus Fayence (Höhe 3-5 cm. [1700-1600 v. Chr.]). Museum Iraklio.*

richtungen für die Färberei etc. Auch Webstühle wurden gefunden, woraus zu erkennen ist, daß die Weberei hoch entwickelt und weit verbreitet war. Die Funde zeigen aber auch, daß die Bewohner der Landhäuser nahezu autark waren. In Vathypetro und in Epano Zakros sind die Anlagen zur Kelterung der Trauben besonders gut erhalten, wogegen in Zou im Gebiet von Sitia die Töpferwerkstätten beeindrucken.

Der größte Teil der Inselbewohner lebte in den Städten, die sich in einigen Fällen zu Großstädten entwickelten. Große Stadtanlagen wurden in Malia, Zakros, Gournia, Paläkastro, Mochlos und Psira freigelegt. Sie lassen die städtebaulichen Grundsätze jener Zeit erkennen: große rechtwinklige Gebäudeeinheiten, in denen ein Haus jeweils an das andere anschloß. Die Zufahrtsstraßen und die parallel verlaufenden Querstraßen waren gewöhnlich gepflastert - wie etwa in Gournia und in Zakros - und an Steigungen errichtete man Treppen.

Jede Stadt hatte sicherlich ihren eigenen Charakter, der in gewisser Weise die wirtschaftlichen und gesellschaftlichen Verhältnisse spiegelte. Im wohlhabenden Zakros, dem östlichen Tor des kretischen Handels, fand man große, gutgebaute Häuser mit vielen Räumen, die ganz unterschiedlichen Zwecken dienten. Nördlich von Zakros, in der Siedlung bei Paläkastro, entdeckten die Archäologen eine ganze Ortschaft, die offensichtlich kultische Bedeutung hatte. In Gournia fand man kleine zweistöckige Häuser, die sicher von Bauern, Handwerkern und Seeleuten bewohnt wurden. Auf der Insel Psira im Golf von Mirambelo fand man eine Siedlung, die ein Mittelpunkt der Seefahrt und des Handels war. Der Ort lag amphitheatralisch an der windabgewandten Seite beherrschend über dem Hafen. Die reichen Häuser der Händler, die freigelegt wurden, sind mit reliefierten Wandmalereien geschmückt, die denen von Knossos an Qualität nicht nachstehen.

Besondere Erwähnung verdienen die gut organisierten Häfen, die an vielen Stellen der Insel lokalisiert wurden. Es scheint, daß Amnisos, der Hafen von Knossos, viele Jahrhunderte hindurch entweder in Betrieb war oder in Erinnerung blieb, denn Homer erwähnt ihn noch ein halbes Jahrtausend später. Andere Hafenanlagen wurden in Agri Theodori in der Nähe von Nirou Chani und bei Malia gefunden.

Die Entwicklung großer städtischer Zentren auf der Insel erhöhte den Bedarf an Verkehrsverbindungen. Das bereits entwickelte Straßennetz der mittelminoischen Zeit wurde dichter und durch zahlreiche Brücken, Straßenwachen und Gästehäuser ausgebaut, die den Umfang des kretischen Handels zeigen. Beachtenswert ist die Straßenbrücke, die den Palast von Knossos mit einer Halle verband. Bis zu acht Lagen der Brückenpfeiler sind noch erhalten.

Vor der Brücke lag ein Gästehaus mit Speisesaal und Schlafzimmern, warmen Bädern und Tränken für die Tiere.

Alle diese technischen Anlagen und vor allem die Entwicklung der Häfen zeigen, daß in der Zeit der Neuen Paläste die Entwicklung des kretischen Handels einen Höhepunkt erreichte. Kreta bildete den Mittelpunkt des Handels im mittleren und östlichen Mittelmeeraum. Zur Erleichterung des Handels gründete man auch außerhalb von Kreta Handelsstationen, die Minoes genannt wurden; so an den Küsten Afrikas und Asiens, in Zypern, in Sizilien, in manchen Gebieten des griechischen Festlandes (Agios Stephanos in Lakonien), in Kleinasien und auf vielen Inseln wie Kythera, Kea, Rhodos, Thera, Melos und dem nördlicher gelegenen Skopelos. Schriftliche Quellen aus Ägypten erwähnen diesen Handel und berichten, daß der Seehandel von den „Kephtiu" betrieben wurde. Ägyptische Wandmalereien zeigen die „Kephtiu", die den ägyptischen Herrschern Geschenke bringen. Ihr Erscheinungsbild läßt keinen Zweifel zu, daß es sich um Kreter handelte.

Wie auch schon in früherer Zeit, waren die handwerklichen und die landwirtschaftlichen Erzeugnisse der Insel auf den internationalen Märkten sehr gefragt, vor allem die hervorragenden Weine und das aromatisierte Öl. Es scheint, daß Kreter auch im Zwischenhandel erfolgreich tätig waren, denn sie handelten mit Zedern des Libanon in ganzen Mittelmeerraum.

In dieser Zeit wurden die minoischen Schiffe wesentlich verbessert. Darstellungen auf Siegeln und Keramik zeigen Schiffe mit vielen Rudern, Wanten, Rahen, Reeling, Steuerruder, Brücken und Decksaufbauten.

Das friedliche Leben auf der Insel schloß nicht aus, daß die Minoer dieser Zeit sich mit der Kriegskunst befaßten. Bei den Ausgrabungen wurde eine große Zahl von Verteidigungs- und Angriffswaffen wie Speere und Lanzen mit verstärkten Spitzen, Langschwerter, verschiedene Faustwaffen, Arm- und Beinschienen und rechteckige Schilde gefunden.

Die Gesellschaftsordnung kann keine wesentlichen Veränderungen erfahren haben. Der Überfluß und der Reichtum verstärkten ganz sicherlich den Einfluß des Adels. Die schönen und großzügigen Häuser in den großen städtischen Zentren zeigen den Wohlstand der Händler und Seefahrer. Die Blüte der Landwirtschaft durch die Vervollkommnung der landwirtschaftlichen Geräte und die Anlage großer Bewässerungssysteme (wie das Bewässerungssystem in Linies in der Hochebene von Lasithi) erhöhte auch den Lebensstandard der Bauern. Im Vergleich zu früheren Zeiten verbesserte sich auch die Lage der Handwerker. Eine große Zahl verschiedenartigster Funde bestätigt die Blüte des Handwerks, das sich auch in den Wohngebieten entwickelte, woran auch Frauen, vor allem in der Weberei, beteiligt waren. Bemerkenswert ist die Nutzung der aromatischen und heilkräfigen Kräuter Kretas - manche von ihnen sind heute noch mit ihrem minoischen Namen bekannt - woraus sich ein eigener Handwerkszweig entwickelte, der auf die Herstellung von Parfüms und Heilmitteln spezialisiert war. Eine ähnliche Vervollkommnung zeigt auch die Herstellung von Farbstoffen, hauptsächlich aus Mineralien und Schalentieren; z. B. werden die Pigmente der Purpurschnecke sehr häufig für Wandmalereien verwendet.

Kennzeichnend für die Minoer war ihre tiefe Frömmigkeit. Wie bereits erwähnt, waren in den Palästen wichtige Räume für religiöse Funktionen vorhanden. Erwähnenswert sind in diesem Zusammenhang die Wasserbecken zur kultischen Reinigung und die Brunnen, gestufte Altäre, Altartische, tragbare Altäre und viele Heiligtümer, die mit Stierhörnern geschmückt waren.

In den Kulträumen fanden in Abständen religiöse Feiern statt. Zu diesen strömte auch das Volk herbei, nicht nur zur Verehrung, sondern auch, um sich zu unterhalten.

Die Gesellschaft beruhte weiterhin auf theokratischer Grundlage. Die Könige waren auch Hohepriester. Das läßt sich aus verschiedenen Darstellungen der Zeit erschließen, auf denen der König eine Krone aus Lilien und Pfauenfedern und ein Halsband aus Lilien trägt, dem Symbol der religiösen Macht.

Manche Wissenschaftler vermuten, daß der Name Minos der Titel der Königs ist, wie Pharao der Titel des höchsten Herrschers in Ägypten war. Auch unter den Mitgliedern der königlichen Familie muß es eine Art religiöser Hierarchie gegeben haben. Die Königin hatte jedenfalls eine bedeutende Stellung.

45. Die berühmte Statuette der Göttin mit den Schlangen aus Fayence, die in Knossos gefunden wurde (1600-1500 v. Chr.). Museum Iraklio.

46

Die Tatsache, daß die Göttin der Fruchtbarkeit immer noch als wichtigste Gottheit verehrt wird, betont die Rolle der Frau im minoischen Kreta. Ihre Idole, die in den Kulträumen der Paläste und in den Gipfelheiligtümern der Berge und Hügel gefunden wurden, beeindrucken sehr. Manche zeigen sie mit Schlangen in den Händen und üppiger Kleidung, die die Brust freiläßt. Ein wichtiges religiöses Symbol dieser Zeit ist die Doppelaxt, die Labrys genannt wird. Sie findet sich eingraviert in den Wänden der heiligen Räume des Palastes von Knossos und ist ein Zeichen übernatürlicher Macht.

In der minoischen Gesellschaft spielte die Sorge für die Toten eine bedeutende Rolle. Sie beschränkte sich nicht auf den Tag der Bestattung, sondern erstreckte sich auf längere Zeiträume (eine Art Gedächtnisgottesdienst). In den Gräbern fanden sich Beigaben verschiedenster Art, nicht nur Weihgeschenke, sondern auch Schmuck und alles, was der Tote benötigte. Eine notwendige Ergänzung waren die Leuchter, denn die Eingänge zu den Gräbern wurden verschüttet,

46. Bemalter Steinsarkophag aus Agia Triada mit religiösen Darstellungen (um 1400 v. Chr.). Museum Iraklio.

47. Detail des Schmuckes des Sarkophags von Agia Triada. Die erste Priesterin bringt in Behältern das Blut des Stieropfers und die zweite hält eine siebensaitige Lyra (1400 v. Chr.). Museum Iraklio.

um die Ruhe der Toten zu schützen; wahrscheinlich aber auch als Schutz vor Grabräubern.

In den Grabkammern, die in den Felsen gehauen waren, wurden die Toten auf hölzerne Bahren oder in hölzerne Sarkophage gebettet, die später durch Sarkophage aus Ton und aus Stein ersetzt wurden. Ein steinerner, offensichtlich königlicher Sarkophag, der in einem späteren Grab in Agia Triada wiederverwendet wurde, zeigt in der Technik der Wandmalerei interessante Darstellungen der Kulthandlung bei der Bestattungszeremonie.

Wie schon in den vorangegangenen Jahrhunderten gibt es eine Vielzahl an Bestattungs-

47

bräuchen. Man bestattet die Toten in kleinen Höhlen, in Hügelmulden an den Sandstränden von Siedlungen in Meeresnähe, sie werden in umgestülpten Tongefäßen, in kleinen tönernen Sarkophagen oder auf hölzernen Bahren beigesetzt.

Die Grabarchitektur entwickel sich noch eindrucksvoller. Typisch sind die Kuppelgräber von Kamilari in der Nähe von Phästos, die zu Beginn des 16. vorchristlichen Jahrhunderts errichtet wurden, die Gräber in Teke und Kephala zwischen Knossos und Iraklio und das gewaltige Königsgrab von Isopata. Die Grabkammern haben einen runden und später einen rechteckigen Grundriß und sind mit einem Kuppel- oder Satteldach abgeschlossen. Neben den Kuppelgräbern gibt es auch eine große Zahl von Grabkammern, die in den Fels eingehauen sind. Die meisten von ihnen wurden in der Umgebung von Knossos und Phästos gefunden.

Eigenartig ist die Form des heiligen Grabes, wie es Evans benannte, das er in der Nähe des Palastes von Knossos fand. Die Grabkammer ist in das weiche Gestein gearbeitet, der Innenraum ist mit Stuckplatten ausgestattet und die Decke ist blau bemalt. Von einem Vorraum war das obere Stockwerk, ein Heiligtum, zugänglich. Seine Form erinnert an die Beschreibungen des Grabes des Minos in Sizilien, wo er nach der Überlieferung von der Tochter des einheimischen Königs Kokalos ermordet wurde.

Betrachtet man aufmerksam die minoischen Wandmalereien, Vasen und Steinschneidearbeiten, dann ergibt sich ein eindrucksvolles Bild vor der Stellung der Frau in der Gesellschaft. Sie ist frei und nimmt an gesellschaftlichen Veranstaltungen teil. Sie beteiligt sich an Jagdausflügen und an verschiedenen Sportarten, selbst an den gefährlichsten wie dem minoischen Stierspringen. Gleichzeitig benutzt die Frau des minoischen Kreta die verschiedensten Kosmetika, rote Farbe für die Lippen, weiß für das Gesicht, schwarz für die Augen und mit entsprechenden Geräten dünnt sie die Augenbrauen aus. Überraschung ruft auch die weibliche Kleidung dieser Zeit hervor. Der geöffnete Oberteil läßt die Brust unbedeckt oder verhüllt sie nur mit einem durchsichtigen Gewebe. Schöne Gürtel betonen die schlanke Taille und die Röcke sind reich verziert. Ihren Kopf bedecken ein Hut oder eine kleine Mütze. In anderen Fällen ist das Haar mit Nadeln und Diademen geschmückt. Die Frisur fällt in langen Locken auf die Schultern und kleinere Locken zieren kunstvoll die Stirn.

Im Gegensatz dazu sind die Männer schlicht gekleidet. Sie tragen einen einfachen, kurzen Schurz, der den durchtrainierten Körper mit der sehr schmalen Taille betont, die meistens durch einen metallenen Gürtel hervorgehoben wird.

Außer den Sportarten, die im Freien ausgeübt wurden, gab es auch Gesellschaftsspiele. Spielfiguren, Würfel und Murmeln waren weitverbreitet. Zu den bedeutendsten Funden wird das sogenannte Schachspiel gerechnet, ein Meisterwerk der Kunst aus Bergkristall, blauem Glasfluß, Fayence und Elfenbein, in das Plättchen aus Gold und Silber eingelegt sind.

Ohne Zweifel hatte die Kunst in dieser Zeit ihren Höhepunkt erreicht. Ihre bedeutendste Ausdrucksform sind die Wandmalereien. Beeindruckend sind die technischen Verfahren, die von den Minoern angewendet wurden, um ihre Kunstwerke zu schaffen und zu erhalten, denn gleichzeitig wurde al fresco und al secco gemalt. Zuerst wurden die Wände mit einer dicken Schicht von Putz bedeckt, der mit Tierhaaren verstärkt war. Es folgte eine dünnere Putzschicht, auf der die Vorzeichnung der Gemälde mit feinen Nadelstichen angelegt wurde. Solange der Putz noch feucht war, wurden die Farben aufgetragen. Auf diese Weise verband sich die Malerei mit dem Putz, trocknete mit ihm und wurde unablösbar. Manchmal wurde auch auf trockenem Malgrund gemalt, um die Gemälde kunstvoller auszugestalten. Die Farben wurden in Verbindung mit Leim auf den trockenen Malgrund aufgetragen. Viele Wandmalereien sind reliefiert wie der Stier am Eingang von Knossos, die Frauen aus Psira u.a. Die frühesten Gemälde geben hauptsächlich Szenen aus der Natur wieder und zeigen Blumen (Iris, Krokus, Lilien), Vögel, Affen, Delphine, aber auch andere Motive wie Stierspringer, den 'Hauptmann der Neger', die 'Tänzerin', die 'Pariserin', den 'Blauen Vogel' u.a. Der Farbenreichtum und die Kompositionen sind einzigartig.

Die überragende malerische Technik hatte einen großen Einfluß auf die Vasenmalerei. In der Keramik herrschen neue Tendenzen und elegantere Gefäßformen. Die Motive stammen aus der Natur und werden mit dunklen Farben auf den hellen Gefäßgrund gemalt. Zwei Stile lassen sich unterscheiden: der Pflanzenstil und der Meeresstil.

48. Wandgemälde mit Frauen aus Trakt A des Palastes von Knossos. Museum Iraklio.

49. Die Tänzerin. Wandgemälde aus den Gemächern der Königin im Palast von Knossos (1500-1450 v. Chr.). Museum Iraklio.

48

49

50

Auch die Steinbearbeitung steht in höchster Blüte. Die Steinschneider bearbeiten Basalt, Porphyr, Speckstein, Obsidian, Bergkristall, buntgeäderten Marmor, Chlorit und Steatit. Zu den hervorragendsten Werken der Steinschneidekunst zählen das Rhyton in Form eines Stierkopfes (aus dem kleinen Palast von Knossos) und des Kopfes einer Löwin (aus der Schatzkammer des zentralen Heiligtums von Knossos).

Die Kleinplastik steht weiterhin in Blüte. Kleine Statuetten aus Fayence, Gold, Elfenbein, Bronze und seltener aus Stein sind Meisterwerke an Inspiration, Technik und künstlerischer Freiheit. Wichtige Beispiele sind die beiden berühmten Statuetten der Schlangengöttin aus Fayence und des Stierspringers aus Elfenbein, der aus Knossos stammt.

Figürliche Darstellungen zeigen auch die Arbeiten der Kleinkunst der Zeit. Die Kunst des Glasflusses und der Fayence ist vollkommen. Elfenbein wird für Pyxiden wie die aus Katsambas, für Kämme, Nadeln und Spiegelgriffe verwendet.

Die Kunst der Goldschmiede und der Siegelschneider steht ebenfalls in höchster Blüte. Aus den Gräbern dieser Zeit stammt eine große Zahl von Schmuckstücken aus Halbedelsteinen wie Amethyst, Karneol, Steatit und aus Glasfluß, wobei gelegentlich auch Gold mitverarbeitet wird. Die Halsbänder bestehen aus kleinen Steinchen, die mit Pflanzen, Blüten und Früchten, aber auch Meerestieren, Insekten und Vierfüßlern geschmückt sind. Zu den bekanntesten Stücken gehört der Schmuck aus Malia mit Bienen, der Anhänger in Gestalt einer Gottheit mit Vögeln und Schlangen u.a. In der Siegelkunst bevorzugt man harte Halbedelsteine und Edelsteine, die linsenförmig oder mandelförmig geformt werden.

Die vorherrschende Schriftform in der Zeit der Neuen Paläste ist Linear-A. Die Wissenschaftler nehmen an, daß es sich um eine Weiterentwicklung der kretischen Hieroglyphen und die gleiche Sprache handelt. Ihre Entzifferung stellt jedoch schwer lösbare Probleme. Außerhalb Kretas wurden Texte in Linear-A auf Inseln der Ägäis (Milos, Kea und Thera) und dem griechischen Festland gefunden. Daraus läßt sich eine dauernde Anwesenheit minoischer Händler

51

50. Steatitgefäß mit Reliefdarstellungen, bekannt als der Becher des Prinzen aus Agia Triada (1550-1500 v. Chr.). Museum Iraklio.

51. Bronzestatuette eines Adoranten. Zeit der Neuen Paläste, aus Tylissos (1500 v. Chr.). Museum Iraklio.

oder Kolonisten erschließen. Man nimmt an, daß Linear-A in Zypern der Ausgangspunkt für die spätere kypro-minoische Schrift war, die ihre eigene Entwicklung nahm.

Einzelne Texte wurden in vielen Ausgrabungen gefunden (Knossos, Malia, Archanes, Platano u.a.). Sie sind auf die verschiedensten Materialien und Oberflächen geschrieben. Vollständige Archive mit Täfelchen in Linear-A-Schrift wurden im Megaron von Agia Triada, im Palast von Zakros und in Chania gefunden. Vorratsgefäße mit Linear-A-Schrift fand man in dem Palast von Zakros. Viele Täfelchen müssen religiöse Texte enthalten, während andere sicherlich der Verwaltung dienten. Die Wissenschaftler sind in der Lage, die Zahlen zu unterscheiden, die nach dem Zehnersystem geordnet sind. Alle Texte sind von links nach rechts und von oben nach unten geschrieben, d.h. in der Art wie heute geschrieben wird.

Der gewaltige Aufschwung des minoischen Außenhandels im Laufe von drei Jahrhunderten war von einer ausgedehnten Siedlungstätigkeit an Küsten und auf Inseln begleitet. Dadurch wurde die Kultur des minoischen Kreta in friedlicher Weise an die Nachbarvölker weitergegeben. Offenkundig ist der Zusammenhang mit der Entwicklung der ägäischen Kultur, die in dieser Zeit viele Gemeinsamkeiten mit der minoischen Kultur aufweist (z. B. in Thera). Bereits 2000 v. Chr. hatten die Griechen begonnen, Nordgriechenland zu verlassen und sich im südlichen Griechenland anzusiedeln. Diese Völkerschaften, die Archäer, schufen in den folgenden Jahrhunderten die mykenische Kultur. Wie zahlreiche Funde aus Gräbern und anderen Ausgrabungen zeigen, war diese schon früh minoischem Einfluß ausgesetzt. Die Achäer, ein kriegerisches Volk, begannen in den folgenden Jahrhunderten (16. und 15. Jh. v. Chr.) mit der Besiedelung der nahegelegenen Inseln und der kleinasiatischen Küste, wodurch allmählich die kreto-mykenische Kultur geschaffen wurde.

Gegen 1450 v. Chr. wurden alle großen Zentren Kretas zerstört. In der Vergangenheit war man der Meinung, daß diese Zerstörung auf einen Angriff fremder Völker zurückzuführen sei. Neuere Forschungen haben jedoch gezeigt, daß diese Katastrophe durch den Vulkanausbruch auf Thera (80 km nördlich von Kreta), der gegen 1500 v. Chr. stattfand, und durch nachfolgende Erdbeben verursacht wurde. Manche verbinden den Vulkanausbruch mit dem Mythos vom Untergang von Atlantis oder mit dem Mythos von der Flut des Deukalion. Durch den Vergleich mit dem Vulkanausbruch des Krakatau in Indonesien (1883) ist es möglich, das Ausmaß der Katastrophe in Kreta zu rekonstruieren. Flutwellen brachen über die Küsten herein. Die Vulkanasche und die giftigen Schwefeldämpfe erstickten die Lebewesen. Die anschließenden Erdbeben und Feuersbrünste verwandelten die Paläste und Siedlungen in Schutt und Asche. Die glanzvolle Kultur der Neuen Paläste war zu Ende.

Die Nachpalastzeit (SM II, III) 1450-1100 v. Chr.

Nach der Katastrophe lassen sich auf der Insel neue Bevölkerungselemente feststellen. Griechischsprechende Achäer üben die Macht aus. Die Etablierung einer achäischen Dynastie mit Sitz in dem wiederaufgebauten Palast von Knossos bezeichnet den Beginn einer neuen Epoche in der Geschichte Kretas, das bis 1380 v. Chr. eine vierte Blütephase, die der Neuen Paläste, erlebte.

Die neuen Bevölkerungsteile dehnten sich auch auf das Innere der Insel aus, wie sich aus der Entdeckung einer großen Zahl von Texten in der Linear-B-Schrift erschließen läßt. Diese Schrift, die M. Ventris 1952 entzifferte, ist das dritte minoische Schriftsystem. Ihre Sprache ist ein griechisch-mykenischer Dialekt wie derjenige der mykenischen Zentren des griechischen Festlandes und der Inseln. Im Palast von Knossos wurden etwa 3000 Täfelchen mit dieser Schrift gefunden, die viele Ähnlichkeiten mit der Schrift auf den Täfelchen von Pylos (südlicher Peloponnes) aufweist, die auf ungefähr 150 Jahre später datiert werden.

Die Anwesenheit neuer Bevölkerungsgruppen hatte selbstverständlich Auswirkungen auf alle Gebiete des politischen, gesellschaftlichen, künstlerischen und wirtschaftlichen Lebens der Insel. Obwohl die Ausgrabungstätigkeit und die Untersuchung der Funde noch längst nicht abgeschlossen ist, läßt sich dennoch erkennen, daß für ein Jahrhundert bis 1380 v. Chr., dem Zeitpunkt eines neuerlichen katastrophalen Erdbebens, die beiden Bevölkerungsteile friedlich zusammenlebten. Den Handel mit Afrika und Ägypten betreiben Minoer und Mykener gemeinsam. Die Keramik ändert ihren Stil, der sogenannte Palaststil herrscht vor. Die Gefäßformen sind typisiert und ihre Dekoration ist schematisierend. Das gleiche Bild vermitteln auch die Wandmalereien des Palastes im 'Thronsaal', im Prozessionskorridor und anderswo.

Auch die Gräber bestätigen die Veränderungen. Alte Grabanlagen, wie das Grab von Isopata, wurden offensichtlich von der minoischen Bevölkerung wiederverwendet. In den gleichzeitigen Gräbern der neuen Einwohner fand man

52

Grabbeigaben, die den kriegerischen Charakter der Toten deutlich erkennen lassen.

Das Feuer (1380 v. Chr.), das Knossos endgültig zerstörte, besiegelte das Ende der glanzvollen Zeit der minoischen Paläste. Die achäische (mykenische) Dynastie beherrscht nun die Insel und baut ihre Paläste in anderen Gegenden, wie die verschiedenen spärlichen Überreste zeigen.

Die sogenannte Nachpalastzeit, die nun folgt, kann nicht als eine Zeit des Niedergangs gelten, auch wenn sie an Glanz der Blütezeit der minoischen Kultur, auf die sie folgt, nicht gleichkommt. Die reichen Königsgräber bei Fourni Archanes bezeugen den Wohlstand der neuen Herrscher und ihr kulturelles Niveau. Neben den verwinkelten und labyrinthischen minoischen Gebäuden findet sich der typisch mykenische Megaronbau, der sich jedoch nicht überall durchsetzt. Die Wandmalerei verliert an Beweglichkeit und Lebendigkeit. In Agia Triada wurde ein großer Bau dieser Zeit vom Typ des mykenischen Megaron gefunden, der Vorratsräume, Hallen und ein Heiligtum umfaßte. Die Reste eines mykenischen Megaron wurden auch in Tylissos gefunden.

Die Bestattungsbräuche haben sich verändert. Nebeneinander existieren ältere und neuere Sitten, die auf das Zusammenleben zweier Be-

52. Sarkophag aus Ierapetra mit Darstellungen von Menschen, Ziegen, Stieren und Hunden in Szenen von Wagenrennen (11. Jh. v. Chr.). Museum Iraklio.

völkerungsteile hinweisen. Im östlichen wie im westlichen Kreta wurden imposante unberührte Gräber freigelegt, wie das Kuppelgrab in Maleme bei Chania, das Grab in Mouliana, wo eine goldene Gesichtsmaske gefunden wurde, die Kuppelgräber in Achladi und Sfakia, Sitia, Apodoulo Amario und in Stylo Apokorono. Die Hochblüte von Knossos bezeugen die Friedhöfe wie auch die Gräberfelder des Hafens Katsambas.

Im Vergleich zu den vorangegangenen Epochen befindet sich die Kunst in allen ihren Ausdrucksformen in einem Niedergang. Die Metallverarbeitung allerdings befindet sich in einer Blüte, wie die Bronzegefäße aus Knossos und Archanes belegen. Bedeutende Beispiele der Goldschmiedekunst wurden ebenfalls in Gräbern gefunden, so die goldenen Fingerringe aus Mavrospiläo bei Knossos. Herrliche Keramik aus dieser Zeit wurde in Archanes gefunden. Die bildhauerische Tätigkeit beschränkt sich vorwiegend auf Kultidole, vor allem solche mit erhobenen Händen, die in den Heiligtümern von Gazi bei Ira-

53

klion, in Gournia und in Karfi bei Lasithi gefunden wurden. Ägyptische Quellen erwähnen Angriffe auf Ägypten durch die sogenannten Seevölker in den Jahren um 1200 v. Chr. und erwähnen die Einwohner von Kaphtor, ein Name, mit dem Kreta bezeichnet wurde. Wenn diese Deutungen zutreffen, dann bedeutet das, daß Kreta gegen Ende der mykenischen Zeit eine starke Flotte besaß, die in Kriegszüge und Raubüberfälle verwickelt war, was auch durch die Überlieferung von der Teilnahme Kretas am trojanischen Krieg in den Jahren um 1200 v. Chr. bestätigt wird. Gegen das 11. Jahrhundert werden in ganz Griechenland Zeichen eines allgemeinen Niedergangs sichtbar. Die Königreiche befinden sich in Auflösung und der Handel steht vor Schwierigkeiten. Neue, dorische Stämme, die griechisch sprechen, ziehen daraus ihren Nutzen. Sie wandern aus dem Norden in das südlichere Griechenland und lassen sich in der Folgezeit auf den Inseln der Ägäis und in Kreta nieder.

Protogeometrische Zeit (1100-900 v. Chr.)

Zwischen 1100 und 900 v. Chr. erreichen neue Einwanderungswellen aus Griechenland Kreta. Es handelt sich hauptsächlich um Achäer und Dorer, die mit der Bearbeitung des Eisens vertraut sind. Zu Beginn lassen sie sich in Mittelkreta nieder, breiten sich später jedoch auf der ganzen Insel aus. Die bereits ansäßige Bevölkerung floh in die Berge Mittel- und Ostkretas. Spuren von Siedlungen dieser Zeit wurden in Karfi bei Lasithi, in Vrokastro bei Mirambelo und vor allem in dem Gebiet von Praisos gefunden. Die Bewohner, die von den Geschichtschreibern Eteokreter genannt wurden, sind Nachfahren der minoischen Kreter. Sie bewahren ihre Sitten und ihre Sprache, wie aus den viel späteren eteokretischen Inschriften hervorgeht, die in Praisos gefunden wurden. Sie sind mit griechischen Buchstaben in einer unverständlichen Sprache geschrieben.

In dieser Zeit verbreitet sich der Gebrauch des Eisens. Aus ihm werden nicht nur Waffen gefertigt, sondern auch Werkzeuge und Schmuckstücke wie die Fibeln, mit denen das schlichte dorische Gewand zusammengehalten wird.

Im Bereich der Kunst ist diese Zeit eine Phase der Verbindung und Vereinigung von alten und neuen Stilen.

53. Große Tonstatuette der Göttin mit den Tauben aus Gazi Irakliou (13. Jh. v. Chr.). Museum Iraklio.

Die neuen Ansiedler waren es gewohnt, ihre Toten zu verbrennen. Dieser Brauch verbreitete sich im Laufe der Zeit.

Gleichzeitig kommt es zu einem Wandel in der Religion und es ist allgemein ein allmählicher Übergang zum griechischen Pantheon zu beobachten. Die Verehrung der alten Vegetationsgöttin wird fortgesetzt, doch werden ihre Eigenschaften nun lokalen Gottheiten Kretas, wie der Diktynna, der Britomartis und der Ariadne, zugeschrieben. Der Gott Belchanos oder Hyakinthos wird mit Zeus gleichgesetzt, und im Mythos der Europa setzt sich der alte Stierkult fort.

Geometrische und Orientalisierende Zeit (900-650 v. Chr.)

In dieser Zeit wird allmählich die neue politische Ordnung der Insel erkennbar, die den Vorbildern des griechischen Festlands folgt. So entstehen die selbständigen Stadtstaaten, von denen es nach Aussage antiker Schriftsteller nahezu 100 gab. Die archäologische Forschung konnte annähernd die Hälfte von ihnen lokalisieren. Die wichtigsten in Zentralkreta waren: Knossos, Gortys, Phästos, Tylisos, Lyttos, Chersonisos, Vienna, Priansos, Risinia und Rytion. In Westkreta: Axos, Eleftherna, Lappa, Syvritos, Aptera, Kydonia, Elyros, Kisamos, Lissos, Polyrrinia, Tarra, Yrtakina. In Ostkreta: Milatos, Dreros, Lato, Olous, Ierapytna, Praisos, Itanos, Sitia und Ambelos.

Es hat den Anschein, als ob die Dorer hauptsächlich die alten minoischen Städtenamen benutzten. Weniger tolerant waren sie gegenüber den früheren Einwohnern, die in drei Klassen eingeteilt wurden, entsprechend dem Widerstand, den sie geleistet hatten: die Perioken (oder Untertanen), die Minoer und die Aphamiotes oder Klarotes.

Zu den Perioken wurden die Einwohner gezählt, die sich den Dorern nur wenig oder gar nicht widersetzt hatten. Ihnen war erlaubt, im Umkreis der Städte zu siedeln, wo sie selbstgebaute Häuser bewohnten. Abgaben an den Staat entrichteten sie in Form von Naturalien. Auch dem Handwerk und dem Handel durften sie sich widmen. Sie waren gezwungen, an Kriegszügen teilzunehmen, besaßen jedoch keine politischen Rechte. Ihre Angelegenheiten konnten sie nach ihren eigenen Gesetzen regeln, wenn diese nicht im Widerspruch zu den dorischen Gesetzen standen.

Zur Klasse der Minoer gehörten die Einwohner, die den Dorern Widerstand geleistet hatten. Ihr Grundbesitz wurde deshalb staatliches Eigentum.

Sie selbst waren Sklaven und bebauten ihren früheren Besitz zum Nutzen des Staates.

Der Staat bürdete ihnen auch die Durchführung staatlicher Arbeiten auf, wie den Bau von Straßen, Brücken und öffentlichen Gebäuden.

Die Aphamiotes waren diejenigen, die den Dorern Widerstand bis zum Äußersten geleistet hatten. In einem Losverfahren wurden sie deshalb mit ihrem Grundbesitz unter die Dorer verteilt. Sie waren persönliche Sklaven für die Landarbeit. Arbeit im Haus war ihnen untersagt.

Das Vorbild der dorischen Gesellschaft Spartas wurde weitgehend auf Kreta übertragen. Im Verlauf der Jahrhunderte entwickelten sich natürlich die gesellschaftlichen und politischen Verhältnisse, doch ihre allgemeine Grundlage und die strengen dorischen Sitten erfuhren bis in die klassische und hellenistische Zeit keine Veränderung.

Die verschiedenen Ausgrabungsfunde lassen erkennen, daß Kreta zu den weiterwirkenden Elementen der alten kulturellen Überlieferung vielfältige Elemente von außen aufnahm. Die Keramik aus den Gräberfelder von Fortetsa bei Knossos und in Arkades (Aphrati Pediadas) zeigen das Weiterleben minoischer Motive und einen starken orientalischen Einfluß. Motive wie der 'Lebensbaum', Girlanden und Ketten aus Papyrus und Lilien stammen aus dem Orient. Die Farbigkeit der Gefäße muß dem minoischen Erbe zugeschrieben werden.

Entsprechende orientalische Einflüsse sind auch in der Metallverarbeitung, der Goldschmiedekunst und der Kleinplastik zu beobachten. Typisch sind die eisernen Schilde aus der Idäischen Grotte (wo seit minoischer Zeit Zeus Kretagenes verehrt wurde), die herrlich mit Adlern verziert sind, die in ihren Krallen Sphingen, Schlangen, Löwen u.a. halten.

Idole und Skarabäen, die in den Gräbern dieser Zeit gefunden wurden zeigen die ununterbrochene Verbindung zu Ägypten und den Einfluß der ägyptischen Kunst auf die Entwicklung der kretischen Kleinplastik. Die Überlieferung berichtet, daß die Plastik dieser Epoche mit den eigenartigen Proportionen der Gliedmaße, den vorgestrecken Händen und den weit geöffneten Augen auf einen Bildhauer Dädalos (der nicht mit dem Dädalos der minoischen Mythologie zu verwechseln ist) und seine Schüler zurückgeht.

Archaische Zeit (650-500 v. Chr.)

Der 'dädalische' Stil, der gegen Ende der geometrischen Zeit auftaucht, erreicht seinen Höhepunkt zwischen 650 und 630 v. Chr. Ein hervorragendes Beispiel ist der Torso aus Porosgestein eines Standbildes aus Eleftherna mit einem schönen, bestickten Chiton und einer Haartracht, die an ägyptische Frisuren erinnern. Der ältere der beiden archaischen Tempel in Prinias, der in das 6. Jh.v.Chr. datiert wird, erinnert an die Architektur der kleinen minoischen Heiligtümer der Nachpalastzeit.

In die früharchaische Zeit gehören auch die Statuetten eines jungen Gottes und zweier Frauen (Apollo, Leto und Artemis) aus gehämmerter Bronze, die aus dem Heiligtum von Dreros stammen. Aus dem Tempel des diktäischen Zeus in Paläkastro kommt ein schöner tönerner Wasserspeier mit Löwenköpfen als Mündungen. Im Heiligtum der Akropolis von Gortys wurden zahlreiche dädalische Tonstatuetten mit dem typischen üppigen Haar gefunden. Im gleichen Heiligtum fand man eine Reihe von Votivtafeln mit Reliefdarstellungen, die mythologische Motive sowie Themen der orientalischen Kunst, Sphingen, Löwen, Gorgonen und nackte Gottheiten wiedergeben.

Im 7. Jahrhundert ist Kreta einer der schöpferischsten Teile der griechischen Welt. Bedeutende Bildhauer wie Dipoinos und Skyllis wanderten auf den Peloponnes aus. Die aus Knossos stammenden Architekten Chersiphron und Metagenes ließen sich mit ihren Ateliers in Ionien nieder und wurden berühmte Lehrer ihrer Kunst.

Das 6. Jahrhundert brachte für Kreta einen allgemeinen Niedergang. Die Hauptursachen waren das Erlöschen der Handelstätigkeit, der uneingeschränkte Einfluß der kargen, militaristischen dorischen Gesinnung und wohl auch der rasche Aufstieg der ionischen Handelsstädte. Die Stadtstaaten Kretas, wie die des griechischen Festlands, befehdeten sich unaufhörlich. Immer wieder landeten fremde Eindringlinge aus anderen Gegenden Griechenlands und den asiatischen Küsten auf der Insel, was große materielle Schäden und Bevölkerungsverluste bedeutete.

Das gesellschafliche Leben blieb weiterhin durch ein vernünftiges Gesetzeswesen geregelt, das in vieler Hinsicht für seine Zeit fortschrittlich genannt werden kann. Das bekannteste Zeugnis dafür ist die berühmte Inschrift von Gortys, die aus der Antike erhalten ist. Man rechnet sie zu den kostbarsten Hinterlassenschaften der antiken Welt. Sie wurde gegen Ende des 6. Jahrhunderts in einem archaischen dorischen Dialekt Kretas abgefaßt und enthält einen Gesetzestext, der in allen Einzelheiten das bürgerliche Recht, insbesondere das Erbrecht und das Familienrecht, regelt. Besonders beeindruckend ist der Schutz der wirtschaftlichen und erbrechtlichen Stellung der Frau.

54

54. Bronzepauke aus der Idäischen Grotte (8. Jh. v. Chr.). Museum Iraklio.

55. Bronzehelm mit reliefierten Flügelpferden aus Axos (8.-7. Jh. v. Chr.). Museum Iraklio.

56. Drei Bronzestatuetten aus dem Heiligtum des Apollo in Dreros, 7. Jh. v. Chr. Museum Iraklio.

57. Fries von dem archaischen Tempel in Prinias (650 v. Chr.). Museum Iraklio.

55

56

57

58

Klassische und hellenistische Zeit (500-67 v. Chr.)

Während sich im ganzen griechischen Raum eine neue Epoche herausbildet, in der das Wunder der griechischen Klassik entsteht, bleibt Kreta am Rande der Geschehnisse der griechischen Welt.

An den großen Kriegen der Griechen - den Perserkriegen und dem Peloponnesischen Krieg - ist Kreta unbeteiligt. Und nur an den Feldzügen Alexanders des Großen nehmen Kreter unter dem berühmten Admiral Nearchos teil.

In der Zeit der Nachfolger Alexanders des Großen, die man als hellenistische Zeit bezeichnet, versuchten die Städte Kretas, einzeln oder gemeinsam, den Schutz der mächtigen Herrscher der großen hellenistischen Staaten zu erlangen. Ein solcher Versuch wurde 215 v. Chr. unternommen, als alle Städte Kretas beschlossen, Philipp V. zum Schutzherrn der Insel zu wählen. Diese Regelung hatte allerdings keinen langen Bestand, denn auf der Insel brachen erneut Bürgerkriege aus. Die herrschende Anarchie ermöglichte es allen Piraten, die das östliche Mittelmeer unsicher machten, sich an den Küsten Kretas niederzulassen.

Die Beziehungen zu den gefürchteten Piraten brachten Kreta in gefährliche Verwicklungen mit dem mächtigen Rom. Als zu Beginn des 2. Jahrhunderts v. Chr. Piraten aus Kreta das römische Ostia erreichten und Kinder und Frauen römischer Aristokraten entführten, begann Rom in die Verhältnisse Kretas einzugreifen. Marcus Antonius versuchte 71 v. Chr. Kreta zu unterwerfen, doch wurde er in einer Seeschlacht bei der kleinen Insel Dia geschlagen. Nach dieser Niederlage und der anschließenden massenhaften Niedermetzelung der Kriegsgefangenen, beschloß der römische Senat, Kreta zu unterwerfen. 69 v. Chr. landete eine große Streitmacht unter Quintus Cecilius Metellus in Kreta. Nach drei Jahren härtester Kämpfe war eine Stadt nach der anderen an die Römer gefallen. 67 v. Chr. ergab sich Kreta der römischen Herrschaft. Quintus Cecilius Metellus erhielt für seinen Erfolg den Beinamen Creticus und wurde mit einem Triumphzug in Rom geehrt.

59

58. Grabstele aus Agia Pelagia (5. Jh. v. Chr.). Museum Iraklio.

59. Bronzestandbild der römischen Zeit aus Ierapetra. Museum Iraklio.

60

60. Statue der Aphrodite aus römischer Zeit. Museum Iraklio.

Römische Zeit (67 v. Chr. - 330 n. Chr.)

Nach der Eroberung durch die Römer wurde Kreta mit der Cyrenaica zu einer römischen Provinz vereinigt. Der römische Statthalter machte Gortys zu seinem Amtssitz und zur Hauptstadt der Insel.

Die Bevölkerungszahl der Insel, die in der Zeit der Kriege wesentlich gesunken war, nahm unter den friedlichen Verhältnissen plötzlich wieder zu. Man hat errechnet, daß Kreta in seiner Blütezeit von etwa 300.000 Menschen bewohnt war. Die Zahl der Römer, die sich in Knossos und später in Gortys und in anderen Städten niederließen, war verhältnismäßig gering und veränderte nicht entscheidend die Zusammensetzung der Bevölkerung.

Aus erhaltenen Inschriften ist zu erkennen, daß die griechische Sprache und Kultur während des ganzen Zeitraumes einflußreich blieben. Latein war hauptsächlich dis Sprache der Verwaltung und der römischen Kolonisten, die sich im Laufe der Jahrhunderte dem allmählichen Prozeß der Hellenisierung unterwarfen.

Vermutlich lebten viele der alten politischen und gesellschaftlichen Formen (wie etwa die öffentlichen Syssitien) in dieser Zeit weiter. Das gleiche gilt auch für den Kult. Alte kretische Gottheiten (Diktynna, Britomartis) wurden neben Göttern des griechischen Pantheons (Zeus, Hermes, Demeter u.a.) und ägyptischen oder orientalischen Gottheiten verehrt, die in römischer Zeit auf die Insel gebracht wurden. Vor allem in Gortys wurden Isis und Sarapis verehrt.

Sehr früh fand das Christentum in Kreta Verbreitung. Der Apostel Paulus setzte im Jahre 58 n. Chr. in Gortys seinen engen Schüler und Mitarbeiter Titus ein, der griechischer Herkunft war. Dieser gründete die erste Kirche, deren Bischof er bis zu seinem Tod (105) war. Christenverfolgungen begannen in der Zeit des Kaisers Decius (248-251). In Gortys wurden 10 Christen getötet, die Agii Deka, deren Name das heutige Dorf trägt.

Der römische Einfluß ist in Kreta sichtbar an der Errichtung zahlreicher, großer Amphitheater für die neuen Schauspiele der Tier- und Gladiatorenkämpfe. Amphitheater gab es in Gortys und Ierapytna und in anderen, kleineren Städten. Zur gleichen Zeit wurde auch das griechische Theater besucht, obwohl es seinen früheren Glanz verloren hatte.

Wie in die anderen Teilen ihres Reiches schmückten die Römer die Städte Kretas mit zahlreichen Tempeln, Prytaneen, Odeen und Marktplätzen. Besonders eindrucksvoll sind die Ruinen im Gebiet von Gortys, wo sich ein Odeon, zwei Theater, zwei Nymphäen, Bäder und die Heiligtümer von Isis und Pythios Apollo erhalten haben. Römische Bauten mit prächtigen Fußbodenmosaiken fanden sich in Knossos. An der Südküste in Levina und in Lissos wurden prächtige Heiligtümer für Asklepios erbaut, denen weitläufige Anlagen für Kranke und Besucher angeschlossen waren.

Die Architektur bediente sich im allgemeinen weiterhin der überlieferten griechischen Formensprache. Die Bildhauerkunst wurde von griechischen Künstlern ausgeübt, die aus Athen, Milet, Paros und anderswoher kamen.

61

61. Marmorstandbild eines Philosophen der römischen Zeit. Museum Iraklio.

Erste byzantinische Zeit (330-824 n. Chr.)

Die Verlegung der Hauptstadt des römischen Reiches in das antike Byzantion und die Gründung von Konstantinopel (330 n. Chr.) beeinflußten unmittelbar auch das Schicksal von Kreta. Nach einer kurzen Phase, in der Kreta ein Teil der Provinz Illyrien war, die zu Rom gehörte, kam die Insel in der Regierungszeit von Theodosius dem Großen (395 n. Chr.) an das Oströmische Reich. Unter der Verwaltung eines byzantinischen Feldherrn wurde es eine eigene Provinz. Dieser Umstand beendete die Abhängigkeit Kretas von Rom und erlaubte ihm, in den folgenden 5 Jahrhunderten an dem Prozeß teilzunehmen, der aus dem ehemaligen römischen Reich das griechische byzantinische Reich des Ostens machte.

In diesem Zeitraum verbreitete sich der christliche Glaube auf der ganzen Insel. In den ersten Jahrhunderten unterstand das Bistum Kreta der geistlichen Oberherrschaft des römischen Papstes. Im 8. Jahrhundert wurde es jedoch dem Patriarchat von Konstantinopel unterstellt.

In den frühchristlichen und frühbyzantinischen Jahrhunderten brachte die Ausbreitung des Christentums es mit sich, daß in allen Teilen der Insel zahlreiche große Heiligtümer errichtet wurden. Die archäologische Forschung hat mindestens 40 Basiliken freigelegt. Die wichtigsten von ihnen wurden in Knossos, Gortys, Chersonisos, Itanos, Syia und Lissos gefunden. Wegen ihrer Ausmaße und ihren Mosaikböden ist die Basilika Panormou in Rethymnon besonders wichtig.

Im 8. Jahrhundert erfolgten verschiedene arabische Angriffe auf die Insel, ohne daß sich die Situation wesentlich verändert hätte.

Arabische Besetzung (824-961 n. Chr.)

Im Jahr 824 unternahmen sarazenische Araber, die wenige Jahre vorher aus Spanien vertrieben worden waren und sich danach in Nordafrika und Ägypten niedergelassen hatten, einen Angriff auf Kreta. Ihr Anführer Abu Hafs landete an der Südküste Kretas und unterwarf die Insel in wenigen Jahren. Zum Gelingen der arabischen Eroberung hatte die innere Krise des Byzantinischen Reiches wesentlich beigetragen. Wahrscheinlich wurde nicht die ganze Insel besetzt (Sfakia war sicher ausgenommen). Die alten Städte - darunter auch das berühmte Gortys - wurden zu Trümmerhaufen. Die Bevölkerung tauchte in das Dunkel langjähriger, härtester Unterdrückung. Viele Menschen flüchteten in die Berge. Eine ethnische Veränderung der kretischen Bevölkerung fand zumindest auf dem Lande nicht statt. Im Gegensatz zu älteren Meinungen war auch die Islamisierung nur ein begrenztes Phänomen. Nur geringe arabische Spuren haben sich in der Sprache Kretas in der Form von Ortsnamen erhalten (Katsambas, Souda, Chandras, Choumeri, Atzipas). Von Wichtigkeit war der Bau der Festung Chandaka an der Stelle des antiken und des heutigen Iraklio. Die Festung war von einem tiefen Graben (Chandaki) umgeben und danach wurde in Mittelalter die Stadt und die Insel benannt (Candia). In den etwas mehr als 130 Jahren arabischer Besetzung wurde Kreta der Ausgangspunkt ausgedehnter Raubzüge von Piraten, die den ganzen östlichen Mittelmeerraum durchstreiften; Chandaka war berühmt als der größte Sklavenmarkt des Ostens, der von reichen Käufern aus Kleinasien, Arabien und Nordafrika besucht wurde. Die Einnahmen aus dem Sklavenhandel und die Beute der Raubzüge verschafften den arabischen Herrschern von Kreta unerhörten Reichtum.

Für Byzanz war der Verlust der Insel eine ernsthafte Bedrohung. Es unternahm mehrfach Versuche, die Insel wieder zurückzuerobern, die allerdings erfolglos blieben. Der byzantinische Feldherr und spätere Kaiser Nikephoros Phokas landete im Jahre 960 auf der Insel mit einer großen Flotte von Kriegsschiffen und Lastschiffen, die mit flüssigem Feuer bewaffnet waren, und begann langwierige Kämpfe. Nach mehrmonatigen Gefechten und Belagerungen gelang es ihm, den Widerstand zu brechen. 961 eroberte er Chandaka, das vollständig zerstört wurde. Ein ähnliches Schicksal bereitete er auch den anderen von Araben bewohnten Städten. Geschichtsschreiber berichten, daß die Araber zu Tausenden getötet wurden und viele in Gefangenschaft gerieten. Die sagenumwobenen Reichtümer der Araber Kretas wurden nach Konstantinopel gebracht.

Die zweite byzantinische Zeit (961-1204 n. Chr.)

Nach der Eroberung der Insel sah sich Byzanz mit ungeheuren Problemen des Wiederaufbaus konfrontiert. Mit Hilfe der Kirche war Byzanz systematisch bemüht, die politischen Verhältnisse auf der Insel zu stabilisieren und das religiöse

62. Agios Konstantinos gemalt von Ioannis Pagomenos aus der Kirche Kimisis tis Theotokou in Alikambos.

62

63

63. Wandmalerei aus Ag. Fotini bei Preveli.

Leben zu erneuern und zu festigen. Missionare wie der Hl. Nikon O Metanoite und der Hl. Ioannis O Xenos verkündeten das Christentum auf der ganzen Insel, gründeten Klöster und erbauten Kirchen. Gleichzeitig siedelte Nikephoros Phokas viele seiner Soldaten auf der Insel an. Griechische Siedler kamen auch aus Kleinasien, von den Inseln und dem griechischen Festland.

Eine Zeit anhaltenden Friedens begann, die annähernd 150 Jahre dauerte und es Kreta ermöglichte, seine Wunden zu heilen und einen raschen wirtschaftlichen Aufschwung zu nehmen. Im Jahre 1082 entsandte Kaiser Alexios II. Komninos seinen Sohn Isaakios mit neuen Siedlern, die unter der Führung von 12 Abkömmlingen aristokratischer Familien aus Byzanz standen. Großer Landbesitz wurde ihnen zugeteilt und vor allem in Westkreta erhielten sie wichtige Privilegien. Auf diese Weise entstand eine neue byzantinisch-kretische Aristokratie, die im gesellschaftlichen und politischen Leben der Insel eine führende Rolle spielte und selbst noch später, in der langen Zeit der venezianischen Herrschaft, einflußreich war.

Am Vorabend der venezianischen Eroberung besaß die Gesellschaft Kretas alle Merkmale der gleichzeitigen byzantinischen Welt.

Obwohl die Bevölkerungszahl nicht mehr den früheren Stand erreichte, wurden viele Städte wiedererbaut und mit starken Mauern befestigt. Auch viele neue Kirchen wurden gegründet.

Venezianische Herrschaft (1204-1669)

Zweieinhalb Jahrhunderte byzantinischer Herrschaft endeten, als 1204 die Führer des 4. Kreuzzuges Konstantinopel eroberten und das byzantinische Reich aufteilten. Bei der Verteilung der Beute fiel Kreta an Bonifatius II. von Montferrat, der die Insel an Venedig verkaufte. Einige Jahre hindurch versuchten die Genuesen - die Konkurrenten der Venezianer im Mittelmeerhandel - die Insel unter ihre Kontrolle zu bringen, doch gelang es 1212 den Venezianern sich schließlich durchzusetzen. Die Herrschaft der Venezianer sollte viereinhalb Jahrhunderte dauern. Dieser Zeitraum gliedert sich in zwei Abschnitte. Der erste dauerte bis zur Eroberung Konstantinopels durch die Türken (1453). In diesem Zeitraum leisteten die Kreter den venezianischen Herren anhaltenden Widerstand, der allerdings nachließ, als das byzantinische Reich seinem Ende entgegenging. Die zweite Phase (Mitte des 15. bis Mitte des 17. Jahrhunderts) endete mit der Eroberung von Chandaka durch die Türken (1669). In diesen zwei Jahrhunderten entstand eine bewundernswerte Synthese byzantinischer und venezianischer Element, die zu einer beeindruckenden künstlerischen und gesellschaftlichen Renaissance Kretas führte.

Seit den ersten Jahren seiner Herrschaft war Venedig bemüht, die Kontrolle über die Insel zu sichern und siedelte zahlreiche venezianische Adelsfamilien und Soldaten an. Im Laufe eines Jahrhunderts erhöhte sich die Zahl der venezianischen Kolonisten auf 10.000, was um so eindrucksvoller ist, wenn man berücksichtigt, daß die Bevölkerung von Venedig im gleichen Zeitraum die Zahl 60.000 nicht überstieg.

Die Verwaltung wurde nach venezianischem Vorbild organisiert. Die Insel hieß fortan Königreich Kreta und wurde ursprünglich, wie Venedig, in sechs Verwaltungsdistrikte gegliedert, die später zu vier zusammengefaßt wurden: Chandaka, Rethymno, Chania und Sitia. Lediglich in der Berglandschaft von Sfakia gelang es den Venezianern nicht, ihre Herrschaft vollständig auszuüben. Den Bewohnern von Sfakia wurde deshalb eine Art lokaler Autonomie zugestanden.

Wie in Venedig der Doge und zwei Ratsherren die oberste Macht ausübten, so besaß auch in Kreta der Duca (mit Amtssitz in Chanadaka) mit zwei Ratsherren die höchste Macht. Dem Duca standen verschiedene Ratsversammlungen venezianischer Bürger beratend zur Seite. In den jeweiligen Verwaltungsdistrikten lag die oberste Macht bei den Rettore. Die einheimische Bevölkerung hatte kein Recht, öffentliche Ämter auszuüben. Sie konnte nur als Notare oder Rechtsanwälte tätig sein. Erst nach 1500 erhielten Einheimische Zugang zu Ämtern in der Verwaltung.

Die Übernahme des Feudalsystems führte zu weitreichenden Veränderungen der kretischen Wirtschaft und Gesellschaft. Es wurden vier gesellschaftliche Klassen unterschieden: 1. der venezianische Adel, 2. der kretische Adel, 3. die Bürger und 4. die Landbevölkerung (Bauern und Villani). Die Lehensgüter, die den venezianischen Adeligen zugeteilt wurden, umfaßten ein oder mehrere Dörfer und Ländereien mit einer Anzahl von Villani oder Paröken. Drei verschiedene Rechtssysteme existierten nebeneinander: das byzantinische, nach dem das Leben der griechischen Bevölkerung geregelt wurde, das Feudalrecht, das die Beziehungen zwischen Herren und Untertanen bestimmte und das venezianische Recht, das vor allem im Handel und bei Rechtsgeschäften galt.

Von Anfang an versuchte die neue Macht, den Einfluß der orthodoxen Kirche zu schmälern, die Beziehungen zum ökumenischen Patriarchen und infolgedessen auch zum wiedererneuerten byzantinischen Reich unterhielt. Die Würdenträger der orthodoxen Kirche wurden durch katholische Autoritäten ersetzt, die orthodoxen Erzbischöfe abgesetzt und ein katholischer Erzbischof in Chandaka eingesetzt. Schließlich wurde das kirchliche Eigentum in großem Umfang zusammen mit dem Grundbesitz konfisziert.

Bereits kurz nach den Errichtung der venezianischen Herrschaft entstanden aufständische Bewegungen, die von einigen der früheren Herren angeführt wurden. Mehr als zehn Aufstände werden im ersten Jahrhundert der venezianischen Herrschaft gezählt. Manche von ihnen blieben mehrere Jahre hindurch einflußreich. Nach der Wiedererrichtung des byzantinischen Reiches durch die Rückeroberung von Konstantinopel (1261) versuchten die byzantinischen Kaiser, die einheimischen Fürsten in Kreta zu unterstützen, ohne jedoch wesenliche Erfolge zu erzielen. Zu den einflußreicheren Bewegungen gehören die der Skordili, der Melissini (1217-19, 1223-23 und 1228-36), die der Brüder Chortatzis (1261-1278) und vor allem die von Alexios Kallergi, die 1282 begann und 1299 mit einem Vertragsabschluß endete, der als Pax Alexii Calergi bekannt wurde. Der Vertrag gewährte der Familie Kallergi eine allgemeine Amnestie und räumte ihr wirtschaftliche und gesellschaftliche Privilegien ein. Gleichzeitig wurde die Wahl eines orthodoxen Bischofs gestattet. Außerdem wurden Eherechte zugestanden, die Freizügigkeit auf der ganzen Insel und die Freilassung von Leibeigenen erlaubt.

Mit diesen und anderen Privilegien, die von der venezianischen Verwaltung zugestanden worden waren, um frühere Unruhen zu beenden, verbesserte sich die gesellschaftliche und vor allem die wirtschaftliche Lage der verschiedenen Schichten Kretas ganz wesentlich. Damit begann eine Annäherung der beiden Bevölkerungsgruppen, der kleinen Minderheit der herrschenden katholischen Venezianer und der Mehrheit der griechisch-orthodoxen Bevölkerung. Kennzeichnend für diese Annäherung ist der Aufstand der beiden venezianischen Feudalherren Gradenigo und Vanieri in den Jahren 1363-1366. Unzufrieden mit der hohen Steuerlast, die Venedig auferlegt hatte, vereinigten sie sich mit den Brüdern Kallergi und kämpften mit Unterstützung des Volkes für die Gründung einer selbständigen Demokratie, die nach dem Schutzheiligen der Insel Demokratie des Hl. Titus hieß. Mit dem Versprechen der rechtlichen Gleichstellung von orthodoxer und katholischer Kirche gelang ihnen die Einigung von Einheimischen und Fremden.

In der zweiten Phase der venezianischen Herrschaft ereigneten sich bemerkenswerte gesellschaftliche Veränderungen auf der Insel. Das Feudalsystem verfiel allmählich. Die Ursachen waren die weitgehende Zersplitterung des Grundbesitzes und die hohe Schuldenlast der Feudalherren gegenüber jüdischen Geldverleihern. Das System des Frondienstes blieb jedoch bis an das Ende der venezianischen Herrschaft erhalten und trug zur Verelendung der Landbevölkerung bei. Verschiedene Vorschläge, den Boden der Landbevölkerung zu überlassen, konnten nicht durchgesetzt werden. Besonders niederdrückend war das System der Fronarbeit. Die Landbevölkerung mußte zwangsweise für die Errichtung öffentlicher Bauten, wie der mächtigen Festungen, hart arbeiten, ohne in ihrem Schutz leben zu können. In den Städten schuf die rückwärtsgewandte Haltung der Feudalgesellschaft eine neue Trennung der gesellschaftlichen Klassen. Das städtische Bürgertum erlebte eine besondere Hochblüte und beteiligte sich erfolgreich am Außenhandel.

In dieser Zeit gewann die orthodoxe Kirche ihren alten Einfluß teilweise wieder zurück. Man errichtete zahllose kleinere und größere Kirchen sowie Klöster.

Besonders beeindruckend an der langen Zeit der venezianischen Herrschaft ist aber die Entwicklung und eigenständige Gestalt des geistigen Lebens auf Kreta.

Die gleichberechtigten Beziehungen zu Italien verbanden die geistigen Kräfte Kretas mit den Elementen der italienischen Renaissance.

Schon in 14. und 15. Jahrhundert zeigten sich entwickelte Formen der Malerei, die in den Wandmalereien der Kirchen, aber vor allem in tragbaren Ikonen von Klöstern (Vrontisi, Valsamonero) und Kirchen (Gouverniotissa, Sklavochori, Episkopi, Pediada u.a.) zu erkennen sind. Seit dem 15. Jahrhundert steht die Malerei in Kreta auf einer hohen Entwicklungsstufe und zeigt in manchen Zügen Einflüsse der zeitgenössischen italienischen Malerei. Sie wurden von kretischen Malern auf die Insel gebracht, die in Italien und hauptsächlich in Venedig, wo es eine große griechische Kolonie gab, studiert oder gelebt hatten. Andererseits kamen nach der Eroberung Konstantinopels durch die Türken aus Mistras und anderen Landschaften bedeutende Maler auf die Insel.

Aus der Verbindung beider Elemente, des byzantinischen und des italienischen der Renaissance, entstand eine neue Form der byzantinischen religiösen Malerei, die man als Kretische Schule bezeichnet. Wesentliche Merkmale dieses Stils sind die betonte Farbigkeit, die Natürlichkeit in der Wiedergabe der Gestalten, der Kontrast von Licht und Schatten, der tragische Ausdruck und die Expressivität der Gesichter. In der Ikonographie orientierte sich die Kretische Schule anfänglich an byzantinischen Vorbildern, aber in den Einzelheiten entlehnte sie Elemente aus der italienischen Kunst, zumeist aus der Graphik der großen italienischen Maler. Heute sind nur noch sehr wenige Arbeiten dieser Schule in Kreta selbst erhalten. Die meisten befinden sich in den Museen Griechenlands (Byzantinisches Museum in Athen) und des Auslandes. Die wichtigsten Vertreter der Kretischen Schule sind die Maler Theophanis, Klotzas und Damaskinos. Venezianische Quellen berichten, daß es zwischen 1527 und 1630 in Chandaka 125 eingetragene Maler gab. Im Zusammenhang mit der Kretischen Schule müssen auch die Jugendwerke von Domenico Theotokopoulos (El Greco) gesehen werden. Er wurde 1541 in Chandaka geboren, erlernte dort die Malerei und ging im Alter von 25 Jahren nach Venedig. Er übersiedelte später nach Spanien und wurde einer der größten Maler aller Zeiten.

Wichtige Fortschritte sind auch im Bildungs-

64. Dominikos Theotokopoulos (El Greco). 1541 wurde er in dem Ort Fodele der Provinz Malevisio oder nach anderer Meinung in Iraklio geboren. Er lebte in Toledo/Spanien, wo er seine bekanntesten Werke schuf. 1614 starb er in Toledo.

64

wesen zu verzeichnen, die einerseits darauf zurückzuführen sind, daß zahlreiche hochgebildete Gelehrte aus Konstantinopel auf die Insel kamen und andererseits, daß eine große Zahl junger Kreter in Venedig und Padua studierte. Die Quellen berichten, daß es im 17. Jahrhundert in Chandaka eine große Zahl von Ärzten, Rechtsanwälten und Notaren gab, die an italienischen Universitäten ihre Studien erfolgreich beendet hatten. Nach dem Vorbild Venedigs wurden in den Städten Kretas Grund- und Mittelschulen geschaffen. Seit dem 16. Jahrhundert sind Akademien bezeugt.

Im Rahmen dieser Institutionen wurden Diskussionen und Vorträge über philologische und naturwissenschaftliche Themen veranstaltet. Zur gleichen Zeit wurde auch in den Klöstern die Bildung gefördert. In verschiedenen Klöstern wurden umfangreiche Bibliotheken zusammengetragen, die von den gelehrten Mönchen benutzt wurden. Mehrere dieser Mönchsgelehrten stiegen später zu den höchsten Würden in der Hierarchie der orthodoxen Kirche auf (Meletios Pigas, Maximos Margounios, Jerasimos Vachos).

Die griechische Dichtung und das griechische Theater des Mittelalters erlebten ihre höchste Blüte in Kreta. Das griechische Theater hatte seit der klassischen und römischen Zeit auf neuen Grundlagen weitergelebt, besonders in den beiden letzten produktiven Jahrhunderten der venezianischen Herrschaft. Die ältesten Beispiele neugriechischer Dichtung in Kreta sind die Volkslieder aus der 2. Byzantinischen Zeit und der Zeit der Venezianer. Auf der Grundlage der byzantinischen Überlieferung schufen die westlichen Einflüsse die Voraussetzungen der Kretischen Dichtung. Zahlreiche frühe Werke der Dichtung (13.-16. Jh.) sind Dramen und Satiren. Mit deutlichen lokalen Eigentümlichkeiten und unter Einfluß der italienischen Sprache entstand eine neue Schriftsprache, die sich von den antiken Vorbildern entfernte. Zu den wichtigsten Vertretern der Dichtkunst dieser Zeit gehören Georgios Chortatzis mit seinem dramatischen Meisterwerk *Erophili* und der Komödie *Panoria*, in denen sich Elemente der Renaissance und des Mythos verbinden, Vintzentzos Kornaros mit seinem Drama *I Thysia Tou Avraam* und vor allem das Meisterwerk der kretischen Literatur *Erotokritos,* Markos Antonios Phoskolos mit seiner Komödie *Photountas.*

Italienische Architekten entwarfen herrliche Gebäude, Festungen, Häfen und prachtvolle Kirchen. In kurzer Zeit verwandelten sich die kretischen Städte in venezianische Städte des Mittelmeeres. Die öffentlichen Bauten - manche von ihnen haben sich erhalten - beeindrucken u.a. durch ihre bemerkenswerten Loggien. Schöne Brunnen schmücken weiträumige Plätze wie der Morosini-Burnnen mit den Löwen in Chandaka (Iraklion). Orthodoxe Klöster - wie etwa Arkadi - und zahlreiche Kirchenbauten zeigen deutliche Einflüsse der Spätgotik und der Renaissance. Die meisten Kirchen sind einschiffige Gebäude mit Bögen und schlichten Fassaden. Die Klöster in der Umgebung von Chania wie Agia Triada ton Tsangarolon, Kera Gonias, Chrysopigi und Gouvernetto folgen treu den venezianischen Vorbildern in der Gestaltung der Fassaden. Die Form der Kirchenkuppeln geht aller Wahrscheinlichkeit nach allerdings auf Einflüsse vom Berg Athos zurück.

Besonders eindrucksvoll sind die großen Festungsanlagen, die im 16. Jahrhundert erbaut wurden, als man sich der Gefahr eines türkischen Angriffes bewußt wurde. Die Befestigungen schlossen auch die Vorstädte ein und sollten den Anforderungen der zeitgenössischen Kriegsführung entsprechen. Festungsbauten dieser Art wurden in allen Städten und Häfen errichtet. Auch die kleinen Inseln Gramvousa, Souda und Spinalonga wurden befestigt. An der Festung von Chandaka, die Megalo Kastro (Große Festung) genannt wurde, baute man ein Jahrhundert, wobei die Landbevölkerung zwangsverpflichtet wurde. Trotz der Erdbeben und der zahlreichen Zerstörungen gilt diese Festungsanlage heute als die besterhaltene venezianische Festung in Mittelmeerbereich.

Die großen Erdbeben von 1303, 1353, 1508 und 1650 und eine Vielzahl kleinerer Beben richteten bedeutende Schäden an den verschiedenen Gebäuden an. Wesentlich größer sind die Zerstörungen, die bei der türkischen Belagerung entstanden.

65. Die Festung von Rethymno, wo sich die Einwohner für dreiundzwanzig Tage in die befestigte Akropolis (Fortetsa) geflüchtet hatten, um den wiederholten türkischen Angriffen zu entgehen (Aus der Privatsammlung des Verlegers G. Christopoulos).

66. Chandakas in der letzten Phase der Belagerung. Die Festung von Chandaka wurde im 16. Jahrhundert erbaut, um der türkischen Bedrohung standzuhalten. Die Belagerung dauerte 21 Jahre, bis 1669 der Kommandant Francesco Morosini die Stadt vertraglich dem Großwesir Achmet Kioprulü übergab (Venedig, Bibliothek San Marco).

FORTRESSE DE
VESTING VAN RETIMO.

CITTA DI CANDIA
FORTE DI S. DIMITRI

67

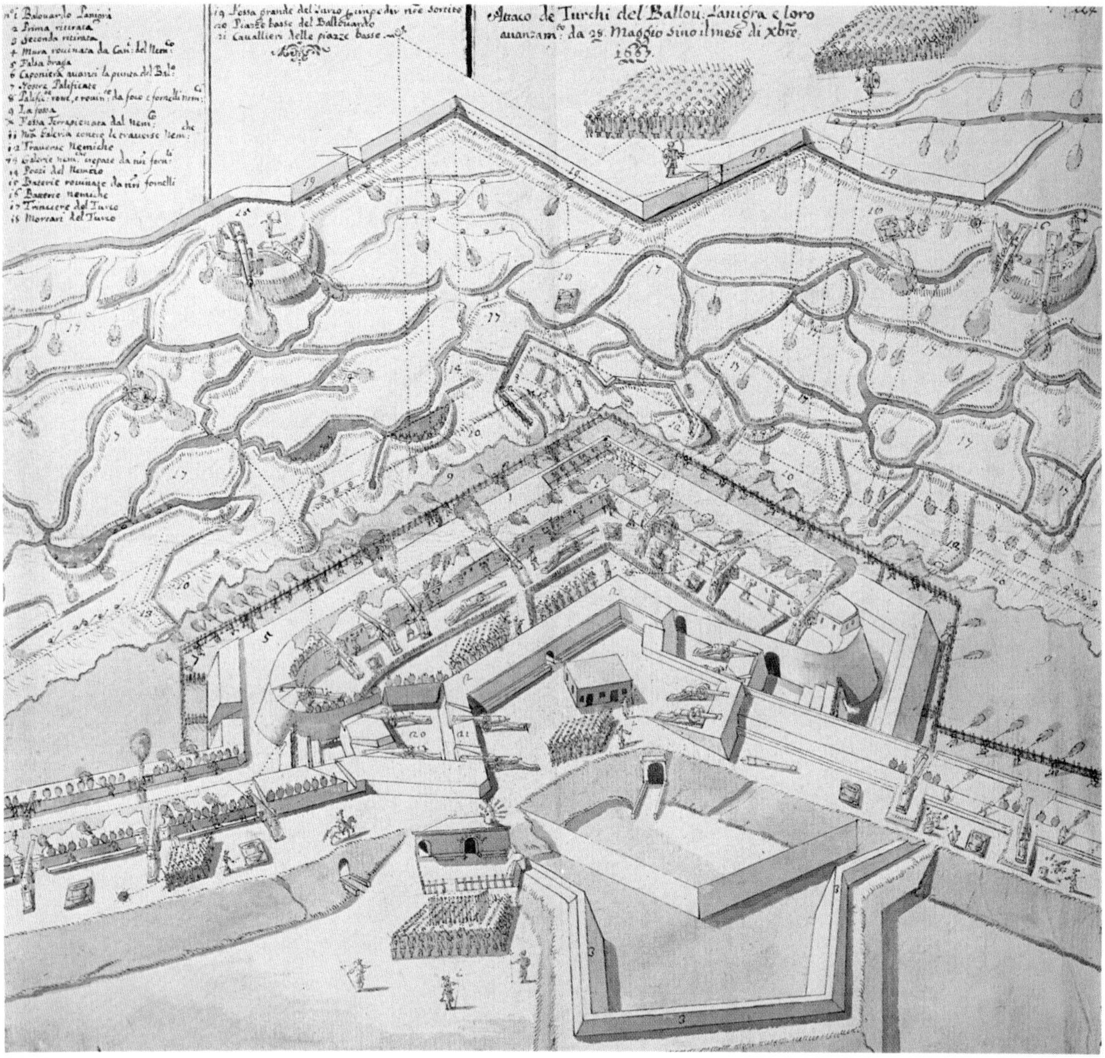

Die türkische Herrschaft (1669-1898)

In den letzten beiden Jahrhunderten der venezianischen Herrschaft war Kreta ständig von einem türkischen Angriff bedroht. Mehrfach war es türkischen Truppen gelungen, an verschiedenen Stellen zu landen und auch kurzfristig befestigte Städte zu erobern. Ein solches Unternehmen war 1538 in großem Umfang erfolgreich, als der berühmte Admiral Chaireddin Barbarossa West- und Mittelkreta unter seine Kontrolle bringen konnte. Sein Angriff kam vor der mächtigen Festung von Chandaka zum Stillstand und er war schließlich gezwungen, die Insel wieder zu verlassen. 1645 landete Jussuf Pascha mit einer Streitmacht von 60.000 Soldaten und 400 Schiffen westlich von Chania. In relativ kurzer Zeit eroberte er die Stadt; 1646 fielen Rethymno und die meisten Festungen der Insel. Bis Ende 1648 hatte er die ganze Insel unterworfen und nur Chandaka leistete noch Widerstand.

Die Belagerung des Megalo Kastro von Chandaka dauerte 21 Jahre. In ihrem Verlauf wurden die modernsten Verfahren und Techniken der Belagerungskunst eingesetzt. Venezianer und Kreter leisteten auch dann noch ungebrochen Widerstand, als es keine Hoffnung mehr auf eine Hilfe von außen gab. Am 27. September 1669 übergab der Kommandant von Chandaka, Francesco Morosini, die Stadt dem Großwesir Achmed Kioprulü. Mit Ausnahme der kleineren Befestigungen von Gramvousa, Souda und Spinalonga, die noch Jahrzehnte unter venezianischer Oberhoheit blieben, stand Kreta nun unter der Herrschaft des Sultans. Die neue Epoche sollte sich zu einer der grausamsten in der langen Geschichte der Insel

68

67. Detail der Großen Festung, wie die Festung von Chandaka genannt wurde, an deren Errichtung die kretische Landbevölkerung ein Jahrhundert zwangsweise arbeiten mußte (Venedig, Bibliothek San Marco).

68. Der venezianische Feldherr Francesco Morosini, der heroische Verteidiger von Chandaka. Er ist dargestellt auf einem seiner Kriegsschiffe im Kampf gegen die türkische Flotte kurz vor dem Fall von Chandaka (Venedig, Bibliothek San Marco).

entwickeln.

Die Eroberung der Insel war begleitet von ungeheuerlichen materiellen Schäden. Zahlreiche Festungsanlagen wurden durch die Belagerung schwer beschädigt und für den Wiederaufbau wurden Jahre benötigt. Viele Kirchen wurden dem Erdboden gleichgemacht, andere in Moscheen umgewandelt, von den übrigen - mit Ausnahme des Klosters Arkadi - wurden die Glockentürme zerstört. Die berühmte Kathedrale Agios Titos in Chandaka wurde in eine prachtvolle Moschee verwandelt, die zu Ehren von Achmed Kioprulü, des Eroberers von Chandaka, Vezir Tzami benannt wurde.

Die Rache der Sieger richtete auch gegen die Bevölkerung, die langanhaltenden Widerstand geleistet hatte. In allen Teilen der Insel wurden Menschen in großer Zahl abgeschlachtet und zu Tausenden in die Kriegsgefangenschaft geführt. Die Unterdrückung der Christen durch die osmanische Verwaltung und die vielen türkischen Siedler, die sich in den Städten und den fruchtbaren Landstrichen niederließen, setzte sich jahrzehntelang fort. Um dem täglichen Elend zu entgehen, verließen Tausende von Kretern die Insel. Viele von ihnen ließen sich auf den Ionischen Inseln nieder, die unter der Herrschaft von Venedig standen. Griechen, die zum Schein zum Islam übertraten, um den Verfolgungen zu entgehen, und im Verborgenen dem orthodoxen Glauben treu blieben, wurden Kryptochristen genannt.

Entsprechend der Gewohnheiten, denen die Türken in allen von ihnen eroberten Gebieten folgten, fand eine allgemeine Neuverteilung des Grundbesitzes statt. Die früheren öffentlichen Be-

69

69. Kretische Landadelige im 16. Jahrhundert (Kirche Agios Georgios, Voila Sitias).

sitzungen fielen an den Sultan und größerer Privatbesitz wurde als Belohnung an türkische Offiziere oder an islamische religiöse Stiftungen verteilt. Aus den christlichen Bauern wurden Landarbeiter, die zur Fronarbeit verpflichtet waren. Das Steuersystem, das nur zwei Arten von Steuern kannte, die Kopfsteuer und die Besitzsteuer, wurde in Kreta mit größerer Härte angewendet als in anderen Teilen des türkischen Reiches.

Sfakia war anfänglich Eigentum von Deli Hüsein, der es als Belohnung erhalten hatte. Später stiftete er es den heiligen Städten Mekka und Medina. Im Gegensatz zu dem, was ältere Historiker annahmen, waren auch die Bewohner von Sfakia steuerpflichtig. Doch konnte das türkische Militär, wegen der geographischen Besonderheit dieses Gebietes, Sfakia nur unter Schwierigkeiten kontrollieren.

Mit der Unterwerfung der Insel durch die Türken endete auch die Macht des römischen Papstes über Kreta, das wieder an den ökumenischen Patriarchen in Konstantinopel kam.

Chandaka wurde zum Sitz des orthodoxen Bischofs bestimmt und die alten Bistümer wurden unter ihren früheren Namen neu gegründet. Die Sonderrechte, die Sultan Mehmed II. dem ökumenischen Patriarchen eingeräumt hatte, galten auch für Kreta. Dennoch nahm die Unterdrückung der christlichen Bevölkerung und ihrer religiösen Vertreter kein Ende. Die Verelendung des Klerus und der Niedergang der Bildung trugen zur geistigen Verarmung der Bevölkerung bei.

Die Zwangsverhältnisse verursachten den Ausbruch einer Reihe von Aufständen. 1692 landeten venezianische Truppen auf der Insel und die Kreter vereinigten sich rasch mit ihnen, um die Türken von der Insel zu vertreiben. Das Scheitern dieses Unternehmens lenkte die Rache der Türken erneut auf die christliche Bevölkerung.

Eine neue Möglichkeit zum Aufstand bot sich 1770, als die Russen während eines Krieges mit den Türken eine Erhebung der christlichen Bevölkerung herbeizuführen versuchten. Die Kreter reagierten schnell. Unter der Führung des aus Sfakia stammenden Daskalojanni errangen sie anfangs bedeutende Erfolge. Der Abschluß eines Friedensvertrages zwischen Rußland und der Türkei ließ Kreta ohne Schutz. Die Wut der Türken richtete sich in diesem Falle besonders gegen Sfakia. Daskalojannis mußte sich ergeben und bei lebendigem Leibe wurde ihm die Haut abgezogen.

Trotz allem blieb der aufständische Geist ungebrochen. Am Vorabend des Freiheitskampfes von 1821 hatten sich einflußreiche Kreter der Filiki Etäria angeschlossen. Die ganze Bevölkerung von Kreta war an dem Kampf um die Unabhängigkeit beteiligt. In den ersten drei Jahren (1821-24) gelang es den kretischen Kämpfern, den wichtigsten Teil der Insel unter ihre Kontrolle zu bringen. Der Sultan ersuchte jedoch seinen Vasallen Mohamed Ali, der über Ägypten herrschte, um Hilfe. Dieser entsandte zahlreiche ägyptische Truppen, denen es gelang, den größten Teil der aufständischen Insel zu unterwerfen. Im folgenden Jahr flackerte der Widerstand erneut auf. Trotz aller türkischen Bemühungen war 1828 bei Ende des Unabhängigkeitskampfes ein wichtiger Teil Kretas in den Händen der Aufständischen.

Bei der Festlegung der Grenzen des unabhängigen griechischen Staates weigerten sich die europäischen Mächte, Kreta einzubeziehen. Der Sultan überließ die Insel als Belohnung für geleistete Hilfe dem Herrscher von Ägypten. Die Herrschaft Ägyptens dauerte jedoch nur ein Jahrzehnt, denn ein mißlungener Feldzug der Ägypter gegen den Sultan (1840) beraubte sie auch des Einflusses auf Kreta.

Der Zeitraum von 1841-1898 ist die letzte Phase der türkischen Herrschaft auf der Insel. Die Existenz des unabhängigen griechischen Staates mit der Hauptstadt Athen förderte in Kreta neue Aufstandsbewegungen, deren Ziel die Vereinigung mit Griechenland war. Diese Bewegungen wurden immer wieder angefacht durch die Willkür der ottomanischen Verwaltung und die Unterdrückung der Christen durch die Türken. In der Mitte des Jahrhunderts sah es so aus, als würde sich die Situation bessern, denn die europäischen Mächte zwangen das ottomanische Reich, weitreichende Reformen zu akzeptieren. Durch ein Gesetz wurde 1856 die freie Religionsausübung gestattet und Christen war es unter bestimmten Voraussetzungen möglich, Verwaltungsämter zu übernehmen. Diese Gelegenheit wurde von vielen Kryptochristen genutzt, um sich vom Islam abzuwenden. Die Reaktion der Türken war gewalttätig. Man sah, daß sich ihre Zahl verringerte und die früheren Untertanen gesellschaftlich, wirtschaftlich und geistig im Aufstieg begriffen waren. Es ist deshalb nicht verwunderlich, daß die zweite Hälfte des 19. Jahrhunderts fortwährend von blutigen Aufständen des kretischen Volkes begleitet ist.

Die wichtigste Erhebung - bekannt als der Große Kretische Aufstand - begann 1866 und dauerte bis 1868. Mit Hilfe von Freiwilligen und Waffen aus dem freien Griechenland erkämpften die Aufständischen immer wieder Siege. Der Kampf erlitt auch zahlreiche Rückschläge, denn starke türkische Truppen landeten auf der Insel. Die wahllosen und massenhaften Vergeltungsmaßnahmen der Türken, vor allem gegen Unbewaffnete, führten schließlich zur Beendigung des Kampfes und die meisten Führer verließen die Insel. Einen Höhepunkt des Widerstandskampfes stellte die völlige Zerstörung des Klosters Arkadi dar. Die Aufständischen sowie zahllose Frauen und Kinder, die im Kloster Zuflucht gesucht hatten, zogen es vor, das Kloster in die Luft zu sprengen und mit annähernd 1500 türkischen Soldaten unter den Trümmern begraben zu werden.

Zehn Jahre später, während eines neuen russisch-türkischen Krieges, brach ein neuer Aufstand aus. Unter ähnlichen Voraussetzungen wie denen von 1866-68 gelang es den Aufständischen, sich der Insel zu bemächtigen. Lediglich die Festungen blieben im Besitz der Türken. Eine Konferenz der europäischen Mächte in Berlin überließ Kreta wiederum der Macht des

70

70. Nach der Beschreibung des Reisenden Belon trugen die Männer von Sfakia weiße Hemden mit Gürteln und Stiefel. Oben: Wandmalerei mit Darstellung der Stifter der Kirche Agios Michail (Mesa Lakkonia, Mirambelo).

Sultans, der mit dem Vertrag von Chalepa gezwungen wurde, den Christen eine größere Mitsprache bei der Verwaltung der Insel einzuräumen. Von besonderer Bedeutung war, daß Griechisch als offizielle Sprache der Volksvertretung und der Gerichte anerkannt wurde.

Die Reformen wurden allerdings sehr rasch von den türkischen Kretern hintertrieben und das Ergebnis waren neue Volksbewegungen, die zu dem Aufstand von 1895-96 führten. Im folgenden Jahr (1897) begannen, veranlaßt durch Massenmorde an Christen in Chania, Einheiten der griechischen Armee, Freiwillige und einheimische Aufständische schrittweise Kreta zu befreien. Das Hauptziel war die Vereinigung Kretas mit dem griechischen Staat. Die europäischen Mächte

71

71. Eleftherios Venizelos (Chania 1864 - Paris 1936), der im politischen Leben Griechenlands eine führende Rolle spielte (Athen, Historisches Nationalmuseum).

mußten einsehen, daß die Türkei nicht mehr in der Lage war, die Insel zu regieren. Durch Intervention der Europäer wurde 1889 der selbständige Staat Kreta ausgerufen, der nominell unter der Oberhoheit des Sultans stand, dessen Hochkommissar jedoch Prinz Georg, der zweite Sohn des griechischen Königs war. Damit war die zwei Jahrhunderte dauernde Herrschaft der Türken über Kreta beendet. Die Garantiemächte der neuen Sachlage waren die europäischen Staaten, die Truppen auf der Insel stationierten. Dadurch sollte verhindert werden, daß die Türken auf die Insel zurückkehrten oder einseitig die Vereinigung mit Griechenland erklärt würde.

Unter der türkischen Zwangsherrschaft war die christliche Bevölkerung so sehr unterdrückt, daß von künstlerischem Schaffen, gleich welcher Art, nicht die Rede sein konnte. Das Interesse der verelendeten Bevölkerung galt dem Überleben. Deshalb gibt es aus dieser Zeit keine Werke der großer Kunst. Hergestellt wurden lediglich Dinge für den täglichen Gebrauch. Die Kultstätten wurden mit Ikonen geschmückt, die Einheimische malten. Doch ging das künstlerische Empfinden der Kreter nicht völlig verloren. Die hauptsächlichen Ausdrucksmöglichkeiten waren im 19. Jahrhundert die Stickerei und Weberei, die durch Kunstfertigkeit und bewundernswerte Vielfalt an Farben und Motiven gekennzeichnet ist. Das Gleiche läßt sich auch von der Holzschnitzerei sagen. Typische Beispiele haben sich in manchen wertvollen Sammlungen erhalten, so besonders im Historischen und Ethnographischen Museum von Iraklion.

Die lange dichterische Tradition aus der venezianischen Zeit fand in gewisser Hinsicht eine Fortsetzung in den Volksliedern, die zumeist von Tänzen und dem Klang der kretischen Lyra begleitet wurden. Diese Lieder beschreiben in lyrischer Form das Leben des unterdrückten Kreters mit seinen Leiden, seinen Freuden und den ungebrochenen Mut der Kreter.

Im Unterschied zu anderen Epochen der Geschichte hinterließ die türkische Herrschaft keine wesentlichen Spuren in der Architektur der Denkmäler und öffentlichen Bauten. Die meisten Moscheen waren ursprünglich orthodoxe oder katholische Kirchen. Der wichtigste und deutlichste Einfluß zeigte sich im Erscheinungsbild der Städte, die nach und nach das typische Aussehen türkischer Ortschaften mit engen Gäßchen, geschlossenen Innenhöfen, Minaretten und manchen bemerkenswerten Brunnen angenommen hatten.

Nach der Gründung des griechischen Staates und der Universität Athen war in Kreta ein Anstieg der griechischen Bildung bemerkbar, vor allem nach den Reformen von 1856.

Neueste Zeit

Die Regelung von 1898 mit der Gründung eines autonomen kretischen Staates, entsprach nur teilweise den Wünschen der kretischen Bevölkerung, die eine Vereinigung mit dem griechischen Staat herbeisehnte. Diese Sehnsucht und der freiheitliche Unabhängigkeitssinn blieben ungebrochen. Bestimmte Maßnahmen des Hochkommissars, durch die volkstümliche Freiheiten eingeschränkt und fremde Vorbilder für die Verwaltung eingeführt werden sollten, riefen Widerstand hervor. Er nahm schließlich 1905 die Gestalt von Unruhen an, die als die Revolution tou Therisou bekannt wurden. Führender Kopf der Aufständischen war Eleftherios Venizelos, der sich erstmals in den Verhandlungen ausgezeichnet hatte, mit denen die ottomanische Herrschaft beendet wurde. Acht Monate hindurch hielten die

Aufständischen ihre Stellungen bis Prinz Georg zurücktrat. Zum neuen Hochkommissar wurde der frühere griechische Premierminister Alexandros Zaimis bestimmt und es wurden Wahlen für eine verfassungsgebende Versammlung ausgerufen. Während Venizelos die Wahlen in Kreta gewann, war in Athen eine Gruppe von Offizieren an der Macht, die ihn 1909 aufforderte, das Amt des Premierministers zu übernehmen. Bis zu seinem Tode 1936 spielte E. Venizelos eine führende Rolle im politischen Leben Griechenlands und im Schicksal des Griechentums.

1908 hatten die europäischen Truppen die Insel verlassen und das Amt des Hochkommissars war abgeschafft worden.

Die Kreter setzten ihre Bemühnugen um die Einigung mit Griechenland mit Wahlen und Volksabstimmungen fort. Schließlich wurde im Zusammenhang mit den siegreichen Balkankriegen von 1912-13 die Einigung erreicht. Mit dem Vertrag von London vom 17./30. Mai 1913 verzichtete der Sultan auf alle nominellen Rechte auf Kreta. Am 1./14. Dezember 1913 wurde in Anwesenheit von König Konstantin und E. Venizelos die griechische Fahne auf der Festung Firka in Chania gehißt und die Zugehörigkeit der Insel zu Griechenland besiegelt.

Am Rande des griechischen Staates gelegen, teilte Kreta im 20. Jahrhundert das Schicksal Griechenlands. Nach Beendigung des griechisch-türkischen Krieges von 1922 und dem Vertrag über den Austausch von Bevölkerungsteilen waren alle Moslems Kretas - etwa 30.000 waren zurückgeblieben - gezwungen, die Insel zu verlassen. An ihrer Stelle wurden griechische Flüchtlinge aus Kleinasien angesiedelt.

Die lange kriegerische Tradition Kretas trat im griechisch-italienischen Krieg 1940-41 erneut in Erscheinung, als sich die kretischen Einheiten an der Front besonders auszeichneten. Die Abwesenheit kampffähiger Männer von der Insel hatte jedoch katastrophale Folgen, als das Deutsche Reich am 6. April 1941 Griechenland angriff und nach der Eroberung des griechischen Festlandes Ende Mai 1941 einen Angriff zur See und aus der Luft auf Kreta unternahm.

Die Verteidigung der Insel übernahmen etwa 30.000 britische Soldaten (Australier, Neuseeländer, Engländer) und 12.000 Griechen, vorwiegend Rekruten, Kadetten und Polizei, die unzureichend bewaffnet waren. Ihnen zur Seite stand die unbewaffnete Zivilbevölkerung, die im Augenblick der Landung mit allen Mitteln kämpfte, um die Angreifer zurückzuschlagen.

Die Schlacht von Kreta gehört zu den wichtigsten Kampfhandlungen des 2. Weltkrieges, obwohl sie nur 10 Tage dauerte (20.-30. Mai). Sie war das bedeutendste Luftlandeunternehmen der deutschen Wehrmacht. Die sehr hohen Verluste bei den Elitetruppen der Fallschirmjäger schufen für die deutsche militärische Führung große Probleme. Eine ähnliche Unternehmung wurde während des ganzen Krieges nicht mehr versucht.

Die deutsche Besetzung dauerte vier Jahre. In dieser Zeit äußerte sich der ungebrochen Freiheitswille der Kreter in einem heftigen, bewaffneten Widerstandskampf, der zwar starke Truppenverbände des deutschen Heeres in Kreta band, die Opfer der Bevölkerung an Menschenleben und Sachwerten jedoch vergrößerte.

Bei Kriegsende begann eine lange und ungestörte Zeit des Friedens, die in der wechselvollen Geschichte Kretas ganz ungewöhnlich ist. Diese Situation war die Voraussetzung für bedeutende wirtschaftliche Fortschritte, vor allem auf dem Gebiet der Landwirtschaft. Begünstigt durch die klimatischen Verhältnisse entwickelte sich der Anbau von Obst und Gemüse in Gewächshäusern in bemerkenswerter Weise, wodurch das Erscheinungsbild der Ebenen, vor allem im Süden Kretas, völlig verändert wurde.

Auf dem Gebiet der Wissenschaften ist vor allem die umfangreiche Ausgrabungstätigkeit griechischer und ausländischer Archäologen zu vermerken. Welche Erfolge dabei erzielt wurden, zeigen in aller Deutlichkeit die umfangreichen Sammlungen des Archäologischen Museums in Iraklio und der neueren Museen in Agios Nikolaos, Sitia, Rethymno und Chania. Die vor einigen Jahren erfolgte Gründung einer Universität und einer technischen Hochschule in Kreta mit Instituten in Rethymno, Iraklio und Chania sowie die Gründung höherer technischer Berufsschulen in Iraklio und in Chania sind Zeichen für eine umfangreiche kulturelle und wissenschaftliche Entwicklung. Obwohl es im Rahmen dieses Führers nicht mögliche ist, bemerkenswerte Persönlichkeiten aufzuzählen, muß doch an Nikos Kazantzakis, den Giganten der griechischen Literatur, und seine weltweite Anerkennung erinnert werden.

Schließlich darf auch die sprunghafte Entwicklung nicht übersehen werden, die der Tourismus in Kreta nahm. Die touristische Erschließung der Insel erfolgte in weniger als zwei Jahrzehnten. Die hervorragenden Hotels und die anderen touristischen Einrichtungen haben in Verbindung mit den günstigen klimatischen Verhältnissen Kreta zu einem der wichtigsten Reiseziele des Mittelmeeres gemacht.

BESCHREIBUNG DER INSEL

Iraklio und Chania bilden mit ihren Flugplätzen und Häfen die beiden Hauptzugänge zur Insel Kreta. Ein kleiner Teil der Besucher kommt jedoch im Hafen von Kisamos in Westkreta sowie auf dem See- oder Luftweg in Sitia im Osten der Insel an.

Als Orientierungshilfe werden dem Besucher 26 Rundfahrten vorgeschlagen, die sämtliche Bereiche der Insel mit fast allen Ferienorten und archäologischen Sehenswürdigkeiten an der Küste und im Binnenland umfassen. Die Rundfahrten beginnen jeweils in einer der Hauptstädte der vier Präfekturen Kretas (Iraklio, Agios Nikolaos, Rethymno and Chania). Für drei Rundfahrten sind die Städte Sitia (Rundfahrt 12, 13) bzw. Kisamos (Rundfahrt 25) der Ausgangspunkt. Diese Auswahl wurde getroffen, weil in diesen Städten genügend touristische Einrichtungen vorhanden sind, die wichtigsten Mussen liegen, und von hier aus die übrigen Teile der Insel mit Verkehrsmitteln zu erreichen sind. Jede der genannten Städte ist in einem eigenen Kapitel beschrieben, das ihre Geschichte und Sehenswürdigkeiten, die kulturellen Veranstaltungen, nützliche Hinweise und Telefonnummern umfaßt.

Die Beschreibung der Ausgrabungsstätten und Mussen ist ausführlicher und enthält genügend Informationen für den Besucher. Die Ausflüge sind so zusammengestellt, daß sie an einem Tag durchgeführt werden können. Der Besucher kann sie je nach der verfügbaren Zeit auswählen.

Das günstigste Verkehrsmittel dafür ist ein Privat- oder Mietwagen. Für kurze Strecken empfiehlt sich auch ein Taxi. Viel billiger ist natürlich die Fahrt mit den Überlandbussen (KTEL), die allerdings mehr Zeit kostet und gründlicher vorbereitet werden muß. Für bestimmte Fahrten von allgemeinerem Interesse (z. B. Iraklio, Knossos) bietet sich auch die Möglichkeit, an Exkursionen teilzunehmen, die von Reisebüros veranstaltet werden.

Weil die Öffnungszeiten der Museen und Ausgrabungsstätten möglicherweise geändert werden, ist es besser sich vorher bei örtlichen Büros des Fremdenverkehrsamtes oder den Museen selbst telefonisch zu vergewissern.

Für den Besuch von Klöstern ist allgemein seriöse Kleidung erforderlich (keine Shorts oder Hosen für Frauen). Die Klöster sind den ganzen Tag geöffnet, außer in der 2-2 1/2 Stunden dauernden Mittagszeit.

Wegen der Eigentümlichkeiten des Straßennetzes ist für gleichlange Strecken oft eine unterschiedliche Fahrtdauer zu berechnen. Auf den Gebirgsstraßen im Innern der Insel kann ge-

72. Der Strand von Vai wird in den Sommermonaten wegen seiner Einzigartigkeit von sehr vielen Touristen besucht.

wöhnlich nicht schneller als 20-25 km/h gefahren werden. In den Ebenen und besonders auf den Nationalstraßen Nord- und Südkretas ist es möglich, die Geschwindigkeit bis auf 100 Stundenkilometer zu erhöhen. Im allgemeinen sind die Straßen asphaltiert. Feldwege oder im Bau befindliche Strecken sind gekennzeichnet.

Während der Hauptreisezeit, die in Kreta von März bis November dauert, empfiehlt es sich, trotz der hohen Kapazitäten der Hotels auf der Insel, rechtzeitig Zimmer zu reservieren.

IRAKLIO

Iraklio ist die größte Stadt Kretas (Einwohnerzahl 1981 102.000) und stellt für Besucher, die die Insel auf dem See- oder Luftweg erreichen, den Hauptzugangsort zur Insel dar. Es liegt nicht weit von den wichtigsten Ausgrabungsstätten entfernt (Knossos, Phästos, Gortys, Archanes, Malia), und sein archäologisches Museum gilt nach Athen als das bedeutendste des Landes. Entlang der Nordküste Kretas befinden sich außerdem große und kleine, von Iraklio aus schnell erreichbare Hotelanlagen, die bei ausländischen Besuchern besonders beliebt sind.

Anreisemöglichkeiten

Iraklio wird von Athen aus (Flughafen Ellinikon-West) achtmal täglich angeflogen. In den Sommermonaten gibt es auch Flugverbindungen mit Thessaloniki, Rhodos, Mykonos und Santorin (Informationen bei den örtlichen Büros der Luftfahrtgesellschaft Olympiaki in Griechenland sowie im Ausland).

Der 4 km westlich der Stadt liegende Flughafen von Iraklio, der im Sommer von Chartermaschinen direkt vom Ausland angeflogen wird, entspricht den internationalen Vorschriften.

Vom Flughafen fahren Busse der Olympiaki nach Iraklio (Endhaltestelle am Eleftherias-Platz) sowie Busse nach Ag. Nikolaos. Außerdem haben bekannte Mietwagenfirmen hier Zweigstellen, und es gibt einen Taxistand. (Eine Preistafel für Taxifahrten in alle kretischen Städte hängt in der Haupthalle des Flughafens). Auch ein Laden für zollfreie Waren ist vorhanden.

Auf dem Seeweg ist Iraklio von Piräus zweimal täglich mit Fährschiffen zu erreichen. Sie legen um 18 und 19 Uhr von Piräus am Karaiskaki-Platz ab. Die Fahrtdauer beträgt 12 Stunden. Im Sommer gibt es eine direkte Schiffsverbindung mit Santorin und alle 10 Tage mit Italien, Zypern und Israel.

Nützliche Informationen

In der Stadt selbst und ihrer Umgebung stehen dem Fremden viele Hotels aller Kategorien sowie eine Jugendherberge (Chandaka-Straße 24 - Auskünfte im E.O.T.-Fremdenverkehrsbüro und bei der Touristenpolizei) zur Verfügung. Außerdem gibt es in der Innenstadt und an den nahegelegenen Küsten eine reichhaltige Auswahl an Restaurants, Tavernen und Cafés, in denen die verschiedensten Speisen angeboten werden.

Von Iraklio aus verkehren häufig Busse zu den übrigen Städten und wichtigen Orten ganz Kretas. Für die verschiedenen Reiseziele gibt es vier Busbahnhöfe der KTEL-Gesellschaft:

a. Nach Ostkreta und Archanes: am Ende der der Mbofor-Straße (Beaufort) am Hafen (Tel.: 283338).

b. Nach Südwestkreta: vor dem Chania-Tor (Tel.: 255965).

c. Nach Rethymno, Chania und Westkreta: vor dem Historischen Museum (Tel.: 221765).

d. Für bestimmte Fahrten nach Südostkreta: vor dem Neuen Tor (Nea Pyli, Tel.: 288544).

Trotz der häufigeren Verbindungen im Sommer ist es empfehlenswert, sich vorher nach den Hin- und Rückfahrtszeiten zu erkundigen.

Die Reisebüros organisieren Ausflüge mit Führung zu den Ausgrabungstätten ganz Kretas (Informationen beim E.O.T.-Fremdenverkehrsamt oder im Hotel).

Verschiedene europäische Länder unterhalten in Iraklio Konsulate (Informationen beim E.O.T.).

Wichtige Telefonnummern und Adressen

Fremdenverkehrsamt E.O.T., Xanthoudidi-Straße 2, Tel.: 226092 und 226470
Touristenpolizei, Dikäosynis-Straße Tel.: 283190
Ausländerpolizei, Tel.: 282379
Erste Hilfe, Tel.: 222222
Veniselion-Krankenhaus, Tel.: 237502 und 237524.
Flughafen Iraklio (Reservierungen), Tel.: 288866 und 229191

73. Teilansicht der Stadt Iraklio.

74. Die venezianische Festung am Hafen von Iraklio.

3

4

Hotelier-Verband Iraklio, Idomenéos- und Malikouti-Straße, Tel.: 223967
Verband der Privatzimmervermieter, Giamalaki-Straße, Tel.: 224260
Schiffahrtsgesellschaft ANEK, 25. Avgoustou-Straße, Tel.: 289545
Schiffahrtsgesellschaft Minoikes Grammes, Tel.: 244603

Die Geschichte der Stadt

An der Stelle der heutigen Stadt befand sich in der Antike ein kleiner Hafen, der zu Knossos gehörte und den Namen Herakleion trug, der auch in der römischen und frühbyzantinischen Epoche erhalten blieb. Die Sarazenen errichteten, nachdem sie 824 v. Chr. Kreta erobert hatten, eine bedeutende Stadt, die sie mit starken Mauern befestigten. Von dem breiten Graben, den sie um die Befestigungsmauern anlegten, erhielt die Stadt ihren arabischen Namen Khandak, den die Byzantiner in Chandax und die Italiener in Candia abänderten. In der venezianischen Zeit und danach wurde der Name Candia für die ganze Insel Kreta benutzt.

In den Jahren der arabischen Herrschaft war die Stadt Chandax ein internationales Piraten- und Sklavenhandelszentrum, bis die Byzantiner sie 961 zurückeroberten, um sie nach eineinhalb Jahrhunderten an die Venezianer zu verlieren (siehe Kapitel: Geschichtlicher Überblick). Unter der Herrschaft der Venezianer (1204-1669) entwickelte sich die Stadt zum Mittelpunkt des politischen, sozialen, militärischen und wirtschaftlichen Lebens der gesamten Insel und war Sitz des katholischen Erzbischofs. Damals wurden schöne öffentliche Bauten und wunderbare Brunnen errichtet, wovon noch einige Gebäude und der eindrucksvolle Morosini-Brunnen erhalten sind. Um sich gegen aufständische Kreter, vor allem aber auch gegen die türkische Bedrohung zu sichern, erbauten die Venezianer von 1462 an neue Befestigungsmauern, die nicht nur die Altstadt, sondern auch ihre Vororte umfaßten. Ihre Errichtung dauerte mehr als 100 Jahre. Dazu wurden auch Steine aus den Ruinen von Knossos verwendet. Die Umfassungsmauer hat eine Länge von 3 km. Im Grundriß bezeichnet sie ein Dreieck und ist mit sieben Bastionen und vier Toren versehen. Dank dieser Stadtmauern, die zu den besterhaltenen Festungsanlagen Europas zählen, konnte Candia noch 21 Jahre lang der harten Belagerung der Türken standhalten, nachdem das übrige Kreta schon in ihre Hände gefallen war.

In der Zeit der Türkenherrschaft wurde die Stadt in Megalo Kastro (Großes Kastell) umbenannt. Die Mauern wurden ausgebessert und blieben in gutem Zustand, so daß sie noch im 19. Jh. für die muselmanische Bevölkerung eine uneinnehmbare Festung und Fluchtburg gegen die christlichen Aufständischen bildeten. Im Innern des Kastells wurden, wie in allen orientalischen Städten, kleine Häuser in engen Gäßchen errichtet.

Nach dem Ende der Türkenherrschaft änderte die Stadt mit der Zeit ihr Aussehen. Der größte Teil der Altstadt wurde durch Erdbeben, die Bombardierungen des Zweiten Welkrieges und vor allem durch den Wiederaufbau der letzten 30 Jahre zerstört. An den alten, in Moscheen umgewandelten Kirchen wurden die notwendigen Änderungen vorgenommen, um sie wieder für den christlichen Gottesdienst herzurichten. Die Stadt dehnte sich vor den Mauern planlos aus und hat heute das Flughafengebiet erreicht.

Die Besichtigung der Stadt

Um die Sehenswürdigkeiten der Altstadt zu besichtigen, gehen wir von der Platia Eleftherias, dem Freiheitsplatz, aus, auf dem Standbilder der beiden großen Kreter Eleftherios Venizelos und Nikos Kazantzakis stehen.

Am Anfang der Xanthoudidi-Straße (Nordseite des Platzes) befindet sich an der Stelle des ehemaligen Klosters des Hl. Franziskus das Archäologische Museum, genau gegenüber dem E.O.T.-Fremdenverkehrsbüro. Von der Westseite des Platzes geht die schmale, gepflasterte Dädalou-Straße (Odos Dädalou) aus, die mit ihren Restaurants, Cafés, Boutiquen, Buchhandlungen und kleinen Hotels bei ausländischen Besuchern besonders beliebt ist. Sie führt zur belebten Platia El. Venizelou, die im Volksmund nach den Löwen des Morosini-Brunnens auch Platia ton Liontarion, Löwenplatz, heißt.

Hinter dem Platz, südlich der Dädalou-Straße beginnt die Hauptstraße, die Odos Dikäosynis. An ihrer linken Seite liegen die alten Kasernen, die im 16. Jh. von den Venezianern errichtet und später von den Türken wiederaufgebaut wurden. In der Mitte des Hauptgebäudes befindet sich eine gut erhaltene venezianische Tür, die aus dem ehemaligen Kloster des Hl. Franziskus hiergebracht wurde. Heute sind in diesen Gebäuden die Präfektur, das Gericht und die Polizei einschließlich der Abteilung für Touristen untergebracht. Zwischen der Präfektur und dem Gericht steht ein Denkmal mit einer Büste von Daskalogiannis, dem Anführer des Aufstandes von 1770, und dahinter, an der Platia Daskalogianni, befindet sich die Post.

Unweit davon trifft die Dikäosynis-Straße links auf die 1866-Straße, während rechts der El. Venizelou-Platz liegt. Die Odos 1866 ist eine malerische, bunte und lärmende Marktstraße, wo in Geschäften und im Freien die reichen Erträge Kretas, Obst, Gemüse und Bergkräuter, aber auch Fleisch und Käse, angeboten werden. Diese Straße trifft im Süden auf den Kornarou-Platz (s. unten).

Wenn wir von der Dikäosynis-Straße rechts abbiegen, treffen wir nach 50 m auf den El. Venizelou-Platz mit seinen zahlreichen Cafés, Restaurants, Buchhandlungen und Altwarenläden. Hier steht auch der berühmte venezianische Brunnen mit den Löwen, der 1628 von Gouverneur Morosini eingeweiht wurde. Die acht Brunnenbecken sind mit Reliefs geschmückt, die Nymphen und Tritonen auf Delphinen, Stiere und Meeresungeheuer zeigen. Das oberste Becken, das auf vier Löwen ruht, muß jedoch von einem älteren Brunnen aus dem 14. Jh. stammen. In der Mitte des Beckens befand sich ehemals eine Poseidonfigur, die in der Türkenzeit zerstört wurde. Das Gebiet im Umkreis dieses Platzes war das Zentrum des venezianischen Candia mit den öffentlichen Gebäuden und dem Dogenpalast, der nicht mehr erhalten ist.

Östlich des Morosini-Brunnens steht die venezianische Basilika des Hl. Markus. Sie wurde 1239 errichtet, 1303 durch Erdbeben zerstört und 1508 wiederaufgebaut. Die Türken machten sie zu einer Moschee. Das Gebäude ist inzwischen renoviert und wird heute als Saal für Konzerte, Vorträge und Ausstellungen benutzt.

Etwas weiter nördlich dieses Platzes liegt die kleine Platia ton Kallergon. Links davon befindet sich der El Greco-Park (und im Westen dahinter das Gebäude der Telefongesellschaft OTE). Am Anfang der vom Kallergon-Platz ausgehenden Straße des 25. August steht rechts die sorgfältig restaurierte venezianische Loggia, die ehemals ein Treffpunkt des Adels war. Heute ist hier das Rathaus untergebracht.

Hinter einem gepflasterten Vorhof neben der Loggia steht die Kirche des Apostels Titus, des Schutzpatron von Kreta. Es ist nicht bekannt, wann genau die Kirche erbaut wurde, sicher ist jedoch, daß sie in mittelbyzantinischer Zeit die Kathedrale der Stadt war. Unter den Venezianern hatte der römisch-katholische Erzbischof hier seinen Sitz. 1446 wurde sie renoviert. Ein großer Brand zerstörte die Kirche 1544, die 13 Jahre später wiederaufgebaut wurde. Die Türken machten sie zu einer Moschee und gaben ihr den Namen Vezir Tzami. Nach dem Erdbeben 1856 wurde sie 1872 wieder instandgesetzt. In der

75

75. Das Archäologische Museum.

Kirche wird eine der heiligsten Reliquien der kretischen Kirche aufbewahrt, der Schädel des Hl. Titus.

An der 25. Avgoustou-Straße haben große Handelsfirmen ihren Sitz, die wichtigsten Banken und die Büros der Reiseunternehmen und Reedereien. Die Straße führt zum alten venezianischen Hafen, in dem heute hauptsächlich Privatjachten und Fischerboote anlegen. Die Hafeneinfahrt wird von der venezianischen Festung Rocca al Mare oder Koules geschützt, die Anfang des. 14. Jhs. errichtet und 1523 wiederaufgebaut wurde. Die Festung ist für Besucher bis Sonnenuntergang geöffnet. Eine Rampe führt zum oberen Teil, der als kleines Freilichttheater ausgestaltet ist, in dem im Sommer Vorstellungen gegeben werden. Von hier oben hat man einen wundervollen Blick über den Hafen und die Festungsanlagen.

76

77

Im Westen dieses kleinen Hafens sind die alten, im 16. Jh. renovierten Schiffswerften erhalten, und noch etwas weiter westlich befindet sich neben den Ruinen der venezianischen Kirche des Hl. Petrus das Historische Museum.

An der Ostseite des alten Hafens beginnen die Anlagen des Haupthafens von Iraklio, in dem die Kreuzfahrt- und Fährschiffe aus Piräus anlegen.

Die Straße Leoforos Mbofor (Beaufort) führt entlang der östlichen Festungsmauer zum Eleftheria-Platz hinauf.

Außer diesem einführenden Rundgang schlagen wir einen zweiten, einen Abstecher davon, vor. Am Ende des Städtischen Marktes in der 1866-Straße liegt der Kornarou-Platz, auf dem sich ehemals die Sotiros-Kirche, in der Türkenzeit Valide-Moschee, befand. Neben ihr liegen ein kleiner türkischer Kiosk (Koumbes) und der schöne venezianische Bembo-Brunnen aus dem Jahre 1588. Er ist mit Reliefen und einer römischen Statue geschmückt, die der Architekt Zuanne Bembo aus Ierapetra brachte, deren Kopf jedoch verloren ist. Bei der Sotiros-Kirche hat man eine moderne Plastik aufgestellt, die Aretusa und Erotokritos aus dem gleichnamigen Epos von Kornaros darstellt. Von der Platia Kornarou aus wenden wir uns nach Westen und kommen über die kleinen Plätze Arkadiou und Riga Feräou zur jetzigen Hauptkirche, der beeindruckenden Metropolis Agios Minas und zur Kirche Agia Ekaterini ton Sinaiton mit einer bemerkenswerten Sammlung von Ikonen der Kretischen Schule (siehe Mussen).

Von der Südseite des Kornarou-Platzes aus führt die Evans-Straße zum neuen Tor in der Stadtmauer (40 m tief). Rechts oberhalb des Tores liegt der Eingang zu einer Freilichtbühne. In den Sommermonaten finden hier Theateraufführungen und musikalische Darbietungen statt.

An der Innenseite der Mauer entlang läuft die Plastira-Straße in Westrichtung zur Bastion Martinego. Ein Pfad führt auf die Bastions-Plattform zu dem schlichten Grab von Nikos Kazantzakis. Von hier aus hat man einen umfassenden Rundblick über die Geburtsstadt des Dichters. Auf einer einfachen Tafel stehen seine Worte: „Ich hoffe nichts, ich fürchte nichts, ich bin frei“.

76-77. Die malerische und bunte Marktstraße, wo in offenen und überdachten Läden die Erzeugnisse der reichen kretischen Erde angeboten werden.

78. Der Brunnen mit den Löwen. 1628 von Morosini eingeweiht.

78

79

80

81

79. Die venezianische Loggia, die einst der Treffpunkt des Adels war. Heute ist hier das Rathaus untergebracht.

80. Der Idomeneus-Brunnen aus der Zeit der türkischen Herrschaft.

81. Der Bembo-Brunnen mit reliefierten Wappen und einer römischen Statue ohne Kopf.

82. Koumbes. Ein Brunnenhaus, das von den Türken bei der Umwandlung der ehemals in der Nähe gelegenen Erlöserkirche in eine Moschee der Sultanin Valide erbaut wurde. Das Gebäude dient heute als Kafenion.

82

DIE MUSEEN

DAS ARCHÄOLOGISCHE MUSEUM

Xanthoudidi-Straße 1, Tel.: 226092
Öffnungszeiten:
Täglich 8.00-19.00 Uhr
Sonn- und feiertags 8.00-18.00 Uhr
Montags geschlossen

Das Archäologische Museum von Iraklio hat die reichste Sammlung der Welt von Gegenständen der minoischen Kultur und ist sicher eines der bedeutendsten Museen Griechenlands. In seinen gut gegliederten Räumen sind Funde aus ganz Kreta ausgestellt, die aus den sechs Jahrtausenden von der neolithischen bis zur römischen Epoche stammen. Ausgestellt sind riesengroße minoische Vorratsgefäße und winzige Meisterwerke der Kleinplastik und Metalltechnik, Geschirr, Waffen, feinste Schmuckstücke aus Gold und eine überaus reiche Sammlung von Gefäßen aller Stile und Epochen. Die riesigen Fresken aus dem Palast von Knossos und anderen Ausgrabungsstätten befinden sich im oberen Stockwerk des Museums, während die griechische Kunst durch eine Vielzahl von Funden aus geometrischer, archaischer und klassischer Zeit vertreten ist.

Der Museumsbesucher folgt am besten der Numerierung der Räume, die so weit wie möglich chronologische und thematische Einheiten umfassen. Die Vitrinen sind ebenfalls fortlaufend numeriert. Die anschließende Beschreibung soll dem Besucher helfen, einige der bedeutendsten Gegenstände herauszufinden. Eine vollständige, detaillierte Beschreibung bietet der von Museumsdirektor J. Sakellarakis verfaßte Führer, der im Museum verkauft wird.

Saal I: In den Vitrinen 1-2 sind neolithische (6500-2600 v. Chr.) und in den Vitrinen 3-18A Funde aus der Vorpalastzeit (2600-1900 v. Chr.) ausgestellt. Besonders interessant sind die folgenden Exponate: *Vitrine 1:* Idole einer weiblichen Gottheit. *Vitr. 2:* Marmoridol einer männlichen Gestalt aus Knossos (Nr. 2623). *Vitr. 6-8:* Tongefäße im Vassiliki-Stil. *Vitr. 7:* Steingefäße aus Gräbern von Mochlos. *Vitr. 11:* Sammlung von Siegeln, das vierzehnseitige Siegel aus Archanes, das Siegel in Form einer Fliege, eine Taube mit ihren Jungen aus Koumasa u.a. (Nrn. 2251, 2260 und 516). Das Siegel Nr. 1098 ist importiert und wird ins 18. Jh. v. Chr. datiert. *Vitr. 17:* Hauptsächlich Goldfunde aus den Gräbern von Mochlos und in der Mesara-Ebene (kleiner Frosch). *Vitr. 18A:* Idole, Schmuckstücke und Dolche aus den Grabstätten von Fourni.

Saal II: Funde aus den alten Palästen von Knossos und Malia, aus den Bergheiligtümern in Mittel- und Ostkreta (1900-1700 v. Chr.). Bemerkenswert die berühmten Kamares- und Eierschalengefäße. Besonders zu beachten auch *Vitr. 25:* Fayenceplättchen, die die Fronten zwei- und dreistöckiger Häuser darstellen. *Vitr. 26:* drei-füßige Obstschalen mit spitzenartigem Dekor. *Vitr. 21:* Tonnachbildungen eines Schiffes und eines Fisches, Opfergefäße in Stierform, Idole von Männern mit Gürtel und Messer sowie von Frauen mit komplizierten Kopfbedeckungen und weiten Röcken. *Vitr. 23:* Eierschalen-Gefäße, überaus dünnwandige Becher und ein winziges Goldgefäß. Außerdem sind in diesem Saal kleine Sarkophage aus Ton ausgestellt.

Saal III: Gegenstände aus Ton (1900-1700 v. Chr.) und Stein, Siegel und beschriftete Stücke, vor allem aus dem alten Palast von Phästos. *Vitr. 31-39:* Gefäße im Kamares- und Barbotinestil aus Phästos. *Vitr. 41:* der einzigartige Tondiskos aus Phästos, eines der bedeutendsten Exponate des Museums (siehe Kapitel: Geschichtlicher Überblick).

Saal IV: Funde aus den neuen Palästen von Knossos, Malia und Phästos (1700-1450 v. Chr.) *Vitr. 57:* Spielbrett für ein schachähnliches Würfelspiel (siehe Kapitel: Geschichtlicher Überblick). *Vitr. 50:* zwei berühmte Idole der chthonischen Schlangengöttin und ihrer Tochter aus Fayence. Es sind Arbeiten von hoher künstlerischer Qualität, die die Frauenkleidung in der minoischen Epoche zeigen. *Vitr. 51:* Spen-

83. Herrliches Rhyton aus Steatit in der Form eines Stierkopfes. Die Hörner (nicht erhalten) waren aus vergoldetem Holz, die Augen aus Bergkristall und die Schnauze aus Perlmutt. Aus dem Kleinen Palast von Knossos. 1550-1500 v. Chr.

degefäß (Rhyton in From eines Stierkopfes aus schwarzem Steatit mit Augen aus Bergkristall und Jaspis und Schnauze aus Perlmutt. Die Hörner müssen aus vergoldetem Holz gewesen sein). 16 Jh. v. Chr. *Vitr. 56:* Elfenbeinstatuette eines Stierspringers, im salto mortale über den Stier begriffen. *Vitr. 55:* Wildziege und säugende Kuh mit Kälbchen, Relief, Waagschale mit steinernen Gewichten. Alle obigen Exponate aus Knossos. *Vitr. 52:* Königliches Schwert mit Darstellung eines Akrobaten auf dem Griff. Aus Malia. *Vitr. 59:* Spendegefäß aus Alabaster in Form des Kopfes einer Löwin. Aus Knossos.

Saal V: Gefäße, Silbergeschirr, Siegel, Idole und Lampen aus Knossos (1450-1400 v. Chr.). Die Keramik ist im Palaststil gefertigt. *Vitr. 69:* Beispiele der Linearschrift A (aus Ag. Triada) und der Linearschrift B (aus Knossos). *Vitr. 70A:* Bedeutendes Beispiel der Kleinplastik aus Ton, Nachbildung eines Wohnhauses, gefunden in Archanes.

Saal VI: Exponate aus Gräbern in der Mesara-Ebene, Knossos, Archanes, Katsambas u.a. (1400-1350 v. Chr.). *Vitr. 87:* Goldschmuck aus Knossos und Phästos. Der Ring aus dem Grab von Isopata in Knossos, der Frauen in Tanzhaltung darstellt. *Vitr. 88:* Schmuckstücke. Ring aus der Nekropole von Archanes mit Gestalten, die den Tod des Vegetationsgottes beklagen. Goldene Kästchen, Halskette, Bronzespiegel u.a.m. *Vitr. 78:* Helm aus Eberzähnen (Nekropole von Knossos). Bronzekessel aus Tylissos.

Saal VII: Er ist einer der bedeutendsten Säle des Museums und umfaßt Fundstücke aus der Zeit der Neuen Paläste (1650-1400 v. Chr.). Eindrucksvolle Doppeläxte mit hölzernen Stielen aus dem Herrenhaus von Nirou Chani. *Vitr. 94:* die Schnittervase, ein Spendegefäß (Ag. Triada) aus schwarzem Steatit. Sie zeigt Erntearbeiter mit geschulterten Werkzeugen zu zweit oder dritt in einer Prozession, die von Musikern und einem Priester angeführt wird. *Vitr. 96:* Rhyton (Agia Triada), dessen Dekor in vier Friesen Wettkämpfe von Faust- und Ringkämpfern sowie Stierspringern zeigt. *Vitr. 95:* der Prinzenbecher (Ag. Triada). In Relief ist ein junger Würdenträger dargestellt, der seinem Anführer einen Teil der Jagdbeute anbietet. *Vitr. 101:* wundervolle Schmucksammlung mit berühmten Anhänger (Amulett) in der Form zweier Bienen oder Wespen, die einen Tropfen Honig in eine Wabe füllen (Gräberstätte von Chrysolakkos bei Malia). Mikroskopisch kleine Schmuckgegenstände in Form einer Ente, eines Fisches und eines Löwen sowie elegante Halsketten (Ag. Triada). *Vitr. 99:* Bronzetalente, die jeweils ca. 40 kg schwer sind (Ag. Triada). *Vitr. 93:* verkohlte Körner, Hülsenfrüchte, Feigen und sonstige Früchte.

Saal VIII: Funde aus dem Palast von Zakros (1650-1400 v. Chr.). *Vitr. 109:* Rhyton aus Bergkristall. Gefäßhals und -körper sind durch einen vergoldeten Ring verbunden. Der Henkel besteht aus Kristallperlen, die auf einem Bronzedraht aufgefädelt sind. Das Gefäß wurde aus zahllosen Fragmenten zusammengesetzt. *Vitr. 111:* Rhyton aus Chlorit. Das Spendegefäß wurde in der letzten Feuerkatastrophe gebrannt (so erklärt sich die Verfärbung). Der Reliefdekor zeigt ein Bergheiligtum mit drei Altären, Tauben, heiligen Hörnern und Wildziegen. *Vitr. 115:* Bronzewerkzeuge und eine riesige Säge. *Vitr 116:* Rhyton aus Steatit in Stierkopfform.

Saal IX: Fundstücke aus den Siedlungen von Paläokastro, Gournia, Psira und dem Heiligtum von Piskokefalo. *Vitr 128:* Amphora mit gemaltem Oktopus.

Saal X: Gegenstände aus der Nachpalastzeit (1400-1100 v. Chr.). *Vitr 133:* großfigurige Idole der Göttin mit erhobenen Händen und Symbolen als Kopfschmuck. *Vitr. 140:* Idole, Doppeläxte und ein Opfertisch mit sechs Gefäßen.

Saal XI: Sammlung von Gefäßen aus der protogeometrischen und spätgeometrischen Epoche (1100-800 v. Chr.). *Vitr. 148:* große Idole der Göttin aus Karfi. *Vitr. 153:* Fibeln, eine Art Sicherheitsnadeln, womit die Dorer ihre Kleidung zusammenhefteten. *Vitr. 154:* Nachbildungen von Häusern.

Saal XII: Pithoi und Gefäße im orientalisierenden Stil mit fremden Einflüssen, Sphingen, Flügelpferden, Löwen. *Vitr. 161 A:* Plättchen aus Bronzeblech, die Weihgaben waren und Tieropfer darstellen. Aus dem Bergheiligtum von Symi bei Viannos. *Vitr. 167:* Bronzeverzierung eines Kessels, die den Raub einer Göttin in einem Schiff, Bogenschützen, Sphingen usw. zeigt.

Saal XIII: Minoische kisten- und wannenförmige Tonsarkophage aus verschiedenen Gegenden Kretas.

Saal XIV: Fresken, vornehmlich aus dem Palast und Wohnhäusern von Knossos, dem Herrenhaus von Amnissos, dem Palast von Agia Triada

und einem Haus auf Psira. In der Saalmitte ein Steinsarkophag mit Fresken, die Szenen der Totenverehrung darstellen. Aus einem Grab in Agia Triada.
Die wichtigsten Wandmalereien: a) *Prozession.* Aus dem Südeingang des Palastes von Knossos. Der Fries bestand vermutlich aus 350 Figuren (1400 v. Chr.). b) *Lilienprinz.* Das Relieffresko zeigt einen Mann mit Halsband aus Lilien und Krone aus Lilien und Pfauenfedern. Vom Südgang von Knossos. c) *Galoppierender Stier.* Relieffresko (1600 v. Chr.) von der Bastion am Nordeingang von Knossos. Kopf gut erhalten. d) Die *Blauen Damen.* Von diesem Wandgemälde (1600 v. Chr.) sind nur spärliche Bruchstücke erhalten. e) *Delphine.* (1600 v. Chr.) aus dem Megaron der Königin in Knossos. f) *Stierkampf.* Springer in doppeltem Salto über dem Rücken des Stieres. Aus Knossos.

Saal XV: *Pariserin.* Das Fresko stellt eine junge, schön frisierte und geschminkte Priesterin dar. Außerdem sind hier kleinformatige Wandmalereien aus dem dreiteiligen Heiligtum in Knossos ausgestellt.

Saal XVI: a) *Krokuspflücker.* Aus Knossos. Ein Affe, der Krokusse pflückt. b) *Anführer der Schwarzen.* Aus einem Haus in Knossos. Darstellung eines Würdenträgers, der eine Gruppe von Schwarzen anführt. c) *Tänzerin.* Aus dem Megaron der Königin in Knossos.

Säle XVII und XVIII: Minoische und griechische Antiken der Sammlung Giamalakis, die das Museum 1962 käuflich erwarb. Kleinkunst aller Epochen (vorübergehend geschlossen).

Saal XIX: Gegenstände aus der archaischen Zeit. Reliefe von der Akropolis in Gortys und den Tempeln von Prinias. Bronzeschilde aus der Idäischen Grotte.

Saal XX: Plastiken aus der klassischen und hellenistisch-römischen Zeit. Statue der Aphrodite, Kopie eines Werkes von Praxiteles. Überlebensgroße Apollonstatue aus Gortys (vorübergehend geschlossen).

84

84. Die Schlangengöttin, Idol aus Fayence. In den ausgestreckten Armen hält die Göttin eine Schlange, die ihren Oberkörper umgibt und bis zu der hohen Kopfbedeckung reicht. Gegen 1600 v. Chr.

85. Fruchtständer im Kamaresstil aus Phästos. Gegen 1800 v. Chr.

86. Krater mit Blumendekoration aus dem Alten Palast von Phästos. Um 1800 v. Chr.

87. Amphora mit Oktopus-Dekoration. Beispiel für den Meeres-Stil. Gegen 1450 v. Chr.

88. Schnabelkanne mit dichtem Pflanzendekor. Um 1530-1550 v. Chr.

85

86

87

89. Rhyton aus Bergkristall, das im Palast von Zakros gefunden wurde. Um 1450 v. Chr.

90. Kultgefäß aus dem sog. Reinigungsbecken in Zakros. Um 1450 Chr.

90

91-92. Fayenceplättchen, die in der Schatzkammer des Palastes von Knossos gefunden wurden. Das erste zeigt eine Kuh mit ihrem Kälbchen; das zweite eine Wildziege, die ihr Junges säugt. Um 1600 v. Chr.

93. Weibliches Idol in verehrender Haltung. Es stammt aus dem Ende der Zeit der Alten Paläste oder dem Beginn der Zeit der Neuen Paläste.

94-95. Die berühmte Schnittervase aus Agia Triada. Dargestellt sind Männer, die von der Landarbeit zurückkehren. Um 1550-1500 v. Chr.

93

91

92

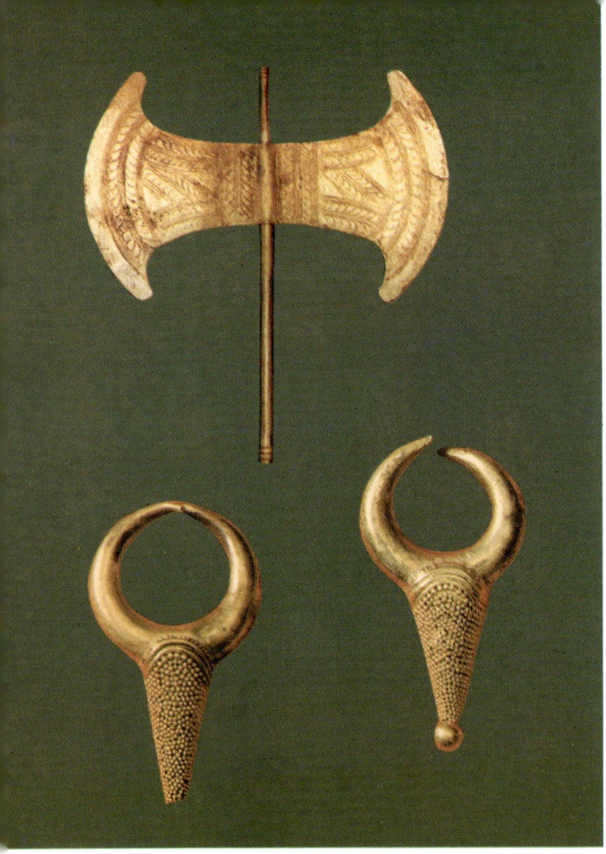

96

97

1

98

99

100

Minoische Goldarbeiten. 96. Die Doppelaxt stammt aus der Höhle von Arkalochori und die Ohrringe aus der Schwarzen Höhle von Knossos. 97. Siegelsteine aus der Zeit der Neuen Paläste. 98. Goldenes Schmuckstück in Gestalt einer Ente aus dem Palast von Knossos. 99. Goldenes Amulett in Form eines Stierkopfes. 100. Goldenes Schmuckstück in Form eines Löwen.

101. Goldenes Halsgeschmeide und goldener Anhänger in Form zweier Bienen, die einen Tropfen Honig in eine Wabe geben.

102. Die berühmte Pariserin aus dem Palast von Knossos. Um 1500-1450 v. Chr. Teil eines Wandgemäldes.

103. Minoische Wandmalerei mit der Darstellung kultischer Spiele, des Stierspringens, an denen Männer und Frauen teilnahmen.

104. Fragmente des Prozessions-Freskos, aus dem in einiger Vollständigkeit nur diese Gestalt, der sogenannte Rhytonträger, erhalten ist.

105. Das Wandgemälde des Blauen Vogels ist eines der drei Fresken, auf denen die königlichen Gärten von Knossos dargestellt sind.

105

107

108

106. Tonmodell der Nachpalastzeit aus Paläkastro. Wiedergegeben ist ein Kreistanz von Frauen, die sich an den Schultern halten. Die Frau in der Mitte spielt eine Lyra.

107. Tonmodell eines runden Heiligtums aus Archanes (protogeometrisch B). Zu erkennen sind die Göttin mit erhobenen Händen, auf dem Dach zwei menschliche Gestalten, die in das Innere blicken, und ein Tier, wahrscheinlich ein Hund.

108. Tonidol der Göttin mit erhobenen Händen und einem Vogel auf dem Kopf. Nachpalastzeit.

109. Ein Beispiel der kretischen Tonplastik ist dieser Wagen mit drei Rädern, der von drei Stieren gezogen wird. 11. Jh. v. Chr.

DAS HISTORISCHE MUSEUM

Kalokärinou-Straße 7
(im Mbentenaki-Viertel, Tel.: 283219).
Öffnungszeiten *9.00-13.000 Uhr*
15.00-17.30 Uhr
Sonn- und Feiertage geschlossen

Das Historische Museum ist im klassizistischen Wohnhaus der Familie Kalokärinos untergebracht. Es wurde auf Initiative von Andreas Kalokärinos 1952 von der Gesellschaft für kretische historische Forschungen (E.K.I.M.) gegründet. Das Museum umfaßt Gegenstände der frühchristlichen, mittelalterlichen und neueren kretischen Kultur. Die Sammlungen sind in drei Stockwerken ausgestellt und thematisch und chronologisch geordnet.

Die Besichtigung beginnt in den Räumen des Untergeschosses. Im folgenden werden die wichtigsten Exponate in der Reihenfolge der Säle beschrieben.

Untergeschoß

Raum 1: Plastiken aus der Basilika des Hl. Titus in Gortys, 6.-9. Jh. Wasserspeier aus Iraklio mit Reliefdarstellungen.
Raum 2: Tor eines venezianischen Gebäudes in Iraklio. Bauglieder von der Loggia in Iraklio (1628). Brunnen eines venezianischen Patrizierhauses, Wappen venezianischer und kretischer Familien. Armenische Inschrift aus dem 16. Jh. mit reliefierten Löwen.
Raum 2A: Gotisches Fenster aus der Kirche des Hl. Petrus, Relief mit Pantokrator, Christus und Engeln.
Raum 3 (Gang): Grabstelen, venezianische und griechische Inschriften. Wandmalerein des 18. Jhs. aus dem Haus von Fazil Bei in Iraklio.
Raum 4: Emaillierte Fayence-Plättchen aus der Valide-Moschee. Beschriftete türkische Grabplatten. Platten mit Stifterinschriften aus der Ekaterini- und der Tituskirche. Schmuckreliefe von Brunnen.

Erdgeschoß

Links ein kleiner Raum, der als Kapelle ausgestaltet ist, mit Fresken des 13. und 15. Jhs. und einem hölzernen Kirchenpult aus dem 15. Jh.
Raum 5: Bronzegefäße aus der Tituskirche in Gortys. Ikonen, liturgische Gewänder und Geräte aus der byzantinischen Epoche.
Raum 6: *Vitr. 5:* Matrizen, Siegel, Holzschnitzereien, Fibeln und Lampen. *Vitr. 10:* byzantinische Gold-, Silber- und Bronzemünzen. Bronzemünzen der arabischen Emire Kretas. *Vitr. 9:* verschiedene kleine venezianische Gegenstände und ein silbernes Kreuz aus dem Theologos Mirambelos-Kloster. 15. Jh. *Vitr. 11:* Sammlung byzantinischer Münzen und venezianischer Münzen Kretas. *Vitr. 8:* venezianische und byzantinische Schmuckstücke. Byzantinische Bleisiegel. Ikonen aus dem 16. und 17. Jh.
Raum 7: Historisch wichtige Gegenstände, bedeutende Schriftstücke und Stempel, die mit den kretischen Erhebungen des 19. Jhs. zusammenhängen. Porträts, Waffen der Aufständischen und Sultanserlasse. Persönliche Gegenstände und der Schreibtisch von Prinz Georg, dem ersten Hochkommissar von Kreta.

1. Stock

Gang: Mittelalterliche Landkarten. Fotografien der Sammlung Mourzellos aus der Zeit von 1867 bis 1912. Fotoarchiv der Schlacht von Kreta.
Raum Emmanuel Tsouderos: Schreibtisch, Bibliothek und persönliche Gegenstände von Emmanuel Tsouderos. Venezianische und holländische Manuskripte und Landkarten. Vollständische Manuskripte und Landkarten. Vollständige Sammlung der Briefmarken des Kretischen Staates.
Raum Nikos Kazantzakis: Sein Schreibtisch und seine Bibliothek. Alle Manuskripte seiner Werke und ein großer Teil seiner persönliche Korrespondenz.

2. Stock

Raum 8: Kretische Volkskunst. Webereien, Stickereien, geschnitzte Holztruhen, Gebrauchsgegenstände und Musikinstrumente.
Raum 9: Sammlung Chrysoula Xanthoudidou. Stickereien, Webereien, Spitzen und Knüpfarbeiten.
Raum 10: Rekonstruktion eines traditionellen kretischen Bauernhauses.
Raum 11: Beispiele von kretischen, in Heimarbeit gefertigten gewebten, gestickten und gestrickten Kleidungsstücken von Männern und Frauen. Kretischer Schmuck des 17. bis 19. Jhs.

Das Museum besitzt weitere Sammlungen von Manuskripten, Büchern und Karten, die nur Forschern zugänglich sind. Das Museum erteilt hierzu Spezialerlaubnisse.

110. Wandgemälde aus dem Haus des Türken Fazil Bey in Iraklio mit Darstellung der Großen Festung (Iraklio). Auf anderen Fragmenten des Wandgemäldes sind phantastische Landschaften mit Landhäusern und Befestigungen aus der Zeit der Großen Festung dargestellt. 18. Jh.

110

111. Reliefierte Metope vom Fries der venezianischen Loggia in Iraklio mit überkreuztem hohen Schuhwerk (Stiefel) und Waffen.

112. Reliefierte Metope vom Fries der venezianischen Loggia in Iraklio mit der Darstellung von ellipsenförmigen Schilden mit reliefiertem männlichen Gesicht und überkreuzten Waffen.

113. Reliefierte Metope vom Fries der venezianischen Loggia in Iraklio mit der Darstellung eines runden Schildes und Fackeln.

114. Reliefplatte mit doppelköpfigem Adler und dem Wappen der Kallergi mit der Jahreszahl 1635. Aus der Theotokos Kirche in Kato Astrakon Pediados.

115. Runde Marmormedaille mit Reliefdarstellung des Hl. Georg zu Pferd und dem Wappen der Zorzi auf dem Schild des Heiligen. Vom Agios Georgios-Tor der venezianischen Mauern von Chandaka. 16. Jh.

116. Runder Wasserspeier mit Reliefdarstellung eines Kriegers und Schmuckmotiven. Aus Chandaka. 13. Jh.

117. Viereckiger Wasserspeier mit Reliefdarstellungen von Jägern, heraldischen Löwen, Greifen und Kreuz. Aus Chandaka. 12. Jh.

118. Venezianische Grabplatte mit der Reliefdarstellung einer Frau. Aus Chandaka. 15. Jh.

111

112

113

114

115

116

118

117

119

119. a) Byzantinische Goldmünze des Kaisers Nikephoros II. Phokas. Die eine Seite zeigt den Kaiser und die Gottesmutter in Brustbildern, die das Kreuz des Patriarchats halten, und die andere Christus als Pantokrator. b) Goldmünze der Kaiser Basilios II. Bulgaroktonos und Konstantinos VIII: Dargestellt sind in Brustbildern die beiden kaiserlichen Brüder, die das Kreuz des Patriarchats halten. Auf der Rückseite Christus als Pantokrator. Aus Agies Paraskies, Iraklio. c) Venezianischer Golddukaten von Franciscus Erizzo (1631-1640), Doge von Venedig. Dargestellt ist der Heilige Markus. Vor ihm kniet der Doge, der eine orifiamma hält. Auf der Rückseite Christus in ellipsenförmigem Heiligenschein. Aus Chandaka.

120. Ein Paar goldener Ohrringe in Drahttechnik in Form einer strahlenförmigen Rosette mit durchbrochenen Kügelchen. Unbekannter Herkunft. 14.-15. Jh.

121. Goldener birnenförmiger Ohrschmuck, dessen Rand mit Perlen besetzt ist. Im durchbrochenen Inneren Blüten, die von geometrischen Motiven umgeben sind. Unbekannter Herkunft. 6.-7 Jh.

122. Silberbestickter Gürtel mit silbernen Knöpfen und geprägten Darstellungen von Rosetten und Pflanzenmotiven. Aus dem Asomaton-Kloster in Amari. 18. Jh.

0

121

2

123-126. Porträts von Kämpfern der kretischen Freiheitsbewegungen gegen die Türken, die aus Anogia Milopotamos stammen. Eine Arbeit des naiven Malers Stavrakis aus dem Ende des 19. Jahrhunderts. K. Stravakakis (123); S. Niotis (124); K. Sbokos (125); Gr. Spithouris (126).

127. Drei der sieben Äxte, die auf der Ostmauer von Chandaka standen als Erinnerung an die 7 türkischen Paschas und Marschälle der Belagerung von Chandaka (1648-1669). Aus Chandaka. 17. Jh.

128. Venezianische mittelalterliche Brustpanzer, Schwerter und Steigbügel. Aus Westkreta 15.-16. Jh.

129. Waffen von Führern der kretischen Freiheitsbewegungen gegen die Türken. 18.-19. Jh.

123

124

125

126

127

128

129

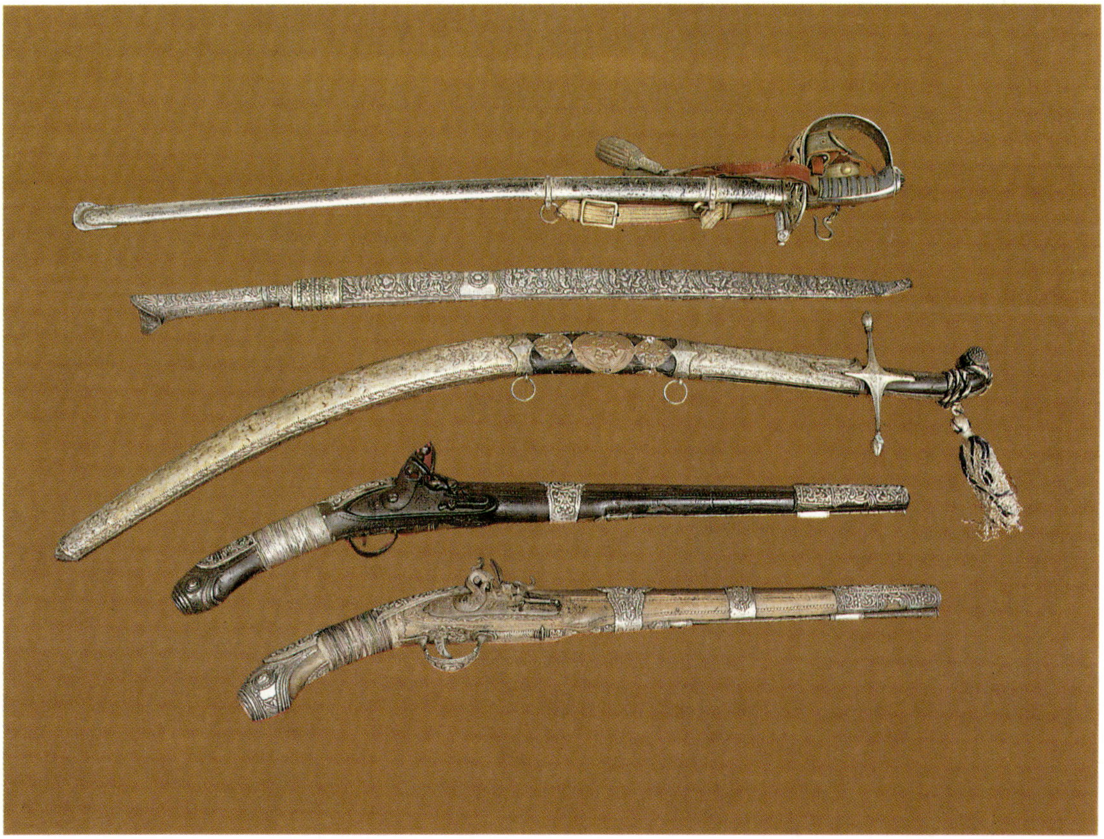

130

131

130. Gewebter Wandbehang mit der Darstellung von Reitern, die Fahnen des Kretischen Staates halten. Krousona/Malevyzio. 19.-20. Jh.
131. Gewebter Wandbehang mit der Darstellung des Prinzen Georg und Offizieren mit Fahnen. 19.-20. Jh.
132. Wollenes Tuch mit weiblichen Figuren und schematisierenden Pflanzenmotiven, aus Livadia/Milopotamos.
133. Rekonstruktion des Inneren eines traditionellen kretischen Hauses.

132

133

KIRCHE DER HL. EKATERINI — SAMMLUNG BYZANTINISCHER IKONEN

Platia Agias Ekaterinis. *Geöffnet 9.00-15.00 Uhr, außer sonntags.*

Die Ekaterini-Kirche wurde 1555 errichtet und im 17. Jh. renoviert. Heute sind hier Wandmalereien des 13. und 14. Jhs. sowie eine beeindruckende Sammlung byzantinischer Ikonen ausgestellt. Sechs Tafelbilder des 16. Jhs. werden Michael Damaskinos zugeschrieben, dem kretischen Maler, der außer in seiner Heimat auch auf den Ionischen Inseln und in Venedig lebte und arbeitete. Diese Ikonen gehörten bis 1800 dem Kloster Vrontisi im Ida-Gebirge und wurden dann in die Kirche des Hl. Minas gebracht. Heute sind sie mit anderen Ikonen an beiden Seiten des Kirchenraumes ausgestellt. Die Themen sind Anbetung der Könige, Abendmahl, die Muttergottes, Noli me tangere, Konzil von Nikäa und die Göttliche Liturgie.

134. Westensicht der Kirche Agia Ekaterini ton Sinaiton mit kreuzförmigem Grundriß und der überkuppelten Kapelle Agii Deka. Renaissancearchitektur des 16. Jhs.

135. Ikone der Wiederkunft Christi. Detail mit posaunenblasenden Engeln und der Wägung der Seelen. Ende des 17. Jhs.

134

135

136

137

136. Ikone der Anbetung der Hl. Drei Könige, eine Arbeit von M. Damaskinos. 16. Jh.

137. Ikone der Theotokou tis Vatou von Michail Damaskinos. 16. Jh. (2. Hälfte).

13

39

138. Das Abendmahl, Ikone von Michail Damaskinos, die westliche Stiche, vor allem Marcantonio Raimondi, nachahmt. 16. Jh. (2. Hälfte, zwischen 1584 und 1591).

139. Ikone mit der Darstellung des Stammbaumes von Jesaja, der sich davor niedergelegt hat. Beherrscht wird die Darstellung von dem Stammbaum der Gottesmutter mit ihren Vorfahren in Verzweigungen. Ende des 17. Jhs.

140

141

140. *Die Wiederkunft Christi. Detail mit den Engeln, die Posaunen blasen. Ende des 17. Jhs.*

141. *Anbetung der Hl. Drei Könige von Michail Damaskinos, Ausschnitt. 16. Jh.*

AUSFLÜGE

IRAKLIO: Rundfahrt 1, Knossos

Der minoische Palast von Knossos liegt 5 km vom Zentrum der Stadt Iraklio entfernt. Die Busse Nr. 2 fahren in kurzen Zeitabständen vom Haupthafen dorthin und halten auch an der Platia Kallergon gegenüber der Loggia. Man fährt von der Platia Eleftherias aus und nach dem Agiou Konstantinou-Friedhof nach links. Im Vorort Agios Ioannis wurden unweit der Landstraße minoische Gräber freigelegt. Darunter befand sich auch das berühmte minoische Isopata-Grab (siehe Kapitel: Geschichtlicher Überblick), das allerdings 1942 durch einen Bombentreffer zerstört wurde. Dieses ganze Gebiet wurde in der Antike von der Nekropole von Knossos mit Hunderten von Gräbern aus der historischen Zeit (1100 v.Chr.-700 n.Jhr.) eingenommen. Kurz vor der Ausgrabungsstätte von Knossos befindet sich links der Straße das Allgemeine Krankenhaus von Iraklio, während rechts die Ruinen des römischen 'Hauses des Dionysos' liegen, zu dem Treppenstufen hinaufführen.

Die Ausgrabungsstätte von Knossos

Öffnungszeiten: Täglich 8:00-19:00 Uhr. Sonn- und feiertags 8:00-19:00 Uhr.

Der beeindruckende Palast von Knossos ist auf einem Hügel neben dem Fluß Kairatos errichtet. Diese Stelle war bereits in der Jungsteinzeit (6000 v. Chr.), vielleicht auch noch früher, besiedelt. Die Ausgrabungen haben gezeigt, daß es in ganz Europa nur wenige so umfangreiche neolithische Schichten gibt wie in Knossos. An der Stelle der neolithischen Siedlung entstand in der Vorpalastzeit im 3. Jahrtausend eine bedeutende Ortschaft.

Der älteste Palast wurde nach 2000 v.Chr. auf dem jungsteinzeitlichen und frühminoischen Schutt erbaut und um 1700 v.Chr. zerstört. An seiner Stelle entstand ein zweiter Palast, größer und prächtiger als sein Vorgänger. Um 1600 v.Chr. verursachte ein Erdbeben starke Schäden, die jedoch bald behoben wurden. In der gleichen Zeit wurden um den Palast große Gebäude errichtet, wie der 'Kleine Palast', die 'Königliche Villa', und

142

142. Luftaufnahme des Ausgrabungsgeländes von Knossos.

143. Plan von Knossos. ▶

KNOSSOS

1. Westhof des Palastes
2. Westeingang
3. Prozessionskorridor
4. Südhaus
5. Propylon des Palastes (Südpropylon)
6. Zentralhof
7. Thronsaal
8. Pfeilerkrypten
9. Raum mit dem Riesenpithos
10. Schatzkammer
11. Korridor mit der Reliefkopie des Lilienprinzen
12. Ostkorridor
13. Megaron der Königin
14. Kleiner Raum mit tönerner Wanne
15. Toilettenraum der Königin
16. Magazine
17. Korridor des Schachspiels
18. Nordkorridor
19. Zollhaus
20. Theaterbezirk

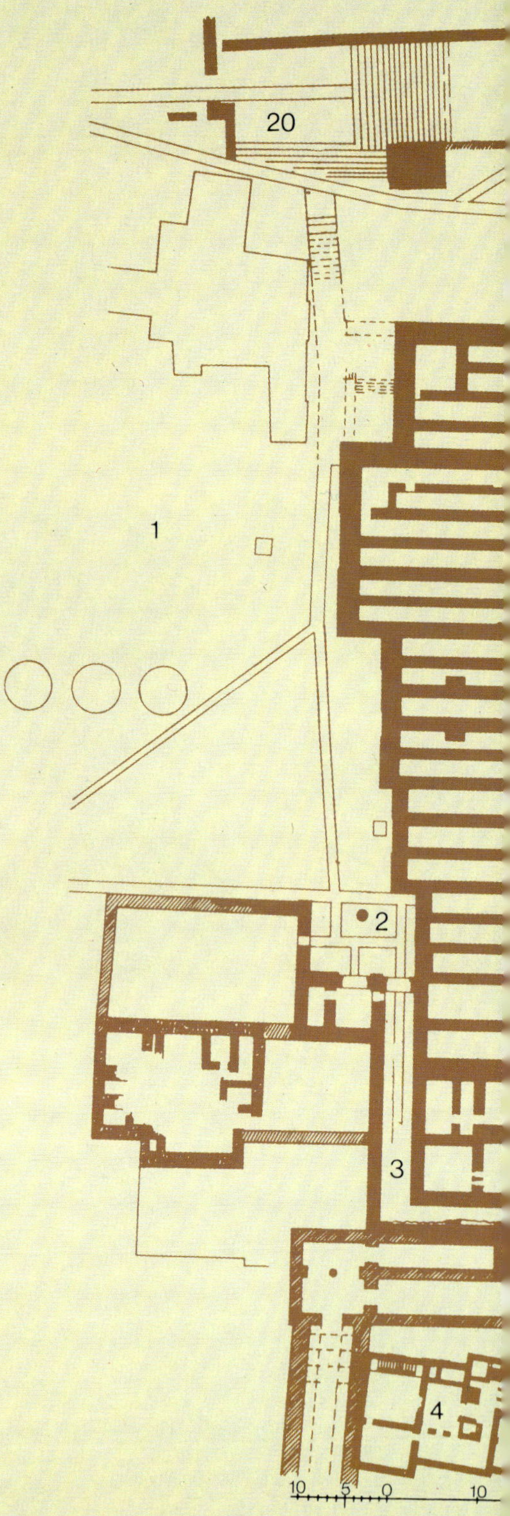

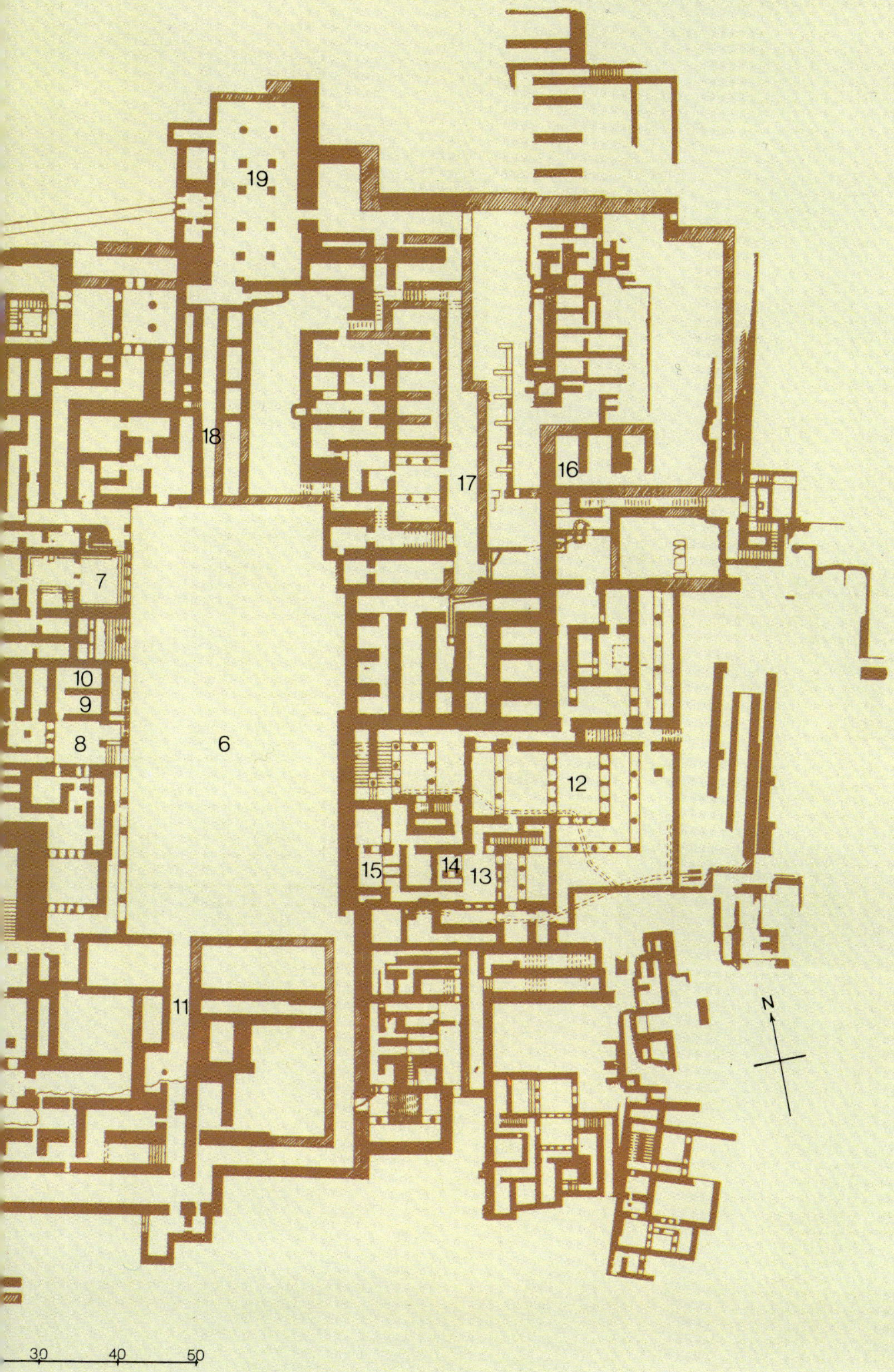

19
18
17
16
7
10
9
8
6
12
15
14
13
11
N
30
40
50

144

144. Rekonstruktion des Palastes von Knossos.

das 'Südhaus', während sich Knossos zu einer großen Stadt mit vielen tausend Einwohnern entwickelte. Eine neue Katastrophe, die wahrscheinlich mit dem großen Ausbruch des Vulkans von Santorin zusammenhängt, brach um 1450 v.Chr. über Knossos herein. Wie aus den Grabungsergebnissen hervorgeht, wurde der Palast jedoch wieder aufgebaut und von einem achäischen Herrscher mindestens bis 1380 v.Chr. genutzt, obwohl die übrigen bedeutenden Zentren Kretas zerstört waren. Nach der endgültigen Katastrophe um 1200 v.Chr. wurde der Palastbereich nicht mehr bewohnt. Knossos blieb jedoch in der gesamten Antike und bis in die frühbyzantinische Zeit hinein ein großer Stadtstaat. Erst im Mittelalter ging seine Bedeutung zurück, und aus Knossos wurde das Dorf Makrys Toichos.

Ende des 19. Jhs. fanden die ersten Ausgrabungen im Bereich von Knossos statt. Im Jahre 1900 begann der Engländer Evans mit der systematischen Freilegung. Im Anschluß daran führte der Ausgräber gewagte Rekonstruktionen aus, die zwar, gemessen an den heutigen Methoden, übertrieben erscheinen, die die Ruinen jedoch vor dem Verfall retteten. Außerdem sind die Rekonstruktionen für den Besucher eine Hilfe, sich den Palast in seiner ehemaligen Größe und Pracht vorzustellen.

Vom heutigen Eingang kommt man auf einem malerischen Pfad in den Westhof des Palastes (1). Er ist mit Platten gepflastert und wird von zwei leicht erhöhten Prozessionswegen überquert. Der rechte führt zum Westeingang des Palastes und der linke zum Theater.

Im Südteil des Westhofes befinden sich drei runde, gemauerte Vertiefungen, die vielleicht Opfergruben waren. Andere Archäologen halten sie für Kornspeicher. An der Südostecke des Hofes liegt der Westeingang (2) in den Palast, durch den man in den nach Süden führenden 'Prozessionskorridor' (3) kommt. So wurde der Gang nach dem 'Prozessionsfresko' genannt, das seine Wände schmückte und heute im Museum von Iraklio untergebracht ist. Der Fußbodenbelag bestand aus Gipsstein und grünen Schieferplatten mit roten Mörtelfugen. Im Grundriß bildet der Korridor die Form des griechischen Buchstaben Π, da der erste Abschnitt nach Süden, der mittlere nach Osten und der letzte nach Norden verläuft. Der Südteil ist allerdings zerstört. Von hier sieht

145

145. Die Nordseite des Zentralhofes des Palastes von Knossos. Von hier führte ein Weg zum sog. Zollhaus.

7

8

man auf das am Hang liegende 'Südhaus' (4) hinab. Biegen wir nach links ab, erblicken wir die riesigen Stierhörner aus Porosgestein. Links kommen wir durch einen monumentalen Eingang, das teilweise rekonstruierte Südpropylon (5), in den Palast. An seiner Westwand hat man eine Kopie von einem Teil des Prozessionsfreskos angebracht. Eine breite Treppe führte in das Obergeschoß, vom Ausgräber Evans Piano nobile genannt, das von großen Festsälen und einem Heiligtum mit drei Säulen und drei Pfeilern eingenommen wurde (6). Eine kleine schmale Treppe führt in den Zentralhof.

Im Erdgeschoß liegt gleich rechts der Thronsaal hinter einem Vorraum (7) mit einem nachgebildeten Holzthron, Bänken und einem Steinbecken. Im Thronraum selbst steht ein einzigartiger Steinthron zwischen Bänken aus Gipsstein. Die Wände sind mit Fresken geschmückt, die Greifen zeigen. Rechts neben dem Vorraum führt eine Treppe mit 12 Stufen und zwei Mittelsäulen in das Obergeschoß. Neben dem Treppenaufgang liegt das Hauptheiligtum des Palastes mit einem Vorraum und zwei Pfeiler-Krypten, Kammern mit je einem Mittelpfeiler, in die das Zeichen der Doppelaxt eingeritzt ist (8). Durch eine Tür in der Südwestecke des Vorraumes gelangt man in eine Kammer (9), in der ein riesiger Pithos an seinem ursprünglichen Platz steht. Von hier aus führt eine Tür in einen weiteren Raum (10), die Schatzkammer des Heiligtums. In einer der ausgemauerten Gruben wurden Idole der Schlangengöttin (Museum Iraklio) gefunden. An der Südseite des Zentralhofes endet der Prozessionskorridor (11). Hier ist eine Kopie des Relief-Freskos angebracht, das den 'Lilienprinzen' (Original im Museum von Iraklio) darstellt.

Der Ostflügel des Palastes, in dem sich die königlichen Privatgemächer befinden, ist auf einer künstlichen Terrasse am Hügelhang errichtet. Auch hier war der Palast mehrgeschossig und hatte eine breite Treppe, die durch einen zentralen, an drei Seiten von Säulen umgebenen Lichtschacht erhellt war. DIe beiden unteren Treppen waren noch gut erhalten, während die beiden oberen neu verlegt wurden. Im ersten Stock sehen wir an der Ostwand die Nachbildung eines Freskos, das achtförmige Schilde darstellt.

Vom Treppenhaus gelangt man in den Ostkorridor (12) und weiter durch eine Tür rechts in das 'Megaron des Königs', einen großen, hellen Raum. Durch einen weiteren Gang kommen wir in das 'Megaron der Königin' (13), das mit Fresken geschmückt ist. Westlich davon gibt es einen kleinen Raum (14) mit einer Wanne aus Ton. Von der Südwestecke des Megarons führt ein Gang in das mit einem Wasserabfluß versehene 'Boudoir der Königin' (15), von dem man in eine Kammer gelangt, die als WC diente. Ein weiterer Gang leitet uns zurück zum unteren Ende des Treppenhauses, von dem aus ein Korridor nach Norden in einen Bereich mit Werkstätten für Steinmetzen, Töpfer u.a. führt. Nördlich davon liegen die königlichen Keramik-Lagerräume (16) mit riesigen Pithoi und der Korridor (17), in dem man das Spielbrett gefunden hat, das im Museum von Iraklio aufbewahrt wird. Unter dem Rost im Boden sieht man einen Teil der Wasserleitung, die Trinkwasser in Tonröhren vom Jouchta in den alten Palast befördete.

Von der Nordseite des Zentralhofes führt ein offener, geneigter Korridor (18) zum Ausgang. An der Westseite des Korridors wurde ein Teil des Säulenvestibüls wieder aufgebaut. Hier hat man eine Kopie des im Museum von Iraklio befindlichen Stierfreskos angebracht. Im Norden mündet der Gang in eine Halle (19), die von acht Pfeilern gestützt wurde. Weil die vom Hafen am Katsampas-Fluß und von Amnissos kommende Straße auf diese Halle zulief, wurde sie von den Ausgräbern das Zollamt genannt. Von hier führt ein Prozessionsweg zum außerhalb des Palastes gelegenen Freilichttheater (20) mit etwa 500 Sitzplätzen. Die Anlage besteht aus zwei Treppen mit Sitzreihen und einer Plattform, auf der wahrscheinlich der König den Aufführungen beiwohnte. Vom Theater führte die Königliche Straße durch die Stadt, deren Häuser in diesem Bereich freigelegt worden sind, zum Kleinen Palast.

◀ *146. Der Thronsaal mit dem einzigartigen steinernen Thron und Bänken aus Gipsstein (Palast von Knossos).*

◀ *147. Rekonstruktion der Halle mit den Pfeilern, auf denen Doppeläxte eingeritzt sind.*

◀ *148. Rekonstruktion des zentralen Lichthofes, den auf drei Seiten Säulen umgaben. An den Wänden befinden sich Kopien der Wandgemälde aus dem Saal der Wandmalereien.*

149. Südliches Propylon des Palastes von Knossos.

150. Die heiligen Doppelhörner auf einem eigenen Sockel des Propylon schmückten eine Maueröffnung des Prozessionsweges.

IRAKLIO: Rundfahrt 2

Skalani (8,5 km) - Varvari (Kazantzakis-Museum) (21 km) - Myanes (15 km) - Vathypetro (20 km) - Kloster Apanosifi (31 km).

Wir nehmen die gut ausgebaute Straße nach Knossos (Rundfahrt 1). Nach 7,5 km sieht man bei der Kirche Agia Irini westlich der Straße zwei Bogen, Reste eines Aquädukts aus der Zeit der ägyptischen Besatzung (1832-40), das Wasser nach Iraklio leitete. Nach 8,5 km biegen wir links nach Skalani und Varvari ab, wo sich das Kazantzakis-Museum befindet. Nach Skalani führt eine bequeme Straße mit zahlreichen, in Richtung des Museums weisenden Schildern zum Dorf Myrtia, dessen Name Varvari bekannter ist (21 km von Iraklio entfernt). Hier wurde der Vater des Dichters Kazantzakis geboren.

Das Museum ist am Hauptplatz in dem rekonstruierten Wohnhaus der Familien Kazantzakis und Anemogiannis untergebracht. Ausgestellt sind persönliche Gegenstände von Nikos Kazantzakis, Fotos, Manuskripte und alle Ausgaben seiner Werke in all den Sprachen, in die sie übersetzt worden sind. Ein zwanzigminütiges audiovisuelles Programm informiert in einem anderen Raum die Besucher in griechischer, englischer, deutscher und französischer Sprache über Kazantzakis' Leben und Werk.

Für Forscher gibt es ein gut geordnetes, außerordentlich umfangreiches Archiv mit Veröffentlichungen in vielen Sprachen.

Öffnungszeiten: Mo, Mi, Sa, So 9.00-13.00, 14.00-20.00 Uhr; Di, Fr 9.00-13.00 Uhr; Do geschlossen. Vom 1.11-28. 2. nur sonntags 9.00-14.00 Uhr geöffnet.

Wir kehren nun zur Landstraße, die wir von Iraklio gekommen sind, zurück und folgen bei der Abzweigung links der Straße, die durch Wein-

151

152

153

154

155

151. Das Weinanbaugebiet von Archanes, in dem viel Wein produziert wird und Speisetrauben wachsen.

152. Die Panagia-Kirche in Archanes.

153. Der minoische Friedhof in Fourni, das bedeutendste prähistorische Gräberfeld im Bereich der Ägäis.

154. Archanes. Kuppelgrab (1400-1350 v. Chr.), das unberührt gefunden wurde.

155. Archanes. Plan des minoischen Friedhofes in Fourni.

156

157

156-157. *Das Ausgrabungsgelände des Palastes von Archanes, der in Tourkogitonia bei der Panagia-Kirche liegt. Oben: Teile der Ausgrabung.*

158. *Rekonstruktion des minoischen Palastes von Archanes.*

159. *Plan des Palastes von Archanes.*

pflanzungen nach Archanes (15 km) führt, einem historischen Landstädtchen mit 3.700 Einwohnern (400 m Höhe). Hier ist das Zentrum des Weinbaugebiets von Mittelkreta. Es wird viel Wein und die erstklassige Traube Rosaki produziert.

Im Ortsnamen Archanes hat sich die antike, seit dem 5. Jh. v.Chr. in Inschriften bezeugte Bezeichnung Acharna erhalten. In systematischen Ausgrabungen haben Efi und Jannis Sakellarakis seit 1964 hier bedeutende Funde freigelegt.

Das Ausgrabungsgebiet von Archanes

Neben zahlreichen Fundplätzen mit Resten, die bis in die subneolithische Zeit zurückreichen und die ununterbrochene Besiedlung des Ortes bezeugen, gibt es in Archanes drei größere Ausgrabungsstätten. In Tourkogitonia wurde ein Teil des Palastes, auf dem Hügel Fourni die minoische Nekropole und in Anemospilia ein minoischer Tempel gefunden. Nur die Grabungsstätte auf Fourni ist ständig bewacht.

Der Palast wurde in Archanes, im Ortsteil Tourkogitonia unweit der Panagia-Kirche, ausgegraben. Es wurde der Komplex des Nordeingangs sowie ein Teil des südlichen Palastsektors, der 1450 v.Chr. zerstört wurde, aufgedeckt.

Etwa 1,5 km nordwestlich von Archanes wird auf dem Hügel Fourni von 1966 bis heute das bedeutendste prähistorische Gräberfeld im ägaischen Raum freigelegt. Es wurde 1500 Jahre hindurch benutzt. Die Stätte umfaßt 3 Kuppelgräber aus der Vorpalastzeit und der Zeit der Alten Paläste, viele rechteckige Grabbauten derselben Periode und eine mykenische Ringmauer - einzigartig außerhalb Mykenes - mit 6 Schachtgräbern. Von Bedeutung ist ferner ein profanes Gebäude für den 'Friedhofsdienst'. Im Kuppelgrab A (1400-1350 v.Chr.) fand man die erste königliche Bestattung Kretas, die nicht geplündert worden war, mit einer Fülle von meisterhaften Kunstwerken aus Gold, Bronze und Elfenbein. Aus den anderen Gräbern traten bedeutende Kollektionenen einzigartiger Siegel, Idole, von Hängeschmuck aus Edelmetallen, unzähliger Tongefäße aus allen Stilen und Epochen der minoischen Kultur ans Licht. Alle Funde befinden sich im Museum von Iraklio.

Der minoische Tempel von Anemospilia liegt etwa 5 km nordwestlich von Archanes am Nordhang des Jouchta-Berges. Etwa 200 m nach dem Ortsende von Archanes biegen wir links und nach weiteren 500 m wiederum links ab. Die ansteigende Straße ist in keinem besonders guten Zustand. Nach 5 km sehen wir die umzäunte Ausgrabungsstätte an der linken Straßenseite.

159

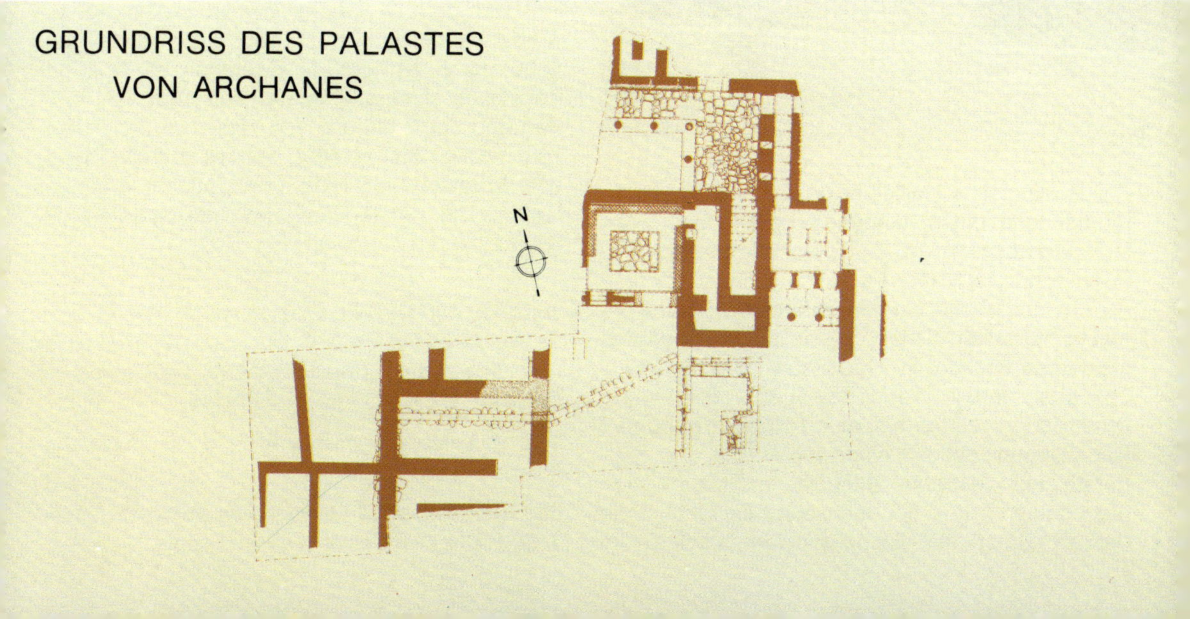

160

161

Das minoische Heiligtum besteht aus 3 Haupträumen und einem langen, nördlich davon verlaufenden Korridor mit 3 Türen. Wie bei den Palästen sind die Mauern aus Hausteinen errichtet. An Ort und Stelle wurden zahlreiche Funde gemacht, vor allem Gefäße sowie auch ein großes steinernes Becken. Im Hauptraum fand man zwei überlebensgroße Terrakotta-Füße, die wahrscheinlich zu einem hölzernen Kultbild gehörten. Der Ostraum enthielt einen Opfertisch und Kultgeräte, im Westraum entdeckte man auf einem eingebauten Altar ein menschliches Skelett, in dessen Brust ein Bronzeschwert steckte. Im selben Raum fand man zwei weitere Skelette und ein viertes im Vorraum. Es handelt sich hier offensichtlich um Menschenopferung, den Ausgrabungen zufolge um die erste im ägäischen Raum nachgewiesene. Das Heiligtum wurde 1700 v.Chr. zerstört; gleichzeitig mit den ersten Palästen der anderen minoischen Städte und ebenso wie diese durch Erdbeben.

Öffnungszeiten der Ausgrabungsstätte: tägl. 8.45-15.00, sonn- und feiertags: 9.30-14.30, dienstags geschlossen.

Die Straße von Archanes in Südrichtung biegt nach 1 km links ab und führt durch Weingärten zur byzantinischen Kirche des Erzengels Michael (Michail Archangelou, Asomatos) mit Fresken von 1315.

5 km südlich von Archanes hat man an der Stelle Piso Livadia (Feldweg) das minoische Herrenhaus von Vathypetro freigelegt. Die Ausgrabungsstätte ist allerdings geschlossen.

Die Ausgrabungen wurden 1949 von Professor Sp. Marinatos begonnen und brachten die Reste eines zwischen 1600 und 1550 v.Chr. errichteten Herrenhauses ans Licht. Die Mauern sind außen aus behauenen Quadern, innen jedoch aus unregelmäßigen Steinen geschichtet. Anscheinend gab es nur über einigen Trakten ein Obergeschoß aus ungebrannten Ziegeln. Die Wände waren farbig verputzt. Zerstört wurde der Bau wahrscheinlich durch ein Erdbeben um 1450 v.Chr. Alle Werkstätten dieses Landhauses sind als Ruinen erhalten: unter anderem eine Wein-und eine Ölpresse sowie ein Töpferofen, neben dem in einem überdachten Raum 16 Riesenpithoi stehen.

Wir folgen dem Feldweg nach Süden bis zum Dorf Choudetsi. Von hier führt eine asphaltierte Straße zum 5 km entfernten Kloster Apanosifi (31 km), das dem Hl. Georg geweiht ist. Das Kloster wurde wahrscheinlich um 1600 errichtet, fiel aber 1856 durch ein großes Erdbeben in Trümmer. Kurz nach seinem Wiederaufbau 1862 wurde es während der Erhebung von 1866 von den Türken zum zweiten Mal zerstört, weil die Aufständischen von Korakas hier Hilfe und Zuflucht gefunden hatten. Die Klosterkirche und die anderen Gebäude wurden restauriert.

160-161. Anemospilia. Das dreiteilige Felsheiligtum. Es wurde gegen 1700 v. Chr. vermutlich durch ein Erdbeben zerstört. Unten: Detail der Wände des Heiligtums.

162. Jouchtas. Der mythische Berg des in Kreta geborenen Zeus.

163. Das minoische Megaron von Vathypetro (1600-1550 v. Chr.), im Gebiet von Piso Livadia.

162

163

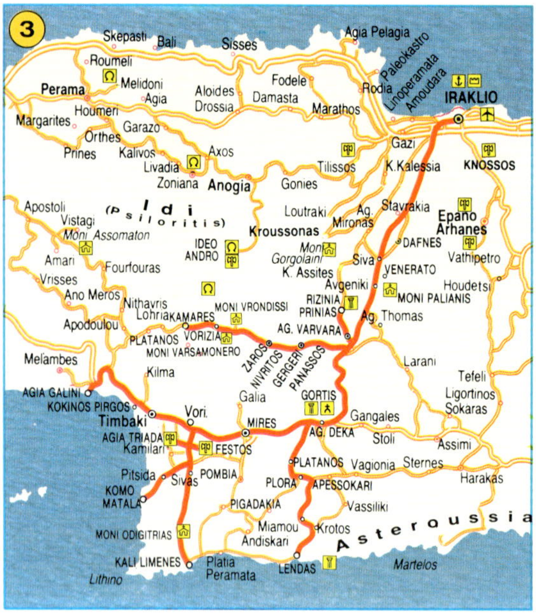

IRAKLIO: Rundfahrt 3

Venerato (20 km) - Kloster Paliani (21 km) - Ag. Varvara (29 km) - (Abzweigung nach Norden) Prinias (3,5 km), zum Kloster Vrontisi (19 km) - Kloster Varsamonerou (26 km) - Kamares (30 km) - Agii Deka (45 km) - (Abzweigung nach Lentas) - Gortys (46 km) - Mires (53 km) - (Abzweigung nach Nea Kali Limenes) - Phästos (59 km) - Ag. Triada - Matala (70 km) - Timpaki (65 km) - Agia Galini (77 km). Abfahrt der Busse an der KTEL-Station vor dem Chania-Tor (Pyli Chanion).

Wir fahren durch das Chania-Tor und verlassen Iraklio in Richtung Mires (nach 3 km Wegweiser). Die Straße führt durch das Hauptanbaugebiet von Sultaninen auf der Insel Kreta. Nach 13 km Abzweigung links nach Dafnes, wo der beste Malvasierwein hergestellt wird. Nach 20 km das Dorf Venerato.

In der Dorfmitte biegen wir links und dann gleich rechts ab und erreichen nach 1 km das Nonnenkloster Paliani (Moni Palianis). Es ist eines der ältesten Klöster Kretas und wird schon 668 unter dem Namen Palaia oder Pala erwähnt. Ursprünglich unterstand es dem Patriarchat von Konstantinopel. 1304 nahm der römisch-katholische Erzbischof das Kloster in Besitz. Die Türken zerstörten es 1821 und töteten alle Nonnen bis auf eine, die das Kloster wieder aufbaute. 1866 zerstörten es die Türken ein zweites Mal. In der dreischiffigen Klosterkirche sind heute noch alte byzantinische Kapitelle erhalten. Sie ist der Koimesis, dem Tod der Muttergottes, geweiht.

An Mariä Himmelfahrt, dem 15. August, findet ein großes Kirchefest statt.

Hinter der Kirche steht eine uralte Myrte, von der man erzählt, daß in ihrem Stamm eine wundertätige Ikone der Muttergottes, der Panagia Myrtidiotissa, verborgen ist (Feiertag am 24. September). Im Kloster leben heute 50 gastfreundliche Nonen.

Kurz vor der Ortschaft Agia Varvara (29 km) erhebt sich rechts der imposante Hügel Patella tou Prinia. Am Ortseingang von Agia Varvara steht nach dem dritten Haus auf einem Felsen eine Kapelle des Propheten Elias (Profiti Ilia). Die Einheimischen glauben, daß hier der geographische Mittelpunkt von Kreta ist.

In der Ortschaft biegt eine Straße rechts in Richtung des antiken Rhizenia ab, das etwas westlich des Dorfes Prinias liegt (3,5 km). Links finden wir zwei künstliche Höhlen, die einst als Grabkammern dienten. Die Ruinen des antiken Rhizenia, das Anfang des Jahrhunderts von der Italienischen Archäologischen Schule freigelegt wurde, befinden sich auf der Anhöhe Patella tou Prinia (696 m), von der man einen großartigen Rundblick hat. Rhizenia nahm zwischen den beiden großen Städten Knossos und Gortys eine strategisch bedeutende Lage ein. Von 1600 v.Chr. bis in die hellenistische Epoche war Rhizenia eine blühende Gemeinde. Gefunden wurden die Ruinen von zwei Tempeln aus dem 7. und 6. Jh. v. Chr. und die Überreste einer Festung der hellenistischen Zeit. Die Ausgrabungen wurden von 1966 bis 1978 weitergeführt. Am Fuß der Akropolis von Rhizenia fand man einen großen Friedhof aus geometrischer Zeit.

Kurz nachdem wir Agia Varvara in südlicher Richtung verlassen haben, zweigen wir nach Zaros (17 km) ab. Nach 5 km kommen wir zum Dorf Panasos, in dessen Nähe sich die Tropfsteinhöhle Barothiano befindet.

Auf der Weiterfahrt durchqueren wir das wasserreiche Dorf Gergeri, eine Ortschaft mit dem vorgiechischen Namen Nivritos, und auf 340 m Höhe Ano Zaros. Nicht weit von hier entfernt liegen zwei Klöster am Südhang des Psiloritis-Gebirges, Vrontisi nach 4 km und Agios Fanourios Varsamoneros nach 7 km.

Das Vrontisi-Kloster wird seit dem Jahre 1400 schriftlich erwähnt, das genaue Gründungsdatum ist jedoch unbekannt. In der Erhebung von 1866 wurde hier vom Anführer der Aufständischen, Korakas, das erste bewaffnete Korps aufgestellt und die Revolution in Zentral- und Ostkreta ausgerufen. Die Türken setzten daraufhin das Kloster in Brand. Heute sind noch einige Fresken aus dem 14 Jh. und eine Ikone des Malers Angelos

164

165

166

164. Das Vrontisi-Kloster. Am Eingang befindet sich einer der schönsten venezianischen Brunnen des 15. Jhs.

165. Das Paliani-Kloster im Dorf Venerato ist eines der ältesten in Kreta (668 n. Chr.).

166. Das berühmte Varsamonerou-Kloster mit Wandgemälden des 14. und 15. Jhs.

167

167. Die byzantinische Kirche Agii Deka in dem gleichnamigen Dorf, das der Ort war, an dem die ersten christlichen Märtyrer Kretas den Tod fanden.

(1600) erhalten. Am Klostereingang befindet sich einer der schönsten venezianischen Brunnen aus dem 15. Jh.

Im Dorf Voriza westlich von Vrontisi lag das berühmte Kloster Varsamonerou. Nur die Kirche mit ihren Malereien ist noch erhalten. Verschiedene eingeritzte Jahreszahlen aus den Jahren zwischen 1332 und 1426 bezeugen die verschiedenen Phasen der Erbauung und Ausmalung. Die Fresken aus dem 14. und 15. Jh. sind gut erhalten; das Brustbild von Christus und die göttliche Liturgie sind Werke des Maler Rikos. Das schöne Templon stammt vielleicht aus dem 16. Jh.

4 km weiter westlich liegt das Dorf Kamares auf 600 m Höhe. Von hier aus kann man in 5 Stunden zu Fuß zur Kamares-Höhle aufsteigen, die 1520 m hoch an der Südseite des Psiloritis-Gebirges liegt. Hier fand man zum ersten Mal die berühmten Kamares-Gefäße.

Wir kehren nun nach Agia Varvara zurück und fahren nach Süden in die Mesara-Ebene, die Kornkammer Kretas, hinab. An der 33 km von Iraklio entfernten Stelle hat man eine wunderbare Aussicht auf das Lasithio-Gebirge im Osten, die Asterousia-Berge mit dem Kofinas (1231 m) als höchster Erhebung, die Bucht von Matala und die Inseln Paximadia und den Psiloritis im Westen.

44 km von Iraklio entfernt liegt das Dorf Agii Deka. Hier haben einst die ersten Märtyrer Kretas ihr Leben gelassen. Nahe dem Ort ihres Martyriums wurde eine byzantinische Kirche errichtet, in der in einem Glaskasten unter der Ikonostase der Stein aufbewahrt wird, auf dem sie bei der Enthauptung niederknieten. Die Gräber der Märtyrer befinden sich in der Kirche Agia Limni, die links außerhalb des Dorfes liegt (man folge den Wegweisern).

Nach der Ortschaft Agii Deka führt links eine Abzweigung nach Süden zum Dorf Platanos, bei dem man zwei der größten Kuppelgräber gefunden hat. Sie stammen aus der Vorpalastzeit und enthielten Siegel, Werkzeug und Goldschmuck (Museum Iraklio). Weiter im Süden liegen die Dörfer Plora und Apesokari, wo ebenfalls zwei Kuppelgräber gefunden wurden. Die Straße, die sich noch im Bau befindet und schwierig zu befahren ist, führt weiter nach Miamou und Lentas, das in der Nähe des antiken Hafens von Gortys, Levena, liegt. Hier errichteten die Einwohner von Gortys im 4. Jh. v. Chr. einen Asklepiostempel neben den Thermalquellen, die auch heute noch für ihre Heilkraft bekannt sind. Die Italienische Archäologische Schule führte im Jahre 1900 und von 1910 bis 1913 in diesem Gebiet Ausgrabungen durch. Zwischen den Vorgebirgen Lentas und Psamidomouri fand man 100 m vom Strand entfernt die Überreste des Askepiosheiligtums. Es umfaßt einen Tempel aus der hellenistischen Zeit, Säulenhallen und ein

168. Statue ohne Kopf im antiken Gortys, dessen Einwohner im 4. Jh. v. Chr. einen Tempel des Asklepios in der Nähe der bekannten Heilquellen errichteten.

169. Der Altar und Tempel des Apollo im antiken Gortys.

170. Das Odeion von Gortys, in dessen Wände die berühmte Gesetzesinschrift eingelassen ist.

171. Die Ruinen der Basilika Agios Titos (7. oder 8. Jh. n. Chr.).

168

169

170

171

Nymphäum. Bei jüngeren Ausgrabungen zwischen 1958 und 1960 wurden von S. Alexiou in Papouras und Prokampo Kuppelgräber aus der Vorpalastzeit entdeckt.

Wir kehren nun auf die Straße Iraklio-Phästos zurück und sehen 1,5 km von Agii Deka entfernt die Ruinen der antiken Stadt Gortys, die zu beiden Seiten der Straße zwischen den Olivenbäumen liegen.

Während der minoischen Zeit hat das Gebiet von Gortys anscheinend keine bedeutende Rolle gespielt. Vom 10. Jh. v. Chr. an verdrängte es jedoch Phästos immer mehr aus seiner Position als wichtigste Stadt der Mesara. Die Römer machte Gortys zur Hauptstadt Kretas.

Rechts der Straße erhebt sich die Ruine der Titusbasilika aus dem 7. oder 8. Jh. Von dem imposanten Gebäude mit den starken Mauern aus großen Steinen haben sich reliefierte Bauteile erhalten, die im Historischen Museum von Iraklion aufbewahrt sind. Von der Basilika führt ein Pfad zum Odeion, das im 2. Jh. v. Chr. aus dem Baumaterial eines älteren Gebäudes errichtet wurde. Die berühmte Gesetzesinschrift von Gortys aus der Zeit um 500 v. Chr. ist in eine Odeionwand eingefügt. Im 3. oder 4. Jh. n. Chr. wurde das Odeion restauriert.

Südlich der Landstraße liegen die Ruinen eines Tempels, der den Gottheiten Isis und Sarapis geweiht war, und eines Apolloheiligtums. Etwas weiter östlich befinden sich der Palast des Provinzstatthalters und Thermen, römische Badeanlagen. Gortys war die Hauptstadt des römischen und frühbyzantinischen Kreta und eine der grösten Städte des östlichen Mittelmeerraumes.

Das Landstädtchen Mires liegt 53 km von Iraklio entfernt. Von hier aus führt eine Abzweigung nach Pompia, Pigadakia, dem Odigitria-Kloster und zum Küstenort Kali Limenes (Gute Häfen). Die Straße befindet sich im Bau. Die Kirche des Odigitria-Klosters ist zweischiffig. Ihre Ikonen sind besonders bemerkenswert. An der nördlichen Klostertür steht das Datum 1568. Im Jahre 1981 haben Ausgrabungen unter der Leitung von A. Vasilakis im Klosterbereich einen frühminoischen Gräberbezirk ans Licht gebracht. Hier hat man Hunderte von Gefäßen aus Ton, viele aus Stein, eine große Anzahl Anhänger und Siegel, Goldschmuck und Bronzewerkzeuge gefunden.

In Kali Limenes ging der Apostel Paulus auf seiner Reise nach Rom ans Land (Apostelgeschichte, Kap. 27,8). Nicht weit davon entfernt lag im Osten der antike Hafen von Gortys, die Stadt Lasaia, von der sich außer frühminoischen Kuppelgräbern Überreste aus der römischen Epoche erhalten haben. Dem Städtchen Kali Limenes gegenüber liegen die beiden Insel Megalo Nisi und Mikro Nisi.

Wir kehren nun nach Mires zurück und folgen der Landstraße nach Westen bis zur Abzweigung links nach Phästos, das 63 km von Iraklio entfernt ist. Der Palast von Phästos liegt in beherrschender Lage auf einem 100 m hohen Hügel über der Mesara-Ebene, hinter der sich im Norden das Psiloritis-Gebirge und im Süden die Asterousia-Berge erheben. Im Vergleich zu Knossos ist dieser Palast kleiner, aber aus besonders gutem Material sehr sorgfältig errichtet. Auf größere Rekonstruktionen wurde hier verzichtet.

Die Ausgrabungsstätte von Phästos

Öffnungszeiten: 8.00-19.00 Uhr, sonn- und feiertags 8.00-18.00 Uhr, dienstags geschlossen. Tel.: 0892/91315.

Wie aus neolithischen Hausfundamenten und Werkzeugen, die in der Umgebung gefunden wurden, hervorgeht, war das Gebiet von Phästos bereits seit der Jungsteinzeit (3000 v. Chr.) besiedelt. Etwa um 1900 v. Chr. wurde der erste Palast errichtet, der um 1700 v. Chr. durch ein großes Erdbeben zerstört wurde. Schon bald entstand an der gleichen Stelle ein neuer Bau, noch großartiger als der erste. Die meisten heute sichtbaren Reste stammen von diesem zweiten Palast. In der archaischen, klassischen und hellenistischen Zeit war Phästos ein unabhängiger und autonomer Stadtstaat, der bedeutende Männer hervorbrachte.

Die Italienische Archäologische Schule begann 1900 unter Frederico Halbherr mit den Ausgrabungen, die von L. Pernier und D. Levi fortgesetzt wurden.

Wir beginnen die Besichtigung am heutigen Eingang nordwestlich des Palastes und kommen zunächst auf einen plattengepflasterten Hof (1), den erhöhte Prozessionswege überqueren. Dieser Hof wurde zusammen mit dem ersten Palast angelegt, aber in den Nachfolgebau eingegliedert und weiterbenutzt. Von der Südostecke führt eine Treppe (2) in den großen, 6m tiefer liegenden Westhof (3), der in der gleichen Zeit entstand und ebenfalls mit Platten gepflastert ist. Die acht gut erhaltenen, 22 m breiten Stufen an der Nordseite dienten als Theatersitzreihen. Der Prozessionsweg führt die Stufen hinunter und über den Westhof zum Palast. In der Mitte des Hofes teilt sich der Prozessionsweg. Eine Abzeigung verläuft in Westrichtung zu runden brunnenartigen Schächten, (4) ähnlich denen in Knossos. An der östlichen Hofseite ist etwa 7 m vor der

172

Westfassade des neuen Palastes die Front des älteren Baus sichtbar. Eine 14 m breite Treppenanlage (5), eine einzigartige Leistung der minoischen Architektur, führt nach Osten in den Palast. Wie beim Parthenon sind die Stufen leicht gewölbt, damit das Regenwasser abfließen kann.

Über die Treppe (5) kommen wir zu einer Toranlage, dem Propylon (6), woran sich ein Lichtschacht (7) mit drei Säulen anschließt. Eine schmale Treppe (8) führt in einen Vorraum (9), hinter dem die Magazine liegen, und in dem eine große Anzahl von Siegelabdrücken gefunden wurde. Vom Vorraum kommt man in einen Gang mit zwei Säulen (10), zu dessen beiden Seiten die Lagerräume liegen. Im letzten Magazin rechts (11) mit der modernen Überdachung stehen riesige Vorratskrüge, die Pithoi, und in den Boden ist ein Becken eingelassen, in dem überfließende Flüssigkeiten gesammelt wurden.

Vom Vorraum (9) gelangen wir in den Zentralhof (12), der ebenfalls schon in der alten Palastanlage vorhanden war. An der Ost- und Westseite wurde der Hof von Hallen gesäumt, die von Pfeilern und Säulen gestützt waren.

172. Der Strand von Kali Limenes, an dem nach der Überlieferung der Apostel Paulus auf seiner Fahrt nach Rom an Land ging.

Der Westflügel des Palastes wird durch einen Gang (13) in zwei Raumkomplexe unterteilt. Südlich des Ganges befindet sich das Hauptheiligtum, das aus mehreren korrespondierenden Räumen mit Wandbänken besteht (14 und 15). Im Raum 14 steht ein niedriger Tisch. Südlich dieses Flügels hat man die Reste eines archaischen Tempels der Rhea freigelegt (16).

Der Ostflügel, von dem ein Teil eingestürzt ist, war wegen seiner kleinen Abmessungen möglicherweise die Wohnung eines Prinzen. Hier wurden kleine Bassins, ein kultisches Reinigungsbecken mit einer Treppe (17) und eine kleine Kammer, vielleicht eine Toilette (18), gefunden. An der Nordseite des Haupthofes liegt der Ein-

174

175

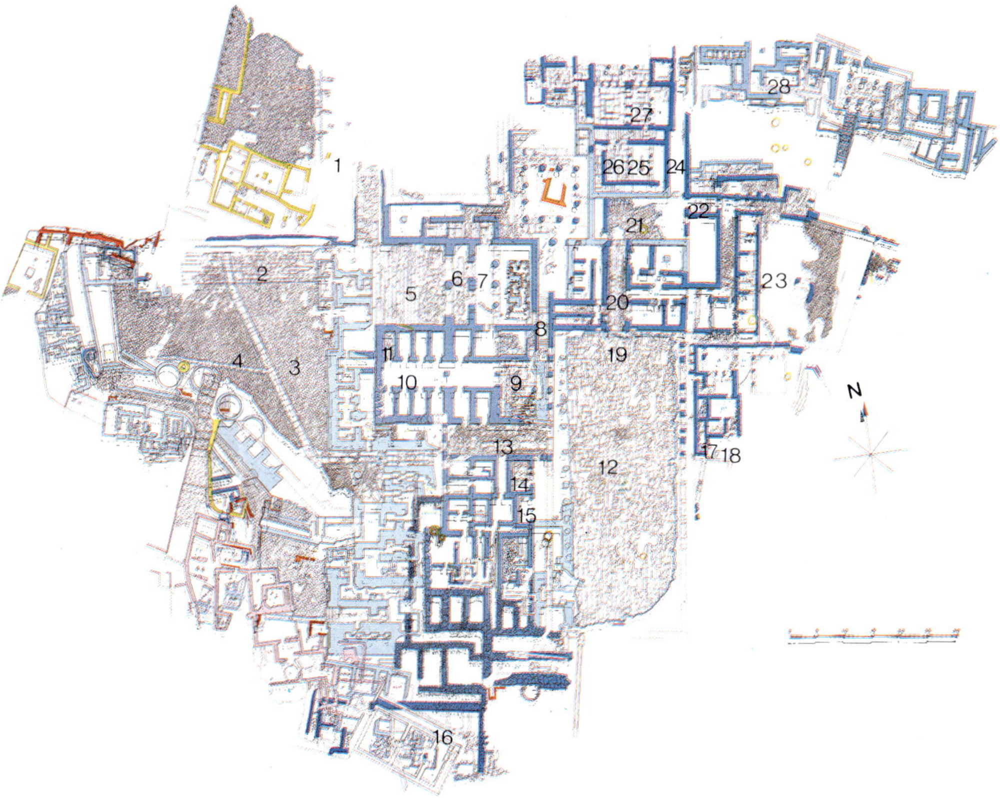

PHÄSTOS

1. Gepflasterter Hof
2. Theaterbereich
3. Westhof
4. Brunnen
5. Breite Treppe
6. Propylon
7. Lichthöfe
8. Schmale Treppe
9. Vorraum der Magazine
10. Korridor
11. Magazin mit Vorratsgefäßen
12. Zentralhof
13. Korridor

14 15. Zimmer

16. Tempel der Rhea außerhalb des Palastes Gemächern
17. Reinigungsbecken
18. Toilette (vermutet)
19. Eingang zu den königlichen Gemächern
20. Korridor zum Nordhof
21. Nordhof
22. Korridor zum Osthof
23. Schmelzofen zur Bronzeherstellung
24. Korridor zu den königlichen Gemächern
25. Raum der Königin
26. Schmale Treppe
27. Megaron des Königs
28. Raum des Diskos von Phästos

173. Luftaufnahme von Phästos.

174. Rekonstruktion des Propylon von Phästos.

175. Plan des Palastes von Phästos.

gang (19) zu den königlichen Gemächern. Wir betreten zunächst einen offenen Gang (20), an dem rechts und links Zimmer liegen, und gelangen in den Nordhof (21). Von hier aus führt ein weiterer Gang (22) in den Osthof, in dessen Mitte sich ein hufeisenförmiger Ofen (23) befindet, in dem wahrscheinlich Bronze geschmolzen wurde. Die Räume westlich des Osthofes müssen Werkstätten gewesen sein.

Wir kehren nun in den Nordhof zurück und folgen dem Gang (24), der in die königlichen Gemächer führt. Im Westen liegt auf tieferem Niveau das 'Gemach der Königin' (25), das durch einen Lichtschacht erhellt wird. Eine schmale Treppe (26) führte in das obere Stockwerk. Nördlich schließt das 'Megaron des Königs' an (27), eine Halle mit zwei vieltürigen Wänden, die man Polythyra nennt. Nordöstlich des Palastes wurde ein Gebäudekomplex aus der Zeit der Alten Paläste freigelegt. In einem dieser Bauten (28) fand man den berühmten Diskos von Phästos, der sich jetzt im Museum von Iraklio befindet.

Von Phästos führt eine gute Asphaltstraße zu dem 3 km weiter westlich gelegen Palast von Agia Triada.

Das Ausgrabungsgelände von Agia Triada

Die Ausgrabungsstätte ist geöffnet von 8.00-19.00 Uhr. Sonn- und feiertags von 8.00-18.00 Uhr. Dienstags geschlossen. (Tel.: 0892/22631).

Wie der Ort in der Antike hieß, ist nicht bekannt. Der heutige Name rührt von der zweischiffigen Dreifaltigkeitskirche, Agia Triada, her, die aus dem 14 Jh. stammt und auf einem Hügel 250 m südwestlich der Palastruine steht.

Von 1902 bis 1944 und seit 1976 führte die Italienische Archäologische Schule hier Ausgrabungen durch, die ein minoisches Gebäude, den Palast, und außerordentlich reiche Funde ans Licht brachte (Museum Iraklio). Schon seit dem Neolithikum war der Ort bewohnt. Aus der Vorpalastzeit und der Zeit der Alten Paläste fand man Kuppelgräber Zeit der Alten Paläste fand man Kuppelgräber und Überreste von Häusern, auf denen um 1600 v. Chr. der Palast errichtet wurde. 1450 v. Chr. wurde er durch Brand zerstört.

Die nordöstlich liegende Siedlung zeigt, daß der Ort in der Nachpalastzeit wieder bewohnt wurde. An der Stelle des minoischen Palastes wurde ein Megaron mykenischen Typs errichtet.

Am besten beginnt man die Besichtigung der Grabungsstätte im Westen bei der Kapelle des Hl. Georg. Der Palast von Agia Triada besteht aus drei Teilen, einem Süd-, einem Nord- und einem Westflügel, und bildet in der Aufsicht die Form des griechischen Buchstaben Pi (Π).

Die Räume im Südteil des Westflügels mit ihren einfachen Lehmfußböden waren sicher Bedienstetenwohnungen. In einem dieser Zimmer wurde der berühmte Prinzenbecher, der im Museum von Iraklio ausgestellt ist, gefunden. Im Nordflügel liegen die Haupträume mit vielen Türen und Plattenfußböden. Im Raum mit der modernen Überdachung sind die Wände mit Platten verkleidet. Die umlaufende Steinbank ist rekonstruiert. Die Tür zur Linken führt in ein kleines Zimmer mit einer leicht erhöhten rechteckigen Platte aus Gipsstein, die vielleicht als Bett benutzt wurde. Nördlich dieses Zimmers hat man 19 Bronzetalente gefunden, die jetzt im Museum von Iraklio ausgestellt sind. Etwas weiter links entdeckte man eine bedeutende Sammlung von Siegelabdrücken in Ton und berühmte Wandmalereien, wie das Fresko mit der Wildkatze, die einen Fasan belauert (Museum Iraklio). Vor der Nordfront des Palastes wurden Spuren einer getreppten und mit Platten gepflasterten Straße freigelegt. Auf tieferem Niveau liegen die Magazine des Palastes und östlich davon Wohnräume. Im Osten beginnt eine Straße, die vermutlich nach Phästos führte. In diesem Palast ist das Kanalisationssystem sehr gut erhalten. Am Ende des Ostflügels liegt das Palastheiligtum, in dem eine Reihe von Idolen aus Bronze gefunden wurde.

Über eine Treppe im Nordosten kommt man auf den Marktplatz der Siedlung, die in der Nachpalastzeit hier entstanden ist. Das Gebäude zur Rechten mit seiner Stützenreihe, abwechselnd Säulen und Pfeiler, vor acht nebeneinanderliegenden Räumen erinnert in seiner Gliederung an eine hellenistische Markthalle.

150 m nördlich des Marktplatzes wurden zwei Kuppelgräber aus dem 3. und 2. Jt. ausgegraben, wovon das östliche einen Durchmesser von 9 m und eine Wandstärke von 2 m hat. In einem anderen, rechteckigen Grab wurde der berühmte bemalte Steinsarkophag aus späterer Zeit, dem 14. Jh. v. Chr., gefunden (Museum Iraklio).

Von Agia Triada kehren wir auf die Landstraße von Phästos nach Matala zurück. Im Dorf Agios Ioannis befindet sich eine kleine byzantinische Kirche des Hl. Paulus (Agios Pavlos). 7 km nach der Abweigung Phästos gelangen wir ins Dorf Pitsidia, wo man Zimmer mieten kann. 1 km nach Pitsidia geht es rechts nach Komo, den antiken Hafen von Phästos, der seit 1976 von J. Shaw, Professor an der Universität Toronto, erforscht wird. Die Blütezeit der Siedlung war die mittel- und spätminoische Epoche, der Ort wurde jedoch bis in die römische Zeit hinein bewohnt.

76

77

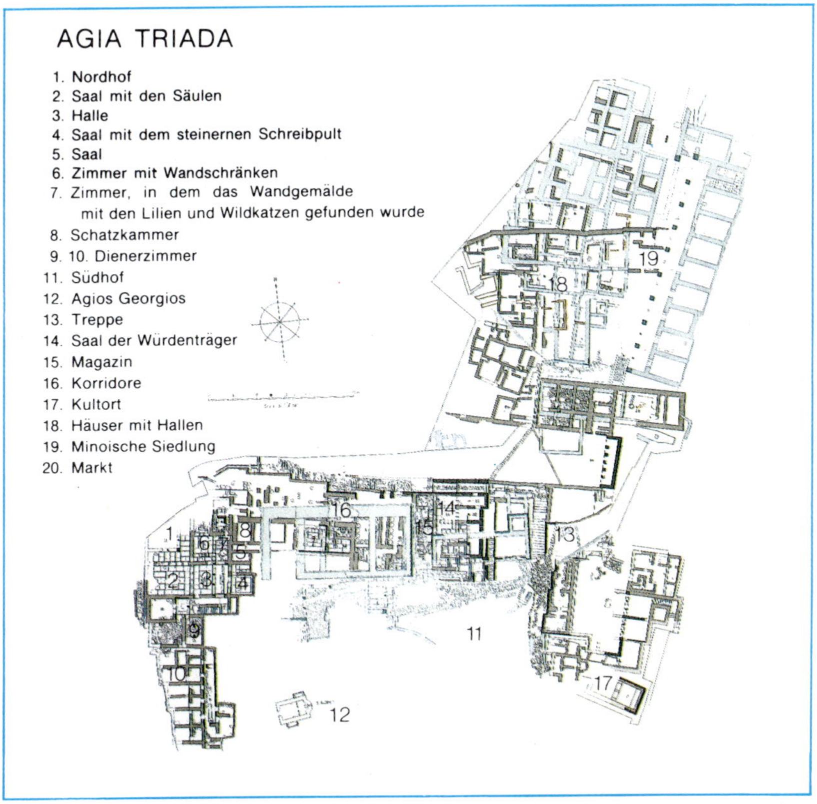

176. Das Ausgrabungsgelände von Agia Triada, das nach der benachbarten Kirche benannt wurde. Bei den Ausgrabungen wurde ein minoischer Bau mit reichen Funden freigelegt.

177. Plan des Palastes von Agia Triada.

178

179

178-179. Matala. Die in den Fels gearbeiteten Höhlen und der Sandstrand sind ein Anziehungspunkt für zahlreiche Touristen.

180. Agia Galini. Ein Mittelpunkt des Tourismus westlich von Matala.

Besonders bemerkenswert ist der Weihbezirk aus historischer Zeit. Er umfaßt einen Tempel, ein Prytaneion, ein rundes Gebäude und einen Hof mit vier rechteckigen Altären. Wir kehren auf die Landstraße zurück und erreichen nach 2 km den Ort Matala, der der zweite Hafen von Phästos war und in römischer Zeit zu Gortys gehörte. Die Häuser der antiken Siedlung liegen innerhalb der heutigen Ortschaft.

Beeindruckend sind die künstlichen Höhlen in der Felswand an der Küste nördlich von Matala. Sie waren im 1. und 2. Jh. n. Chr. Begräbnisstätten. Diese Höhlen und der halbkreisförmige, an zwei Seiten von schroffen Felsen eingerahmte Sandstrand ziehen zahlreiche, vor allem junge Touristen aus der ganzen Welt an.

Der sprunghafte Anstieg des Tourismus führte dazu, daß in der Nähe der Küste planlos und überstürzt Gebäude errichtet wurden, die die Landschaft verschandeln. Heute gehen die Bemühungen dahin, schönere, modern ausgestattete Häuser und Hotels in einer gewissen Entfernung von der Küste zu errichten. Auch ein Campingplatz ist inzwischen entstanden. In der Hochsaison gibt es eine Bootsverbindung zwischen dem Ferienort Agia Galini im Westen und Matala.

Wir fahren nun nach Phästos zurück und biegen hier links nach Tympaki (3 km) ab, einem landwirtschaftlichen Zentrum mit reicher Produktion von Olivenöl, Zitrusfrüchten und Frühgemüse in Treibhäusern. In diesem Dorf gibt es genügend Zimmer zu mieten. Der nahegelegene Strand mit der Siedlung Kokkinos Vrachos, Roter Felsen, ist einer der schönsten ganz Kretas und zieht zahlreiche Feriengäste an.

Ab Tympaki steigt die Straße bis zur Grenze zwischen den Präfekturen Iraklio und Rethymno bergan und führt dann zum malerischen Ferienort Agia Galini hinunter, der von Tympaki 12 km und von Iraklio 77 km entfernt ist. Mit seinen schönen Hotels und Gasthäusern, zahlreichen Restaurants, Tavernen und Vergnügungsstätten und vor allem den herrlichen Stränden ist Agia Galini einer der beliebtesten Ferienorte am Libyschen Meer.

IRAKLIO: Rundfahrt 4

Iraklio - Tylissos (14 km) - Sklavokampos (22 km) - Abstecher zur Idäischen Grotte (55 km) - Anogia (36 km) - Axos (45 km).

Durch das Chania-Tor fahren wir auf der alten Nationalstraße in Richtung Rethymno. Nach 10 km biegen wir links nach Tylissos und Anogia ab und fahren durch eine kleine Ebene mit üppigen Wein- und Olivenpflanzungen bis zum großen, 14 km von Iraklio entfernten Dorf Tylissos am Nordostfuß des Psiloritis-Gebirges (Idi). Hier gibt es ein Gasthaus. Die Ausgrabungen von Josif Chatzidakis 1902 bis 1913 haben den Ort in der ganzen Welt bekannt gemacht. Sie brachten drei minoische Herrenhäuser ans Licht, die in der Zeit der Neuen Paläste errichtet und ungefähr bis 1450 v. Chr. bewohnt wurden. An der Stelle des nördlichen Hauses wurde in der Nachpalastzeit ein Megaron mykenischen Typs erbaut. In klassischer Zeit war Tylissos eine autonome Stadt mit eigenem Münzrecht.

Das Ausgrabungsgelände von Tylissos

Die Ausgrabungsstätte befindet sich im Nordteil des Dorfes und ist geöffnet von 8.00-15.00 Uhr, sonntags 9.30-14.00, dienstags geschlossen (Tel.: 224267).

Die drei Herrenhäuser haben eine gleichartige Raumaufteilung. Die Wände bestehen aus gleichmäßig geschichteten Quadern mit Mörtelbindung und vertikalen, in Spuren erhaltenen Holzbalken, die als Erdbebenschutz dienten. Die Außenwände sind stärker und die Ecken mit besonderer Sorgfalt errichtet. Die Fußböden waren mit Platten belegt und hatten einen roten Estrich aus Kalk und Sand.

Anscheinend bestanden diese Landvillen aus mehreren getrennten Drei- bis Vierzimmerwohnungen mit jeweils eigenem Zugang. Im Erdgeschoß lagen vor allem Bedienstetenwohnungen, Magazine und Werkstätten. Die Haupträume befanden sich im Obergeschoß. Das Trinkwasser kam aus Agios Mamas (2 km entfernt), woher auch das Dorf heute sein Wasser erhält. Man hat eine gut erhaltene Wasserleitung und eine runde Zisterne mit Treppenstufen freigelegt. In einem gemauerten Klärbecken, in dem sich der Schmutz absetzen konnte, wurde das Wasser gereinigt und dann durch eine steinerne Leitung in die Zisterne geleitet.

Im zweiten Haus wurden ein großer Mahlstein zum Pressen von Oliven und in anderen Räumen kleine Tongefäße, Äxte und Weihgeschenke ausgegraben. Der bedeutendste Fund ist ein aus Bronze gegossenes Idol eines Mannes in anbetender Haltung. Besonders beeindruckend sind auch drei große Bronzekessel (Museum Iraklio), von denen der größte 52,5 kg wiegt, sowie Reste von verschiedenen, in Tonkrügen aufbewahrten Farben wie Rot, Ocker, Gelb, Schwarz, Blau und Weiß.

Ab Tylissos wird die Straße nach Anogia kurvenreich. Beim Kilometerstein 17 sehen wir am Straßenrand ein Denkmal für Opfer des Zweiten Weltkrieges, die von den Deutschen hingerichtet wurden. Dann kommen wir in ein langes, enges Tal, das Sklavokampos, Sklavenfeld, heißt, weil nach der Überlieferung die Kreter hier sieben türkische Paschas versklavten. Nach 22 km Fahrt bezeichnet ein Schild die Stelle, wo 1930 ein minoisches Herrenhaus aus der Zeit um 1500 v. Chr. gefunden wurde.

26 km von Iraklio entfernt liegt auf 620 m Höhe das Bergdorf Gonies. Die Aussicht auf die großartigen Berggipfel des Psiloritis (2456 m) im Hintergrund ist besonders beeindruckend.

Nach 34 km Fahrt erreichen wir Anogia, biegen aber am Ortseingang nach links zur Idäischen Grotte ab, die unterhalb des höchsten Psiloritis-Gipfels liegt. Die Entfernung beträgt von hier aus

181. Luftaufnahme von Tylissos. Zu erkennen sind die Ausgrabungen, bei denen drei minoische Landhäuser aus der Zeit der Neuen Paläste freigelegt wurden.

182. Plan des Landhauses A von Tylissos.

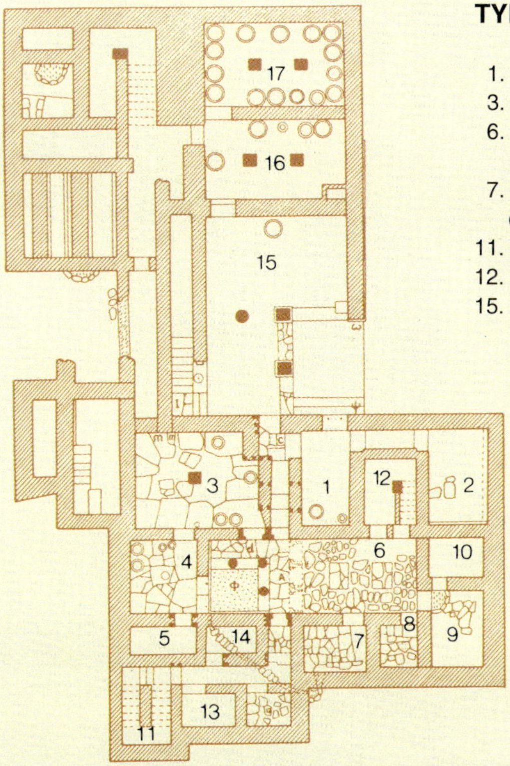

TYLISSOS - Haus A

1. 2. Säle
3. 4. 5. Magazine
6. Megaron, das aber keinen Herd in der Mitte hat
7. 8. 9. 10. Säle rings um das Megaron, das von ihnen aus zugänglich war
11. Treppe
12. 13. 14. Zimmer
15. 16. 17. Magazine

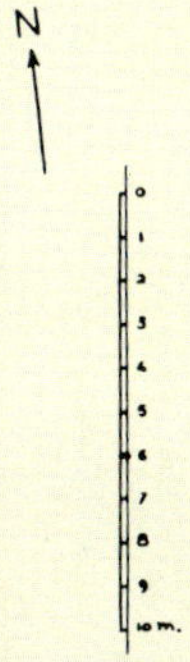

183

184

ΕΥΤΗΣ Ν. ΡΕΘΥΜΝΗΣ
ΥΡΓΟΣ ΠΑΙΔΕΙΑΣ ΚΑΙ
ΟΣΩΡΙΝΟΣ ΟΙΚΟΝΟΜΙΚΩΝ
ΑΙ ΕΞΩΤΕΡΙΚΩΝ ΣΤΗΝ
ΚΡΗΤΙΚΗ ΒΟΥΛΗ ΤΟΥ 1910
ΓΕΝΝΗΘΗΚΕ ΣΤ ΑΝΩΓΙΑ
ΤΟ 1872 ΚΑΙ ΠΕΘΑΝΕ
ΑΘΗΝΑ ΤΟ 1944
Ο ΣΤΕΝΟΤΕΡΟΣ ΣΥΝΕΡΓΑΤΗΣ
ΚΑΙ ΦΙΛΟΣ ΤΟΥ
ΕΛΕΥΘΕΡΙΟΥ ΒΕΝΙΖΕΛΟΥ
ΕΙΣ ΤΗΝ ΕΠΑΝΑΣΤΑΣΙΝ Τ
ΘΕΡΙΣΟΥ 1905 ΚΑΙ ΜΕΧΡ
ΤΕΛΟΥΣ ΤΗΣ ΖΩΗΣ ΤΟΥ

21 km, und die asphaltierte Straße ist größtenteils recht gut befahrbar. Vor der letzten Steigung durchquert man die Nida-Hochebene.

Der Mythos berichtet, daß die Göttin Rhea in der Idäischen Grotte ihren Sohn Zeus versteckte, weil sein Vater Kronos das Kind verschlingen wollte. Um das Schreien des Säuglings zu übertönen, schlugen seine Diener, die Koureten, auf ihre Schilde. Die Idäische Grotte war die bedeutendste Kulthöhle des Altertums und wird von vielen antiken Autoren wie Pindar, Platon und Theophrast erwähnt.

Die Höhle ist sehr groß und liegt in 1500 m Höhe oberhalb der Nida-Hochebene im Zentralmassiv des Psiloritis. 1885, als bei den ersten Ausgrabungen in ihrem Innern so bedeutende Funde wie die großen, im Museum von Iraklio untergebrachten Bronzeschilde gemacht wurden, identifizierte man die Höhle als die Idäischen Grotte. 1982 begann Professor G. Sakellarakis hier neue Ausgrabungen. Da in der Höhle Schnee liegt, der in manchen Jahren auch im Sommer nicht schmilzt, sind die Bedingungen für die Archäologen außerordentlich schwierig. Auch diese neueren Grabungsarbeiten haben eine Unmenge, zum Teil aus kostbarem Material bestehene Funde, Vasen, Geschirr, Idole, Ringe, Siegel und verschiedene Schmuckstücke, ans Licht gebracht. Die Funde bezeugen, daß sich hier bereits seit dem späten Neolithikum Menschen aufgehalten haben, und daß die Grotte von der spätminoischen Zeit bis ans Ende des 5. Jhs. n. Chr. ununterbrochen als Kulthöhle benutzt wurde. In der minoischen Zeit wurde hier ein Vegetationsgott verehrt, der jedes Jahr von neuem starb und auferstand. Sein Kult wurde von dem des Zeus Kretagenes abgelöst, der für die Kreter nicht unsterblich war, sondern ebenfalls jedes Jahr starb und geboren wurde.

Diese jahrtausendealte Kulttradition lebt bis in unsere Zeit hinein in der kleinen Christuskapelle fort, wenn am Himmelfahrstag die Bewohner von Anogia hierherkommen, den Feierlichkeiten beiwohnen und den Verstorbenen Gaben ans Grab bringen.

183. Die Kleinstadt Anogia, wo sich in den letzten Jahren ein bemerkenswertes kulturelles Leben entwickelt hat.

184. Anogia. Der Marktplatz.

Auf halbem Weg zwischen Anogia und der Idäischen Grotte hat Professor J. Sakellarakis ein überaus bedeutendes großes spätminoisches Gebäude entdeckt und teilweise freigelegt. Die Stelle heißt Zominthos, ein Name, der aus vorgriechischer Zeit stammt.

In den Sommermonaten wird das Gebiet um die Idäische Grotte von vielen Touristen aufgesucht. Seit 1986 ist auch ein Wintersportzentrum in der Nähe der Höhle in Betrieb.

Wir fahren nun nach Anogia zurück. Das Landstädtchen liegt auf 740 m Höhe und ist von Iraklio 36 km, von Rethymno 54 km entfernt. Zweifellos ist Anogia der am besten auf Fremdenverkehr eingestellte größere Gebirgsort Kretas mit zwei kleinen Hotels, Privatzimmern und Restaurants.

Wegen der schwer zugänglichen Lage des Ortes haben die Einwohner ein ausgeprägtes Gefühl für Unabhängigkeit und Freiheit entwickelt. Aber trotzdem blieben sie nicht von Katastrophen verschont. Anogia war unter den Türken und während der deutschen Besatzung das Zentrum revolutionärer Bewegungen. Als Vergeltung für Aktivitäten der Widerstandsbewegung setzten deutsche Truppen im August 1944 den Ort in Brand und exekutierten zahlreiche Bewohner.

In den letzten Jahren hat das kulturelle Leben in Anogia einen bedeutenden Aufschwung erfahren. In den Sommermonaten nehmen die Veranstaltungen die Form eines Festivals an, zu dem einheimische und ausländische Besucher zusammenströmen.

9 km nordwestlich von Anogia liegt in 510 m Höhe am Ende des Tales, das Dorf Axos. Am Ortseingang steht eine kleine Kirche der Hl. Irene, Agia Irini, aus dem 14. und 15. Jh. Oberhalb der Kirche zeigt ein Wegweiser in Richtung auf den 400 m hohen Hügel, auf dem die antike Stadt Axos lag.

Wahrscheinlich wurde Axos nach 1100 v. Chr. gegründet, als viele Kreter sich in die Gebirge zurückzogen. Die Ausgrabungen haben Überreste eines archaischen Tempels, Tonstatuetten (Museum Chania) und Ruinen klassischer Gebäude zutage gefördet. Noch in römischer und byzantinischer Zeit war Axos eine mächtige Stadt.

Östlich der Dorfes, in der Mitte des Tales, steht noch eine 8 m hohe Mauer, wahrscheinlich der Rest einer Wasserleitung aus der Venezianerzeit. Westlich von Axos liegt eine der interessantesten Höhlen Kretas, die Sentoni-Höhle.

Eine ziemlich kurvenreiche Straße führt von Axos nach Nordwesten auf die alte Nationalstraße Iraklio-Rethymno 10 km östlich von Perama.

N
0 4 8 12 16 20
1
2
3
4
5
6
7
8
9
10
11
12
Eingang
Besichtigungsroute
Gesteinsblock
Felsen
Stalagmit
Bodenneigung
Stufe
Sintersäule
Sinterbecken
Wasser
1. Erste Halle
2. Vorraum mit den Orgeln
3. Raum mit den Orgeln
4. Kapelle
5. Versteinerter Wald
6. Panorama-Blick
7. Kathedral-Kirche
8. Saal mit den versteinerten Wellen
9. Adyton
10. Krippe
11. Parthenon
12. Palast des Zeus
IRAKLIO
SEDONI

186

187

DIE SENTONI - HÖHLE

Geschichte

Die Höhle liegt bei dem Dorf Zoniana in einem Gelände, das von großartigen Felsen, den Ausläufern des Psiloritis, umgeben ist. Die kleine Quelle und der weite Blick nach allen Seiten vervollständigen die Schönheit des Ortes. Verzaubert von dieser idyllischen Umgebung wollte einst ein Mädchen nachsehen, was sich in der nahen Bodenöffnung verbarg. Gebannt von den seltsamen Eindrücken, ging sie bedenkenlos immer weiter, bis sie sich in der Unermeßlichkeit verlor. Nach acht Tagen fand man das tote Mädchen am Ende der Höhle. Auf seinen Gesichtszügen lag ein süßes Lächeln und man sagte, sie sei von einer Fee verzaubert worden.

Besichtigung

Im *Ersten Saal* trifft man auf eine Reihe von Säulen, die ihn von dem *Saal der Orgeln* trennen, der reich geschmückt ist. Durch enge Gänge erreicht man die *Kapelle.* Hier erinnern die Säulen an Kapitelle der altgriechischen Kunst. Der *Palast des Zeus,* der sich anschließt, beeindruckt durch seine Großartigkeit. Nach links liegt der *Parthenon* mit seinen charakteristischen Säulen. An Versturzbrocken vorbei betritt man das *Adyton* und anschließend das *Panorama,* von dem sich ein herrlicher Rundblick öffnet. Hinter seiner rechten Säulenreihe öffnet sich die *Kathedrale.* Sie ist einer des schönsten mit Vorhangsinter geschmückten Räume. Im letzten Teil der Höhle liegt der *Saal der Versteinerten Wellen.* Durch die Wellentäler kann man den herrlichen Sinterboden betrachten, der von einer Stalaktitenwand umschlossen ist.

185. Plan der Sentoni-Höhle bei Zoniana. Von Anna Petrocheilou.

186. Strahlendweiße Säulen im altgriechischen Stil schmücken die Höhle und trennen die Räume.

187. Die gegenständigen Stalaktiten sind sehr charakteristisch für diese Höhle.

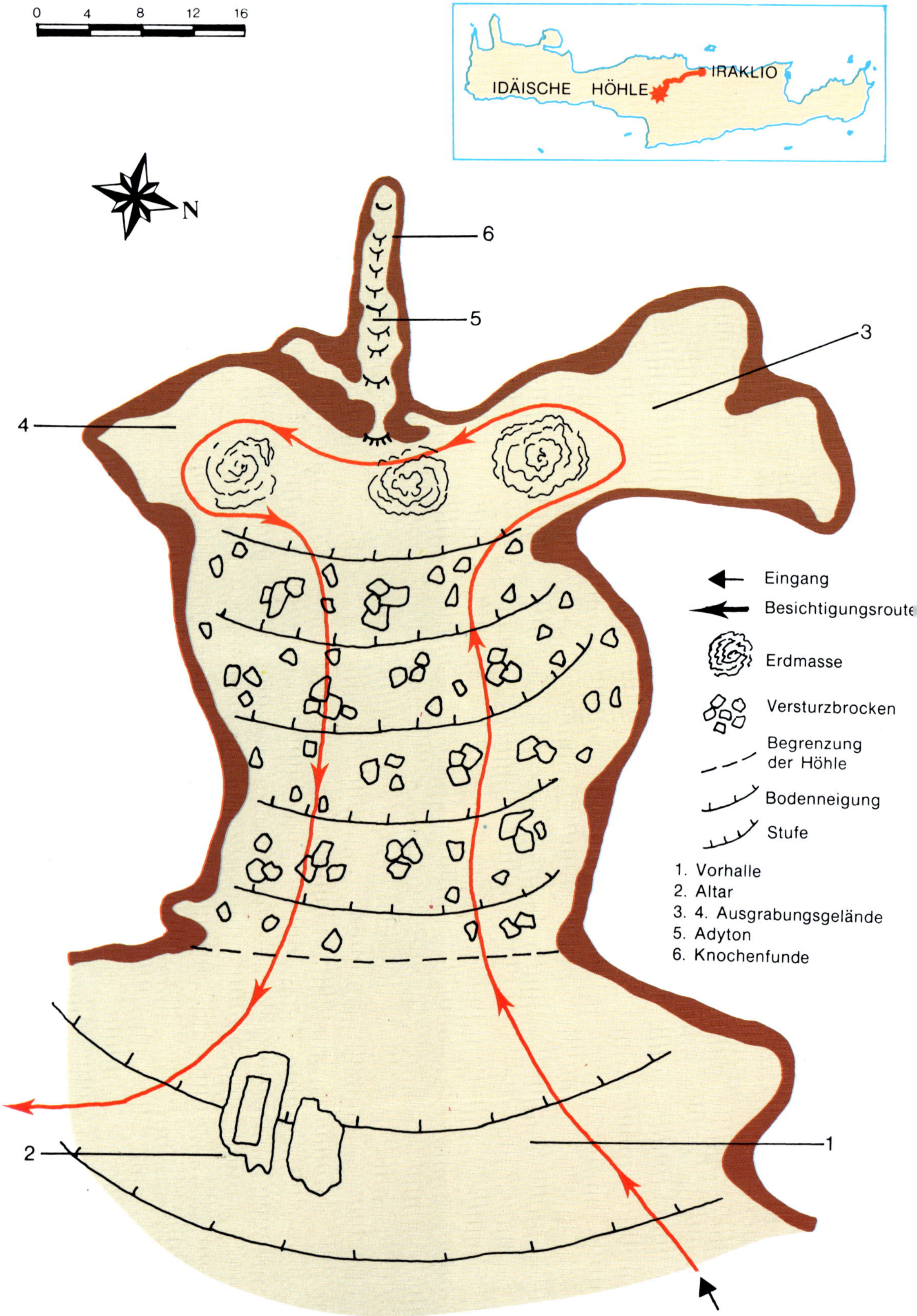
0
4
8
12
16
IDÄISCHE HÖHLE
IRAKLIO
N
6
5
3
4
2
1
Eingang
Besichtigungsroute
Erdmasse
Versturzbrocken
Begrenzung der Höhle
Bodenneigung
Stufe
1. Vorhalle
2. Altar
3. 4. Ausgrabungsgelände
5. Adyton
6. Knochenfunde

DIE IDÄISCHE GROTTE

Geschichte

Die Höhle liegt in 1.540 m Höhe am Ostabhang des Ida in 21 km Entfernung von Anogia. Sie ist eine der beiden Höhle in Kreta, die beanspruchen, daß der kretische Zeus hier zur Welt kam. Die andere ist die Diktäische Grotte am Dikti. Nach der mythischen Überlieferung waren Rhea und Kronos, die Kinder des Uranos und der Gaia, seine Eltern. Kronos wollte das neugeborene Kind verschlingen, um sein himmlisches Königreich zu erhalten. Zur Täuschung gab ihm Rhea einen Stein, den Kronos ohne Verbacht zu schöpfen verschluckte. Die Nymphen Adrasteia und Ida ernährten das Kind mit der Milch der Ziege Amalthea und wildem Honig. Die Koureten übertönten sein Weinen durch den Lärm ihrer Schwerter und Schilde.

Aus den Funden, die in der Höhle gemacht wurden (Schilde, Waffen, Werkzeuge, Gegenstände aus Gold, Elfenbein und Knochen, verzierte Tonplatten, Idole, Leuchter, Knochen von Pflanzenfressern, Asche etc.) ist zu erkennen, daß die Höhle seit minoischer Zeit ein Heiligtum und ein Kultort war, in dem mystische Kulthandlungen, Einweihungs- und Reinigungsriten stattfanden.

Besichtigung

Von dem beeindruckenden Eingang (26x9m) betriff man den *Ersten Raum,* der sehr stark abfällt (36x34x24-16m). An seinem Ende öffnen sich zwei Säle, der rechte (26x14x9-4m) und der linke (14x12x6m). Bei den Ausgrabungen in diesen Räumen fand man Weihgeschenke in diesen Räumen fand man Weihgeschenke und Ostraka. Das *Adyton* liegt dazwischen in einer Höhe von 8 m. Der Aufstieg erfolgt über eine Treppe. Der erste Raum hat eine Ausdehnung von 3,6x4x4,5 m. Der zweite ist 6x2,5x2m groß und der dritte 11x4 m mit niedriger Decke. Er ist mit menschengestaltigen Stalagmiten geschmückt. An der rechten Wand fand man auf kleinen Vorsprüngen die Knochen von Pflanzenfressern.

188. Plan der Idäischen Grotte. Von Anna Petrocheilou.

189. Forschungsarbeiten in der Höhle.

190. Archäologische Funde aus der Höhle werden gereinigt. Man arbeitet außerhalb der Höhle.

189

190

IRAKLIO: Rundfahrt 5

Iraklio - Peza (18 km) - Kasteli (36 km) - Arkalochori (32 km) - Afrati (46 km) Ano Vianno(s) (65 km) - (Abzweigung nach Arvi 82 km) - Pefkos (76 km) - Myrtos.

Man verläßt Iraklio auf der Straße nach Knossos in Richtung Archanes (s. Rundfahrt 2). Man fährt an den Abzweigung rechts nach Archanes vorbei und erreicht nach 15 km das Dorf Kounavi, in dem es eine dreischiffige byzantinische Basilika gibt, die Afenti Christos, Ag. Nikolaos und Ag. Dimitrios geweiht ist. Nach dem Dorf Peza (18 km) führt rechts eine Straße nach Kalloni -Ag. Vasilio- Kloster Apanosifi (s. Rundfahrt 2). Man folgt der Straße links nach Kasteli, die durch die Dörfer Agia Paraskevi, Sambas und Ag. Apostoli führt. Kasteli liegt auf einem Hügel im Osten der kleinen Ebene. Am Dorfeingang fand man einen römischen Friedhof. Einst lag an der Stelle, wo sich heute das Gymnasium befindet, eine venezianische Burg. Westlich von Kasteli liegt das Dorf Sklaverochori mit der schönen Kirche Eisodion tis Theotokou mit Wandmalereien des 15. Jhs.

4 km östlich von Kasteli liegt das Dorf Xidas, wo sich das antike Lyttos befand, das in archaischer und hellenistischer Zeit eine bedeutende Stadt war. Systematische Ausgrabungen wurden noch nicht durchgeführt, weshalb nicht genau festgestellt ist, wann es erbaut wurde. Es erlebte in historischer Zeit eine große Blüte und lag mit Knossos ständig im Krieg. Mit der Unterstützung von Gortys gelang Knossos schließlich die vollständige Zerstörung der Stadt (220 v. Chr.). Die Stadt wurde mit Unterstützung der Spartaner wieder aufgebaut, erlangte aber ihre frühere Macht nicht mehr. In römischer Zeit war die Stadt bedeutend, wie die zahlreichen Inschriften belegen.

194

191. Das Dorf Pesa, 18 km von Iraklio entfernt.

192. Das antike Lyttos, das in archaischer und hellenistischer Zeit eine bedeutende Stadt war. Der Ort heißt heute Xidas.

193. Kasteli. Ruinen der venezianischen Festung auf dem Gelände des heutigen Gymnasiums.

194. Ano Viannos. Ein Bergdorf mit einer langen und heldenhaften Geschichte in den Befreiungskämpfen.

195

196

195. Die Kirche Agia Pelagia in Ano Viannos.

196. Die Kirche Agios Georgios in Ano Viannos. In beiden Kirchen gibt es gut erhaltene und wertvolle Wandmalereien aus dem 14. Jh.

Von Kasteli führt die Straße nach Süden und stößt nach 38 km auf die Hauptstraße Iraklio - Arckalochori. Auf der Rückfahrt kommt man nach 32 km nach Arkalochori, wo jeden Samstag ein großer Markt stattfindet.

In der Nähe des Ortes liegt auf dem Profitis-Ilias Hügel eine Kulthöhle, in der wichtige minoische Funde gemacht wurden. 1932 fanden die Professoren S. Marinatos und N. Platon kleine goldene Äxte mit goldenen Stielen. Eine bronzene Axt ist mit 15 hieroglyphischen Zeichen beschriftet, die denen des Diskos von Phästos (Museum Iraklio) gleichen. Eine andere trägt eine minoische Inschrift in Linear-A-Schrift. In großer Anzahl wurden Messer, Speerspitzen und bronzene Doppeläxte in der Höhle gefunden. Unter ihnen sind auch einige, deren hölzerner Griff erhalten ist. Man fand auch ein Bronzeschwert von 1 m Länge, das größte des vorgeschichtlichen Griechenlands. Die Funde bestätigen, daß die Höhle seit 2500 v. Chr. als Kultort diente und wahrscheinlich 1450 v. Chr. durch ein Erdbeben zerstört wurde. Die Bewohner stifteten jedoch weiterhin Weihgeschenke, die sie am Eingang der verschlossenen Höhle niederlegten.

Bei km 46 liegt rechts das Dorf Afrati, wo sich an der Stelle Profitis Ilias die große antike Stadt Arkadia oder Arkades befand. Hier wurden eine hellenistische Akropolis, ein Heiligtum aus geometrischer oder archaischer Zeit, Häuser aus der gleichen Epoche und Gräber (Kuppelgräber und Bestattungen in Pithoi) freigelegt. Die Ausgrabungen wurden 1924 von dem Italiener Doro Levi begonnen un in jüngster Zeit von A. Lembesi fortgeführt. In dem Dorf Embaros (50 km) gibt es die Kirche Ag. Georgios mit Wandmalereien von Emmanuil Fokas (1436-37).

Bei km 55,3 trifft die Straße auf die südliche Nationalstraße, die im Bau ist. Auf der Weiterfahrt nach Osten kommt man nach Kato Viannos und anschließend nach Ano Viannos (65 km), das in 500 m Höhe liegt. Der Ort liegt amphitheatralisch an den südwestlichen Ausläufern des Dikti-Gebirges und hat eine üppige Vegetation und viel Wasser. Wie nahezu alle Bergdörfer Kretas besitzt Viannos eine lange und heldenhafte Geschichte und war an den Freiheitskämpfen gegen die Türken und die deutsche Besatzungsmacht im 2. Weltkrieg beteiligt. Entsprechend groß waren auch die Opfer. 1822 wurde der Ort von Hassan Pascha zerstört und im Großen Kretischen Aufstand ereignete sich eine ähnliche Katastrophe. 1943 zerstörten starke deutsche Einheiten viele Dörfer in der Umgebung und töteten 820 Personen.

197

197. Das Dorf Amiras östlich von Ano Viannos.

In Ano Viannos, in Plaka, liegt die Kirche Ag. Pelagia mit wertvollen, gut erhaltenen Wandmalereien aus dem 14 Jh. und die Kirche Ag. Georgios mit Wandmalereien aus dem Jahr 1401.

Das heutige Dorf ist auf den Ruinen der antiken Stadt Viannos erbaut, die nach Zeugnis der Münzen selbständig war. 1954 unternahm N. Platon Ausgrabungen in Galana Charakia und entdeckte zwei große Gräber zwischen Felsen, die dreißig Bestattungspithoi und Tonfiguren der früh- und mittelminoischen Zeit enthielten. Im gleichen Gebiet wurde ein großes mittelminoisches Haus mit vier Zimmern freigelegt. In Kefala Chontrou entdeckte der gleiche Archäologe 1956-59 eine große Siedlung aus spätminoischer Zeit.

7 km östlich von Ano Viannos, in dem Dorf Amira, gibt es eine Abzweigung nach rechts. Sie führt durch ein kleines, grünes Tal mit Bananenstauden und erreicht nach 14,6 km den schönen Strand des Ortes Arvi, der im Sommer ein beliebtes Ausflugsziel ist.

Oberhalb der Ortschaft Symi, in Krya Vrisi, wird ein wichtiges Heiligtum ausgegraben, das dem Hermes und der Aphrodite geweiht war und von 1600 v. Chr. bis 300 n. Chr. benutzt wurde. Seine größte Blüte hatte es in archaischer Zeit. Im Zentrum liegt ein gebauter, rechteckiger Freiluftaltar, auf dem die Opfer dargebracht wurden. Südlich und östlich des Altars erbaute man drei Becken, und kleine Kulträume wurden nördlich des Altars errichtet. Die Funde sind in Saal XII des Museums von Iraklio ausgestellt.

Von der Ortschaft Amira führt die Straße durch Pefko und weiter an die Grenze der Präfekturen Iraklio und Lasithi. Danach erreicht man den antiken und neuzeitlichen Ort Myrtos, der am Meer liegt und 92 km von Iraklio entfernt ist.

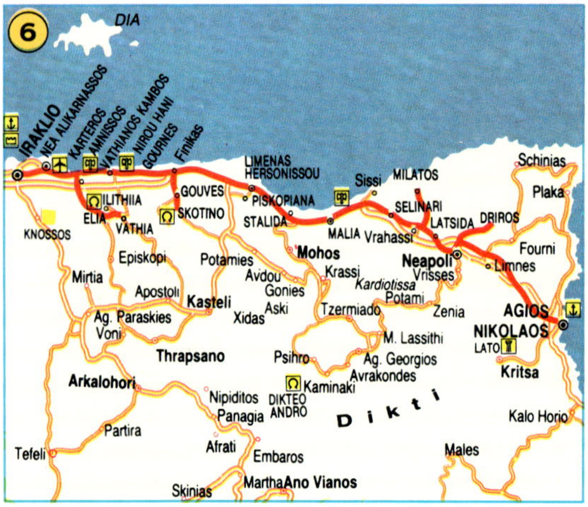

IRAKLIO: Rundfahrt 6

Amnissos (8 km) - Eileithyia-Höhle-Nirou Chani (13 km) - (Abzweigung nach Gouves, Skotino 18 km - Chersonisos-Höhle (26 km) - Malia (34 km) - Neapoli (55 km) - Driros - Agios Nikolaos (70 km).

Die Nordküste der Insel zwischen den beiden Hochburgen des Tourismus, Iraklio und Agios Nikolaos, ist das Gebiet Kretas, das am stärksten touristisch entwickelt ist. Neben großen Ferienzentren von internationalem Rang findet man eine große Anzahl von Hotels aller Kategorien und Campingplätze, die auch anspruchsvolle Besucher zufriedenstellen. Auf schöne Sandstrände folgen eindrucksvolle Felsküsten mit abgeschiedenen kleinen Buchten. Das außerordentlich gut ausgebaute Straßennetz mit zwei parallelen Nationalstraßen, die eine davon Autobahn, erlaubt ein schnelles und bequemes Reisen.

Von den Stadtvierteln Poros und Nea Alikarnassos im Osten von Iraklio fahren wir auf die alte Nationalstraße, die durch ununterbrochen bebautes, stark von Touristen frequentiertes Gebiet führt. 6 km von Iraklio entfernt liegt rechts eine Kapelle des Hl. Johannes des Täufers, Agios Ioannis o Baptistis, in einer Höhle. Nach 7 km Fahrt kommen wir an den beliebten Badestrand der Gemeinde Karteros. Im Jahre 826 landete hier der byzantinische Feldherr Karteros, um Kreta von den Sarazenen zu befreien. Bei Kilometer 8 liegt links der Hügel Paläochora oder Mesovouni, um den sich im Altertum Amnissos, die Hafenstadt von Knossos, ausdehnte. Davon haben sich Reste aus der minoischen Zeit erhalten. Die Ruinen auf der Kuppe des Hügels stammen von einem venezianischen Dorf des 16. Jhs. Am östlichen Fuß der Anhöhe wurde von S. Marinatos im Jahre 1930 ein minoisches Herrenhaus freigelegt, das gleichzeitig mit dem neuen Palast von Knossos, d.h. um 1600 v. Chr., entstanden ist.

Hier wurden die berühmten, im Museum von Iraklio ausgestellten Fresken mit den Lilien gefunden. Nördlich unterhalb des Hügels entdeckte S. Marinatos Bimsstein in einem kleineren, Hafenamt genannten Gebäude, wodurch die These unterstützt wird, daß das minoische Kreta durch die Auswirkungen zerstört wurde, die der Ausbruch des Vulkans von Thera hatte. Am Nordwestfuß des Hügels wurde ein Heiligtum des Zeus freigelegt.

Wir nehmen rechts die Abzweigung nach Elia und Vathia. An der ersten Straßenkurve befindet sich die Höhle der Eileithya, der Göttin der Fruchtbarkeit und Beschützerin bei der Geburt. Von der Jungsteinzeit bis ins 5. Jh. n. Chr. war diese Höhle ein Kultort. Im Zentrum stehen zwei zylindrische Stalagmiten, die offensichtlich in der Antike kultisch verehrt wurden. Der Zugang zur Grotte ist verschlossen.

Nach 13 km Fahrt von Iraklio aus kommen wir in die Ebene von Vathia mit zahlreichen Tavernen und Ausflugslokalen. Rechts liegt neben dem Hotel Dimitra die Nirou Chani genannte Ausgrabungsstätte. Die Öffnungszeiten sind: 10.00-15.00 Uhr, sonntags 10.00-14.00 Uhr, montags geschlossen. Die hier gefundenen, bis zu 1 m hohen Ruinen gehören zu den besterhaltenen minoischen Gebäuderesten von Kreta. Es muß sich um ein Landhaus gehandelt haben, obwohl es von Archäologen häufig als Haus des hohen Priesters bezeichnet wird, weil hier viele Kultgegenstände, z. B. etwa 40 Opfertische und vier riesige Doppeläxte aus Bronze, gefunden wurden. Sie befinden sich jetzt im Museum von Iraklio. Das Gebäude ist im Grundriß viereckig und umfaßt etwa 1000 qm Fläche. Erhalten sind ebenerdige Zimmer mit gemauerten Wandbänken und zwei Höfe, die mit Schieferplatten gepflastert sind. Das Gebäude wurde durch Brand zerstört.

Wir lassen nun zu unserer Linken das Dorf Gournes liegen, unser Weg führt zu einer Abzweigung zu dem 17,7 km entfernten Dorf Gouves und dann nach Skotino, wo uns Wegweiser zur großen gleichnamigen Höhle weisen. Es handelt sich hier um eine der bedeutendsten geheiligten Höhlen Kretas, die sich in vier Ebenen 160 m tief ausdehnt. Im Jahr 1962 nahm der Archäologe Davaras eine systematische Ausgrabung von und fand in einer Aschenschicht Gefäßscherben, knöcherne Pfeilspitzen und bronzene spätminoische Idole in Gebetshaltung (Museum Iraklio). Die Funde aus der Höhle werden von der mittelminoischen bis in die römische Zeit datiert.

98

99

198-199. Das antike Amnisos, der Hafen von Knossos, wo eine Villa aus dem Jahr 1600 v. Chr. freigelegt wurde. Hier fand man die bekannten Wandgemälde mit den Lilien (s. oberes Bild). (Museum Iraklio).

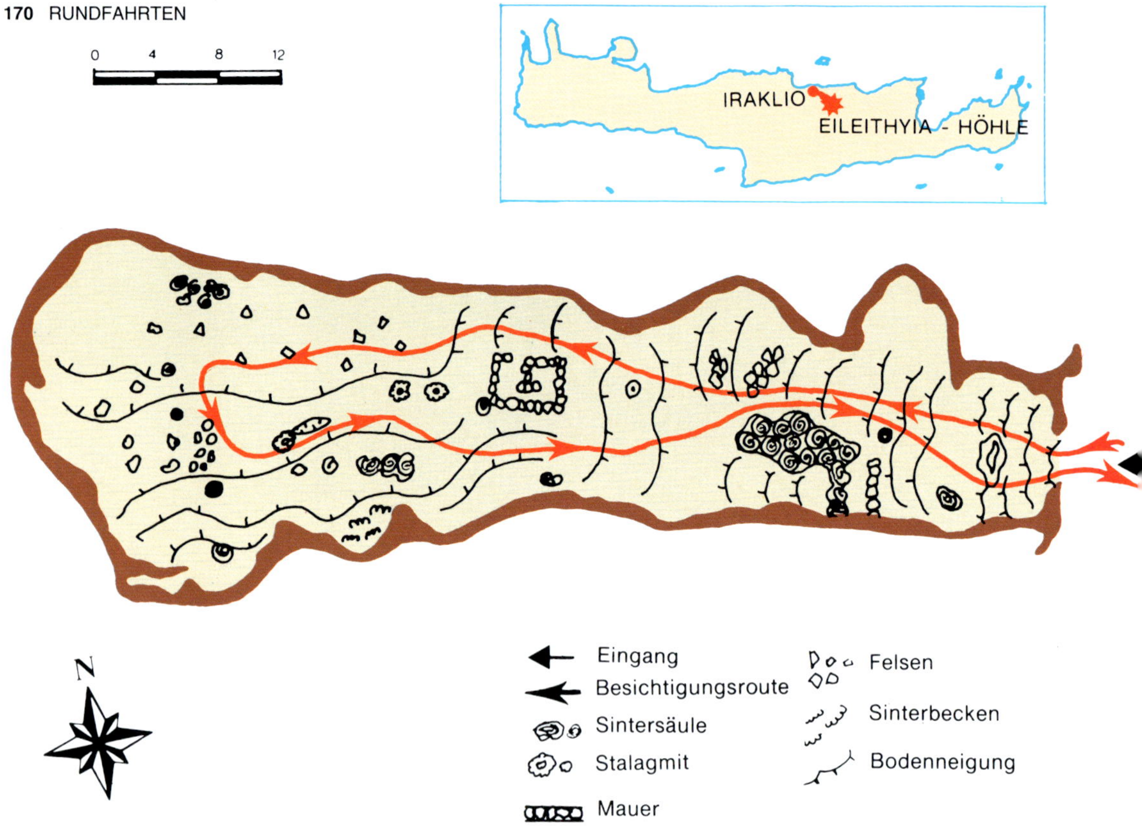
0
4
8
12
IRAKLIO
EILEITHYIA - HÖHLE
N
Eingang
Besichtigungsroute
Sintersäule
Stalagmit
Mauer
Felsen
Sinterbecken
Bodenneigung

201

DIE EILEITHYIA-HÖHLE

Geschichte

Die Höhle liegt 9 km von Iraklio entfernt in Richtung Episkopi bei Koprana oder Mefese Pediados. Die Gesamtabmessungen sind 64x19x4,5 m. Sie ist mit Sintersäulen, Stalagmiten und Höhlenteichen geschmückt. Hier wurde durch viele Jahrhunderte hindurch die Göttin Eileithyia verehrt, die eine Tochter von Zeus und Hera und die Mutter des Eros war. Sie galt als Beschützerin der gebärenden Frauen und der Mutterschaft. Dies bezeugen die Funde, die nach den ersten Ausgrabungen von I. Chatzidakis im Jahre 1884 hier gemacht wurden (neolithisch, protominoisch, mittelminoisch, römisch).

Besichtigung

Von 2,5 m breiten Eingang geht es steil in das Höhleninnere hinunter. Als erstes beeindruckt der hügelförmige Stalagmit, der nicht weit vom Eingang entfernt ist. Er wird der Nabel genannt, weil er mit einer kleinen Einbuchtung in der Mitte wie der Bauch einer schwangeren Frau aussieht. In der Antike haben Frauen, die ein Kind erwarteten, ihren Bauch an dem Nabel gerieben, weil sie glaubten, sie würden dadurch eine gute Entbindung haben. Im Höhleninneren sind die Mauerreste eines kleinen Gebäudes erhalten. In der Tiefe stößt man auf eine weitere niedrige orthogonale Mauer. Sie umschließt eine Gruppe menschenähnlicher Stalagmiten, die einer Mutter mit Kindern gleichen. Sie waren sicher Gegenstand kultischer Verehrung. Dies bestätigt auch eine Fülle von Keramikscherben im Umkreis der Gruppe. Das malerische und eindrucksvolle Aussehen des Bereiches, in dem die Göttin der Geburt und der Schöpfung verehrt wurde, wird ergänzt durch die Wandnischen des übrigen Teils der Höhle. Sie sind gerahmt von Stalaktitenschmuck und Sinterbecken mit reinem Wasser, von dem man glaubte, daß es heilkräftig sei. Die Höhle wurde in allen Einzelheiten von dem Naturwissenschaftler Eleftherios Platakis untersucht.

202

203

200. Plan der Eileithyia-Höhle. Von Anna Petrocheilou.

201. Stalagmit, der von einer niedrigen Mauer umgeben ist.

202. Menschengestaltige Stalagmiten, die als Gottheiten verehrt wurden, stellen 'Mutterschaft' dar.

203. Stalagmit, der dem Bauch einer schwangeren Frau gleicht. In der Mitte der Nabel.

Wir kehren nun auf die alte Nationalstraße zurück. Beim Kilometerstein 23 gibt es rechts eine Abzweigung nach Langada und die Lasithische Hochebene (siehe Rundfahrt 7).

26 km von Iraklio entfernt liegt der Hafen Chersonisos mit großen Luxushotels und Souvenirgeschäften. Am Ortseingang gibt ein Wegweiser links die Fahrtichtung zum Hafen an, während fast genau gegenüber eine schmale Straße zum Dorf Piskopania geht (2 km), in dem ein Landwirtschaftsmuseum mit der Rekonstruktion einer alten Ölmühle eingerichtet wird.

Chersonisos war während der hellenistischen und römischen Zeit eine bedeutende Stadt. Ursprünglich war es der Hafen von Lyttos, doch muß es im 4. Jh. v. Chr. die Selbständligkeit erlangt haben, da es eigene Münzen prägte. In römischer Zeit (1.-2. Jh. n. Chr.) wurde eine große Wasserleitung erbaut, deren Überreste in Langada, in Xerokamares, an der Straße nach Lasithi noch zu sehen sind. Auf der Ostseite des Hafens sind die Fundamente und die Anlagen des römischen Hafens sichtbar. Im Westen, auf der eindrucksvollen Anhöhe Kastri, die den Hafen von dieser Seite schützt, wurde eine dreischiffige Basilika aus dem 6 Jh. ausgegraben, die eine der größten Kirchen Kretas gewesen sein dürfte, wahrscheinlich eine Bischofskirche. Eine weitere, ebenso große Basilika begegnet uns östlich der Ortschaft in der Kirche Ag. Nikolaos. Von der antiken Stadt Chersonisos sind ferner ein Theater sowie eine Brunnenanlage mit schönen Mosaikbildern erhalten. Östlich von Chersonisos beginnt der Golf von Malia. 31 km entfernt liegt die Bucht von Stalida mit ihrem herrlichen Strand.

Nach 34 Straßenkilometern von Iraklio kommen wir in das Landstädtchen Malia mit zahlreichen Hotels, Restaurants und Volkskunstgeschäften. Jedes Jahr besuchen Tausende von Feriengästen den Ort mit seinem wunderschönen Sandstrand und der fruchtbaren Umgebung. Das Ausgrabungsgelände von Malia befindet sich 2 km östlich der heutigen Ortschaft. *Geöffnet ist es von 8.45-15.00 Uhr, sonn- und feiertags von 9.30-14.30 (Tel.: 0897/31597).*

Das Ausgrabungsgelände von Malia

Die Ausgrabungen in Malia wurden 1915 von J. Chatzidakis begonnen und werden von der Französischen Archäologischen Schule fortgesetzt. Freigelegt wurden bisher der Palast, Wohnhäuser der Stadt und Grabstätten in Chrysolakkos.

Nach der Überlieferung herrschte hier Sarpedon. Bereits in der Jungsteinzeit war der Ort bewohnt. Der erste Palast wurde um 1900 v. Chr. errichtet und nach seiner Zerstörung um 1700 v. Chr. durch einen neuen ersetzt, der wie die übrigen Herrschersitze Kretas um 1450 v. Chr. zerstört wurde. Die heute sichtbaren Ruinen stammen hauptsächlich vom neuen Palast.

Im Vergleich zu Knossos ist dieser Palast, dessen antiker Name nicht überliefert ist, zwar flächenmäßig nicht kleiner, aber provinzieller und weniger reich ausgestattet. Er wurde aus einheimischem Baumaterial errichtet. Für die Außenmauern und einige Innenwände wurde Sandstein verwendet.

Man betritt die Palastanlage vom Westhof aus, der von charakteristischen Prozessionswegen überquert wird. Zu unserer Rechten, an der Südwestecke des Palastes, befinden sich acht tiefe, gemauerte Schächte, die man als Getreidespeicher bezeichnet. Überdacht waren sie mit einer Kragkuppel, die von einer Mittelsäule gestützt wurde. Der Zentralhof war ähnlich wie in Phästos an der Nord- und Ostseite von je einer Stützenreihe gesäumt, die aus Säulen und Pfeilern bestand. Dahinter lagen Wandelhallen, über denen sich im Obergeschoß Terrassen befanden. Die wichtigsten Räume und die Haupttreppe (1) der Anlage liegen westlich des Zentralhofes. In der Mitte der Treppe stand eine Stütze, auf der die Decke ruhte. Eine zweite kleinere Treppe (2) mit je einer Säule auf beiden Seiten führt in eine Kammer (3).

Hier wurden ein Dolch, ein langes Schwert und in einem Tonkrug ein Szepter in der Form eines Panthers gefunden (Museum Iraklio). Südlich davon führte eine weitere Treppe (4) in das Obergeschoß. Besonders bedeutend ist der daran anschließende Raum (5) mit einer Wandbank und die Krypta, in deren Pfeiler Symbole, Dreizack, Stern und Doppelaxt eingeritzt sind. In der Mitte des Zentralhofes haben sich vier Altarstützen erhalten (6). Am Südende des Westflügels hat man breite Stufen (7) freigelegt, die wahrscheinlich Theatersitzreihen waren. Daneben wurde ein runder Stein gefunden, der offensichtlich als Kernos, als Spendegerät, benutzt wurde, da seine Oberfläche mit mehreren Vertiefungen versehen ist, eine in der Mitte und die übrigen um den Rand (siehe Kapitel: Geschichtlicher Überblick). Hinter der Stoa an der Ostseite des Hofes liegen schmale Magazine mit zwei Reihen von großen Vorratskrügen. In der Mitte eines jeden Lagerraumes verläuft eine Rinne zu einem Gefäß, das in den Boden eingelassen ist. Als Schutzmaßnahme ist das am besten erhaltene Magazin nicht zur Besichtigung freigegeben. Hinter der nördlichen Stützenreihe des Hofes befand sich eine Halle mit zwei Reihen von je

drei Pfeilern (8). Im Westen liegt ein Raumkomplex mit Plattenfußböden. Südlich dieses Bereiches kommt man durch einen Lichtschacht in einen Raum mit einem Kultpfeiler (9). Hier hat man Tontafeln, Scheiben und Stäbe mit Hieroglypheninschriften gefunden. Daneben befindet sich ein kultisches Reinigungsbecken. Im Umkreis des Palastes hatten sich verschiedene Wohnviertel entwickelt. Offensichtlich lagen im Nordosten die reicheren Häuser. Hier wurde ein Gebäude ausgegraben, das ein bedeutendes Beispiel eines minoischen Wohnhauses ist. Aus den Privathäusern von Malia mit ihren Höfen und Bädern konnten die Archäologen zahlreiche Erkenntnisse über die Entwicklung der Architektur des privaten Wohnhauses gewinnen.

In Küstennähe, etwa 500 m nördlich des Palastes, fand man in Chrysolakkos den Friedhof von Malia. Der Komplex rechteckiger Grabkammern stammt aus der Zeit der Alten Paläste. Die Augrabungen haben Altäre ans Licht gebracht, auf denen den Toten Spenden dargebracht wurden. Zu den eindrucksvollen Funden aus diesen Gräbern gehört auch das einzigartige

204. Chersonisos. Ein Ferienort mit großen Luxushotels und Touristengeschäften.

Schmuckstück mit den Bienen, das im Museum von Iraklio ausgestellt ist.

Die alte und die neue Nationalstraße vereinigen sich von Malia bis Neapoli. Um Neapoli, das von Iraklio 55 km entfernt liegt, macht die neue Nationalstraße einen Bogen. Die Handelsstadt liegt in einer fruchtbaren Ebene, die in der Antike die Bewohner der Stadt Driros ernährte (Ausfahrt von der alten Straße nach Neapoli). Driros besaß zwei Akropolen auf zwei Hügeln. Zwischen ihnen wurden Reste eines archaischen Marktes und eines Tempels aus geometrischer Zeit aufgedeckt. Von diesem Heiligtum stammen die drei einzigartigen, in Schmiedearbeit gefertigten Bildnisse des Apollo, der Artemis und der Leto, die im Museum von Iraklio aufbewahrt sind. 1855 wurde in der Umgebung von Driros ein in das Museum von Konstantinopel überführter quadratischer Stein gefunden, der in dorischem Dialekt die Inschrift mit einem Eid trug, den die Jünglinge im antiken Driros leisteten.

MALIA

1. Zentrale Treppe
2. Kleinere Treppe
3. Kleineres Zimmer, in dem das Szepter in Form eines Leoparden gefunden wurde
4. Südliches Treppenhaus
5. Raum mit Krypta und Schreibpult
6. Zentralhof mit Altar
7. Südwestliche Treppenanlage
8. Saal mit sechs Säulen in zwei Reihen
9. Raum mit Kultpfeiler
10. Kultisches Reinigungsbecken

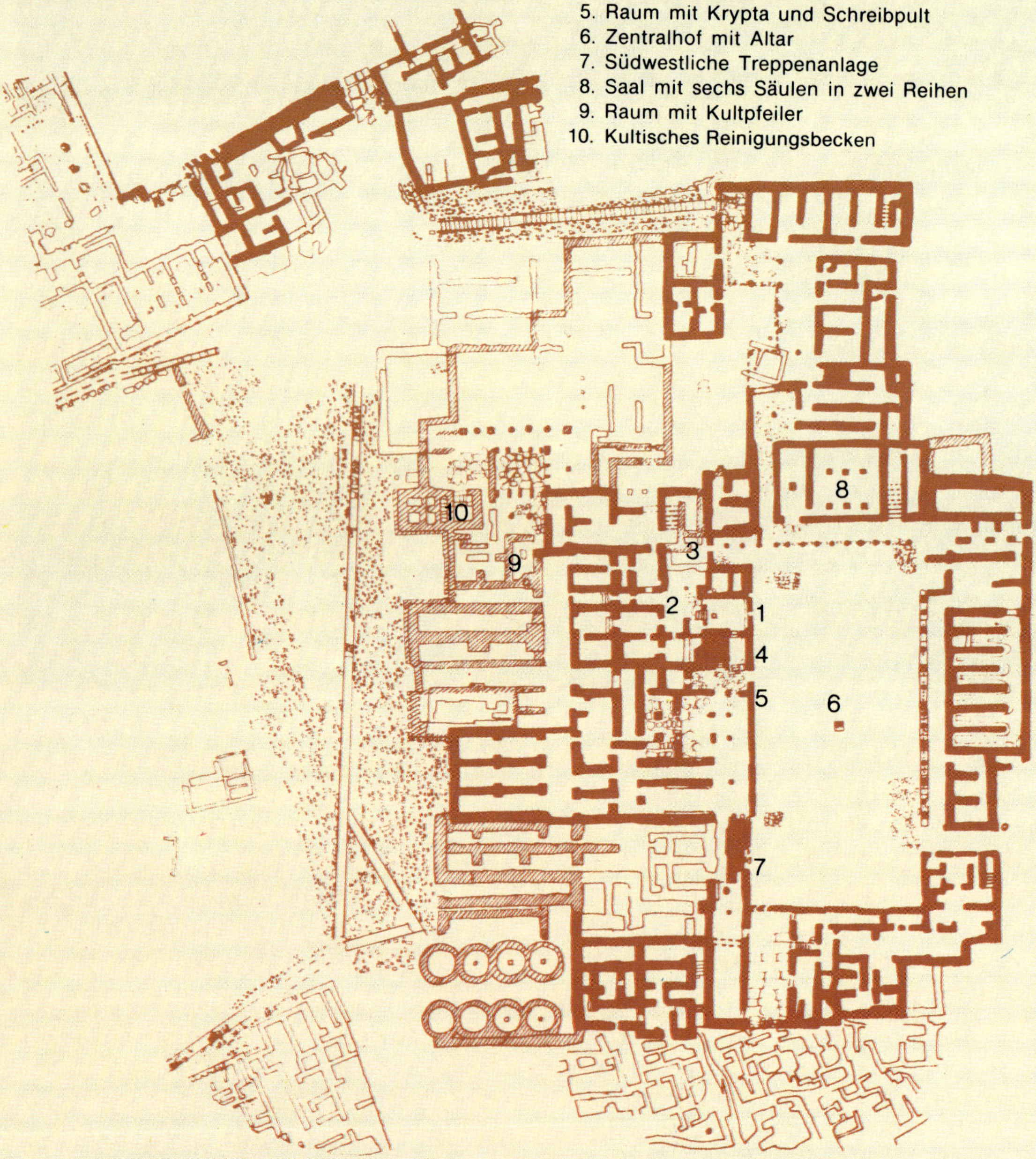

205

205. Malia. Plan des Ausgrabungsgeländes.

206. Malia. Luftaufnahme des Palastes.
207. Malia. Rekonstruktion des Palastes.

206

207

0 2 4 6
N
1
2
Eingang
Besichtigungsroute
Bis zur Decke reichendes Gestein
Versturzbrocken
Sintersäule
Stalagmit
Spalte
Bodenneigung
Stufe
Treppe
Reliquiar
Christliche Kirche
1. Altar
2. Ausgrabungen
MILATO - HÖHLE
IRAKLIO

DIE MILATOS - HÖHLE

Die Höhle liegt im Steilhang einer tiefe Schlucht, 3 km von Milatos auf einer Fahrstraße entfernt. Ein Fußpfad führt nach 20 Minuten zur Höhle. Die Überlieferung und eine eingeritzte Inschrift links von Eingang berichten, daß hier 1823 von den Horden des Generals Hassan 3600 Männer, Frauen und Kinder ermordet wurden. Später bestattete man die Gebeine in einer Gedenkstätte in der Höhle. Der Sonntag nach Ostern wurde zum lokalen Nationalfeiertag bestimmt, der in der Höhle mit großer Feierlichkeit begangen wird. Die Höhle besitzt acht Eingänge, die auf einer Strecke von 40 m in einer Reihe nebeneinander liegen, es gibt Terrassen über der Schlucht. Die Gesamtausdehnung der Höhle beträgt 2100 qm.

Besichtigung

Von dem 9x8 m großen *Vorraum* mit einer imposanten Säule in der Mitte erreicht man den *Zentralraum,* der 1x7 m groß ist und rechts mit niedrigen Sintersäulen geschmückt ist. In der Fortsetzung führen breite Treppenstufen aus Beton in den parallel verlaufenden *Heldensaal,* der 20x8 m groß ist. Am Ende rechts ist der Eingang des Saales und links eine Kapelle. Links davon liegt die Heldengedenkstätte. Der *Zweite Saal* ist von dem ersten durch großartige Säulen und Stalagmiten getrennt. Der übrige Teil der Höhle ist durch beeindruckenden Stalaktitenschmuck in Räume mit verschiedener Richtungen auf verschiedenem Niveau geteilt. An der tiefsten Stelle lag einst ein malerischer See. Der Rundgang endet hinter dem *Heldensaal.* Die Besichtigung des *Linken Teiles* erfolgt durch den ersten Eingang links. Man folgt dem linken Raum, der vom übrigen Bereich durch sehr schöne Tropfsteinsäulen getrennt ist und kommt nach einer Wendung zum rechten Raum mit seinen fünf Türen in verschiedenen Abmessungen.

209

210

211

208. Plan der Höhle von Milatos. Von Anna Petrocheilou.

209. In der Milatos-Höhle liegt eine Kapelle, in der alljährlich am Sonntag nach Ostern der Jahrestag der Ermordung von 3600 Kretern durch die Türken i.J. 1823 feierlich begangen wird.

210. Schmuck im Zentrum des rechten Teils der Höhle.

211. Schmuck im Zentrum des linken Teils der Höhle.

IRAKLIO: Rundfahrt 7

Hochebene von Lasithi - Tzermiado (75 km) - Psychro (70 km) - Diktäische Grotte (72 km). Busse zweimal täglich von Iraklio und einmal von Agios Nikolaos.

Von Iraklio oder von Agios Nikolaos aus kann man die Lasithische Hochebene mit ihren 10.000 Windmühlen und der großartigen Diktäischen Grotte besuchen. Die Zufahrt von Osten über Neapoli ist schwieriger als die von Nordwesten. Von der Nationalstraße nimmt man die Abzweigung westlich von Chersonisos. Eine weitere Möglichkeit ist eine neue, 1986 dem Verkehr übergebene breite Asphaltstraße. Sie beginnt in Stalida, das 30 km östlich von Iraklio zwischen Chersonisos und Malia liegt, führt über Mochos und trifft zwischen Avdou und dem Kloster Kera Kardiotissa auf die Hauptverbindungsstraße, die in die Lasithische Hochebene führt.

Unsere Route führt von Iraklio auf der Nationalstraße nach Agios Nikolaos (Rundfahrt 6) bis zum Kilometerstein 23. Hier biegen wir rechts nach Langada und in die Hochebene von Lasithi ab. Zunächst kommen wir durch ein Gebiet mit Blumentreibhäusern und anschließend durch ein Tal, das dicht mit Olivenbäumen bepflanzt ist. Bei Kilometer 29 gibt es rechts eine Abzweigung nach Kasteli Pediadas. Kurz danach sieht man rechts der Straße die Ruinen eines römischen Aquädukts, der Wasser von den Dikti-Quellen nach Chersonisos leitete.

Nach 32 km Fahrt sehen wir kurz vor dem Ortseingang von Potamies links am Hang eine Kirche. Sie ist der Muttergottes, der Panagia, geweiht und ist das einzige Gebäude, das vom Kloster Gouverniotissa noch erhalten ist. Die Wandmalereien an der Westseite und das Pantokrator-Fresko in der Kuppel stammen aus dem 14. Jh. und sind gut erhalten. Vor der großen Steigung zur Lasithischen Hochebene liegt 39 km von Iraklio entfernt das malerische Dorf Avdou mit seinen kleinen byzantinischen Kirchen Agios Antonios, Agios Georgios und Evangelismos, der Verkündigung. Avdou spielte eine bedeutende Rolle in den Befreiungskriegen gegen die Türken. Im Gebiet von Avdou gibt es auf 1000-1100 m Höhe die bemerkenswerten Höhlen Faneromeni und Agia Fotini mit einer Kapelle.

Nach dem Dorf Gonies beginnt die Steigung ins Gebirge. Die Straße ist gut asphaltiert, aber kurvenreich. Nach 41 km Fahrt gibt es links eine Abzweigung nach Mochos. Nach 48,5 km sehen wir zwischen Walnußbäumen und Platanen das Nonnenkloster Kera Kardiotissa herausragen. Das renovierte und gut gepflegte Kloster liegt auf 560 m Höhe und ist der Geburt der Muttergottes geweiht (Kirchenfest am 8. September). Von der Terrasse des Klosterhofes hat man eine herrliche Aussicht. *Für Besucher ist das Kloster von 8.00-13.00 Uhr und von 15.00 Uhr bis Sonnenuntergang geöffnet.*

Die Kirche besteht aus vier ineinander übergehenden Gebäuden, wodurch ihre Form so ungewöhnlich ist. Die Kapelle im Osten, die heute als Chorraum dient und Fresken aus dem 14. Jh. bewahrt hat, ist das älteste Gebäude. Im Templon, der Ikonostase, gibt es eine wundertätige Ikone der Panagia Alyssodemeni, der angeketteten Muttergottes. Der Überlieferung nach war die Ikone nach Konstantinopel gebracht worden, kehrte aber später ins Kloster zurück. Sie wurde jedoch ein zweites Mal gestohlen und an einer Säule angekettet, damit sie nicht wieder an ihren ursprünglichen Standort zurückkehre. Die Ikone soll dann jedoch die Säule, die jetzt eingezäunt im Klosterhof steht, ausgerissen haben und mit ihr in ihre Heimatkirche zurückgekommen sein.

Nach dem Dorf Apano Kera auf 680 m Höhe steigt die Straße weiter an, bis man nach 52 km Fahrt den Ampelo-Paß auf 900 m erreicht. Hier erheben sich rechts und links der Straße wie nimmermüde Wächter halbverfallene steinerne Windmühlen, in denen bis Anfang unseres Jahrhunderts Korn gemahlen wurde. Im Norden sieht man das Kretische Meer und davor die Küste der Insel. Im Süden erhebt sich das Dikti-Gebirge (2.148 m Höhe) im Hintergrund, während sich zu unseren Füßen die vielbesungene Lasithische Hochebene ausbreitet. Sie ist die einzige Hochebene Kretas, die das ganze Jahr hindurch bewohnt ist. Am Ende der Windmühlenreihe zweigt links von der Straße ein schwierig zu begehender

212

213

214

212. Agios Konstantinos. Kleine byzantinische Kirche in dem Dorf Avdos, das eine lange Tradition der Teilnahme an den Befreiungskämpfen gegen die Türken besitzt.

213. Verfallene steinerne Windmühle, in der bis zu Beginn des Jahrhunderts Mehl gemahlen wurde.

214. Die Hochebene von Lasithi, die von steilen Bergmassiven umgeben ist. Im Hintergrund der Ort Gonies.

Pfad ab, der nach Osten auf den Gipfel Karfi (1100 m) führt. Hier hat die Britische Archäologische Schule 1934-35 eine minoische Siedlung der Eteokreter ausgegraben, die sich an diesen geschützten Ort geflüchtet hatten. Vom Dorf Tzermiado kommt man auf einem besseren Weg in einer Stunde zu Fuß auf den Gipfel. Die Ausgrabungen haben neben den Gebäuderesten Göttinnenidole mit dem charakteristischen zylindrischen Gewand zutage gefördert. Eine etwa 1 m hohe Göttinnenfigur trägt einen Kopfschmuck mit Vögeln (Museum von Iraklio).

Die Lasithi-Hochebene ist rings von Gebirgen mit acht natürlichen Zugängen umgeben. Sie war von jeher ein Zufluchtsort für Verfolgte und der Ausgangspunkt von Aufständen. Nach der Niederwerfung einer großen Erhebung in der Venezianerzeit wurden die Bewohner von Lasithi etwa zwei Jahrhunderte aus der Ebene verbannt. Durch Funde ist bezeugt, daß das Gebiet schon seit der neolithischen Zeit bewohnt ist. In der hellenistischen und römischen Epoche gehörte sie zum Stadtstaat Lyttos. Bedeutende Kultorte waren die Trapeza-Höhle am Ortsausgang von Tzermiado und vor allem die Diktäische Grotte bei Psychro. Heute gibt es ungefähr 20 kleine Dörfer in der Hochebene. In den Sommermonaten wird durch etwa 10.000 Windmühlen Brunnenwasser auf die Felder gepumpt. Es ist ein phantastischer Anblick, wenn sich die Mühlenräder mit ihren geblähten Segeln drehen. Hauptprodukt der Hochebene sind erstklassige Kartoffeln.

Vom Ambelou-Paß fahren wir auf die Straße hinunter, die rings um die gesamte Ebene herumführt. Von Osten nach Westen kommen wir durch die Dörfer Pinakiano, Lagou und Tzermiado (830 m Höhe), den größten Ort in der Hochebene, in dem es kleine Hotels und Privatzimmer gibt. Am Ortsausgang zeigt links ein Wegweiser in Richtung der unweit gelegenen Kronos- oder Trapeza-Höhle. Ein Fußpfad führt links bis zum Eingang der Grotte, die im Neolithikum (5000 v. Chr.) als Zufluchtsort, in der Vorpalastzeit als Grabstätte und ab etwa 2000 v. Chr. als Kultplatz benutzt wurde. Auf dem benachbarten Hügel Kastellos hat man Überreste einer Siedlung aus der neolithischen und minoischen Epoche gefunden. Die Autostraße führt weiter durch die Dörfer Farsäro und Marmaketo zum Kloster Kroustallenia, das über Gästezimmer verfügt, und von da durch die Ortschaften Agios Konstantinos und Agios Georgios. Hier empfiehlt sich ein Besuch des Heimatmuseums (Laografiko Musio), das im Wohnhaus von D. Kasapakis aus dem Jahr 1800 untergebracht ist *(geöffnet im Sommer täglich von 10.00 bis 16.00 Uhr.).*

Das Museum ist ein originales Bauernhaus, in dem noch die gesamte Einrichtung mit allen für die Selbstversorgung wichtigen Werkzeugen vorhanden ist: Webstuhl, Backofen, Kelter, die auch als Bett benutzt wurde, Küche und Waschraum, Keller und Stall. In einem Raum sind Werkzeuge verschiedener Berufe anschaulich ausgestellt: für Korbflechter, Schnapsbrenner (Raki), Senner, Schmiede, Friseure. u.a.m. In der Ortschaft Agios Georgios laden kleine, gute Tavernen zur Einkehr ein.

Nach 71 km Fahrt erreichen wir das das Dorf Psychro (840 m Höhe), an dessen Ortsausgang ein Schild in in Richtung der 2 km entfernten Diktäischen Grotte weist. Eine Asphaltstraße führt zum Parkplatz am Touristenpavillon unterhalb der Grotte. Von hier geht man in etwa 15 Minuten zu Fuß einen Pfad zum Höhleneingang (1050 m Höhe) hinauf. Im Sommer kann man auch Esel mieten. Die Grotte ist täglich von 8.00 bis 17.00 Uhr geöffnet.

Nach einer Variante des Mythos soll Rhea den neugeborenen Zeus hierher gebracht haben und nicht in die Idäische Grotte. Es wurde auch behauptet, daß Zeus Europa in die Diktäische Grotte und nicht nach Gortys entführte. Die Ausgrabungen des englischen Archäologen D. Hogarth im Jahre 1900 haben ergeben, daß in der Grotte eine minoische Gottheit verehrt wurde, und haben Tongefäße im Kamares-Stil, Opfertische, Bronzeidole, Werkzeuge, Doppeläxte u.a.m. ans Licht gebracht.

Nachdem man die gesamte Rundfahrt um die Hochebene zurückgelegt hat, kann man für den Rückweg die schwierigere Gebirgsstrecke wählen und von der Ortschaft Marmaketo an der Ostseite der Ebene über Mesa Lasithi - Potami - Zenia - Vryses - Neapoli oder über den Paß und Mochos zur Küste von Malia fahren. Diese Strecke lohnt sich schon deshalb, weil man 2 km nach Mochos einen unvergleichlichen Blick über die gesamte Bucht und Ebene von Malia hat.

215. Die Hochebene von Lasithi, wo während der Sommermonate annähernd 10.000 Windmühlen in Betrieb sind.

216. Das Dikti-Gebirge.

5

6

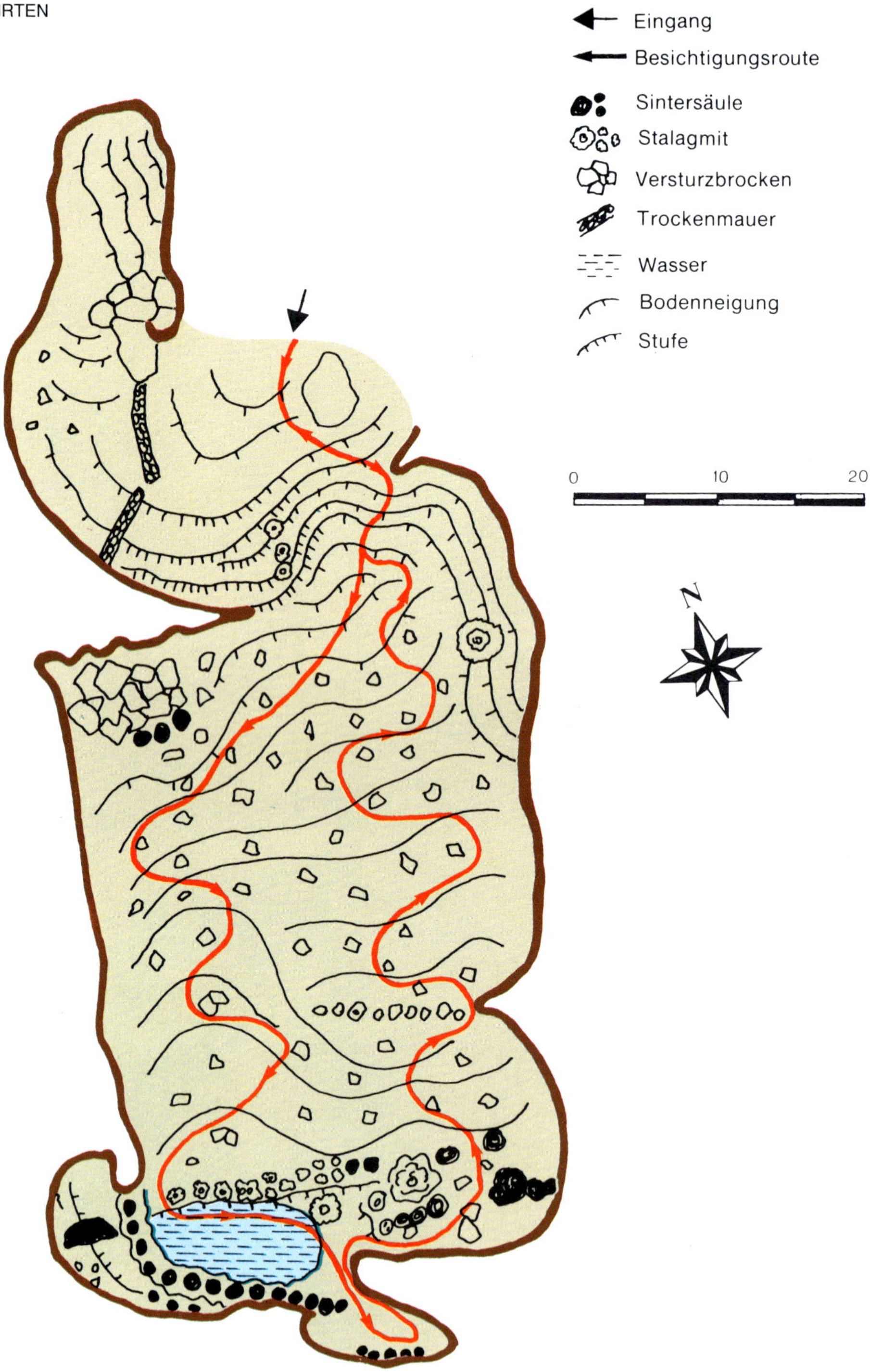
Eingang
Besichtigungsroute
Sintersäule
Stalagmit
Versturzbrocken
Trockenmauer
Wasser
Bodenneigung
Stufe
0
10
20
N

IRAKLIO
DIKTÄISCHE GROTTE

DIE DIKTÄISCHE-GROTTE

Geschichte

Die Grotte liegt an der Nordseite des Dikti-Gebirges in 1000 m Höhe. Vom Touristenpavillion der Ortschaft Psychro in der Hochebene von Lasithi führt ein Fußweg in 20 Minuten zum riesigen Höhleneingang hinauf. Es handelt sich um einen riesigen Raum (85x37x15 m), der am Ende durch eine Reihe schöner Sintersäulen und Stalagmiten in vier Kammern geteilt ist. Im letzten Raum soll Rhea den Zeus geboren haben. Um ihn vor seinem Vater zu schützen, der das Kind zum Schutze seiner Macht verschlingen wollte, übergab sie das Neugeborene den Koureten, die es in die Idäische Grotte brachten. Dort ernährten die Nymphen das Kind mit der Milch der Ziege Amalthea und wildem Honig. Die bedeutenden Funde, die in der Höhle gemacht wurden, bezeugen, daß die Höhle von der mittelminoischen bis zum Ende der spätminoischen Zeit ein wichtiger Kultort war. Man fand goldene Spangen, Nadeln, Doppeläxte als Symbol des Zeus, männliche Bronzestatuetten, Tongefäße und Scherben.

Besichtigung

Das abgrundige Grotteninnere, das von dem gewaltigen Eingang (14x8 m) erhellt wird, ruft Erschauern hervor. Beim Hinabsteigen in die Tiefe der Grotte durchquert man eine märchenhafte Szenerie und erkennt Gruppen sehr hoher Sintersäulen, die den kleinen Teich umgeben, in dem Zeus gebadet worden sein soll. Rechts von dem Raum mit dem Teich hängt von der Decke der *Mantel des Zeus*. Nach links liegt ein kleinerer Raum, wo in einer Nische Zeus geboren sein soll. An dieser Stelle fanden sich auch die meisten Weihgeschenke. Ein letztes traumhaftes Bild bietet sich, wenn der Besucher von der Tiefe, in der er sich befindet, sich wieder zum Eingang der Höhle zurückwendet.

218

219

217. Plan der Diktäischen Grotte. Von Anna Petrocheilou.

218. Gewaltige Stalagmiten trennen den Hauptraum von dem Teich, der auf einem tieferen Niveau liegt.

219. Wand von Sintersäulen, die den Teich von dem Raum des Zeusmantels trennen.

AGIOS NIKOLAOS

Das 8.500 Einwohner zählende Agios Nikolaos ist die Hautstadt der Präfektur Lasithi. Das besonders malerische Hafenstädtchen am inneren Rand der Mirambelo-Bucht ist einer der bedeutensten Fremdenverkehrsorte Griechenlands. Auf dem gut ausgebauten Straßennetz der Umgebung kann man die übrigen Orte in Mittel- und Ostkreta, Iraklio (70 km), Sitia (72 km) und Ierapetra (36 km) leicht erreichen. Einen Flughafen hat Agios Nikolaos nicht, aber die Fahrt vom Flugplatz Iraklio dauert mit dem Auto nicht länger als eine Stunde, so daß es sich auch lohnt, ein Taxi zu nehmen. Zwischen Iraklio und Agios Nikolaos verkehren häufig Busse. Auch eine direkte Schiffsverbindung nach Piräus gibt es nicht. In den Sommermonaten wird die Stadt jedoch von einem Schiff angelaufen, das von Piräus über die Kykladeninseln Kasos - Karpathos - Kos und die Dodekanes nach Rhodos fährt.

Wichtige Telefonnummern (Vorwahl 0841)

Fremdenverkehrsamt E.O.T., Tel.: 22357
Touristenpolizei, Akti Koundourou, Tel.: 22321
Hafenverwaltung, Tel.: 22312
Krankenhaus, Tel.: 22369
Archäologisches Museum, Tel.: 22462
Taxi, Tel.: 24000
Busbahnhof, Tel.: 22234
Olympic Airways, Tel.: 28929
Schiffahrtsgesellschaft MASSAROS, Tel.: 22267

Die Stadt Agios Nikolaos führt jeden Sommer kulturelle Veranstaltungen unter dem Namen Lato durch, an denen folkloristische und moderne Musik- und Tanzgruppen aus dem In- und Ausland teilnehmen. Außerdem werden Theateraufführungen, Ausstellungen, Kunstschwimmen und Wettkämpfe durchgeführt. Alle zwei Jahre werden anläßlich der Nautischen Woche Wettbewerbe im Schwimmen, Windsurfing, und Wasserski veranstaltet. In der Osterzeit kann man die eigentümlichen örtlichen Gebräuche miterleben, z.B. die symbolische Verbrennung des Judas am Abend vor der Auferstehungsfeier auf einer Plattform im Meer. Beeindruckend ist auch die Feier zum Jahreswechsel, an der das alte und das neue Jahr von zwei geschmückten Fischerbooten symbolisch dargestellt werden, von denen das eine geht, und das andere mit dem Hl. Basilius, Agios Vasilis, an Bord kommt.

Die Geschichte der Stadt

In der Antike hieß der Ort Lato pros Kamara und war der Hafen der Stadt Lato Etera. Auch in der römischen und frühbyzantinischen Zeit war der Hafen in Betrieb. Unter den Venezianern

220. Agios Nikolaos. Blick auf Villenvororte am Meer.

221

221. Agios Nikolaos. Teilansicht der Stadt und des Hafens.

wurde an der Stelle des heutigen Verwaltungsgebäudes der Präfektur eine Festung errichtet, die wegen der schönen Aussicht den Namen Mirabello trug. Die Bedeutung des Hafens ging jedoch zurück, nachdem die Venezianer nordwestlich von Agios Nikolaos in der Gegend von Elounta den besser geschützten Hafen Porto di San Nicolo angelegt hatten. Der Name Agios Nikolaos rührt von der kleinen byzantinischen Nikolauskirche her, die sich auf der Landzunge am Hafen befindet, und in der sich Fresken aus dem 8., 10. und 11. Jh. erhalten haben.

Obwohl die Platia Eleftherias, der Freiheitsplatz, der eigentliche Mittelpunkt von Agios Nikolaos ist, konzentriert sich das Leben des Ortes mit den vielen Touristen auf den Kais am Hafen und an dem kleinen Voulismeni-See. Dieser 64 m tiefe See ist mit dem Hafen durch einen kleinen Kanal verbunden. Hier gibt es einige vielbesuchte Restaurants und Cafés, und das ganze Viertel ist voll von Souvenirläden. Vom Hafen aus fahren kleine Boote zum venezianischen Kastell Spinalonga gegenüber von Elounta (Rundfahrt 8).

Besonders beeindruckend ist die große Anzahl von Hotels, (ca. 100), die in den letzten Jahren in der Stadt und an der Küste nördlich von Agios Nikolaos entstanden sind.

Agios Nikolaos besitzt das zweitbedeutendste archäologische Museum auf Kreta. Es wurde 1970 gegründet und befindet sich in der Konstantinou Paläologou-Straße 68.

DAS ARCHÄOLOGISCHE MUSEUM

(Geöffnet 9.00-15.30, sonntags 10.00-15.00 Uhr, dienstags geschlossen).

Vorraum: Rechts in einem Aquarium eine bemerkenswerte Sammlung mittelminoischer Gefäße aus einem gesunkenen Schiff, das in der Mirambelo-Bucht bei der Insel Prisa in 32 m Tiefe gefunden wurde.

Saal 1: In der Mitte *Vitrine 2:* ein eigenartiges phallos- und menschenförmiges Idol der Jungsteinzeit aus der Pelakita-Höhle bei Zakros. Vielleicht handelt es sich um eine abstrahierte Darstellung der Fruchtbarkeitsgottheit. In den übrigen Vitrinen Grabbeigaben (3.000-2.300 v. Chr.) aus der Gräberstätte Agia Fotia bei Sitia: *Vitrine 5:* eine typisch kretische Form hat der hochfüßige Becher im Pyrgos-Stil mit Ritzdekor. Bemerkenswerte Gefäße in der *Vitrine 4:* große Pyxis, Dose, mit konischem Knauf nach kykladischem Vorbild. *Vitrine 46:* aus zwei gleichen Teilen bestehendes Spendegefäß (Kernos), vogelförmiges liniendekoriertes Gefäß mit Hals, Schwanz und drei Füßchen, frühminoisches Gefäß, gitterartig mit dreieckigen Öffnungen, möglicherweise ein Weihrauchgefäß (Thymiaterion) oder Kohlebecken. *Vitrine 1:* schöne Beispiele von Gefäßen im Vassiliki-Stil aus der FM II Siedlung in Myrtos bei Ierapetra. *Vitrine 3:* bronzene Grabbeigaben, u.a. Angelhaken, Werkzeuge und Waffen.

Saal 2: *Vitrine 16:* menschenförmiges Spendegefäß, die Göttin von Myrtos, ein kleines Meisterwerk der frühminoischen Zeit. Merkwürdig der kleine Kopf auf dem hohen Hals. Die Göttin hält eine Kanne, deren Ausguß die einzige Öffnung des ganzen Gefäßes ist. *Vitrine 11:* frühminoischer Becher im Weißen Stil mit zylindrischem Henkel und reichem Dekor. Aus der Gräberstätte von Mochlos. Steingefäße, die kleinen wahrscheinlich Schminkegefäße. *Vitrine 9:* bemerkenswerter frühminoischer Goldschmuck aus Mochlos, Haarnadel in Form einer Margarete, Diadem mit drei Doppelhörnern und Dekor aus kleinsten Körnchen (Granulation). *Vitrinen 14, 15:* mittelminoische Weihgeschenke, menschen- und tierförmige Idole aus Ton. Die Statuetten von Frauen und Männern haben die Hände in Anbetungshaltung erhoben und stellen offensichtlich Gläubige dar. An ihrer Kleidung, Frisur und den verschiedenartigen Kopfbedeckungen ist die damalige Mode zu erkennen.

Saal 3: *Vitrine 27:* ein seltenes Exempar ist der tönerne mittelminoische Stab mit einem Text in Linearschrift A auf den vier Seiten. Aus Malia. Auch die goldene Nadel trägt auf der Rückseite eine lange Inschrift mit 18 Linear-A-Schriftzeichen. Vielleicht aus Malia. *Mittlere Vitrine:* Statuette einer Priesterin in Anbetungshaltung, die Hände vor der Brust gefaltet. Nachpalastzeit. Aus Myrsini bei Sitia. Spätminoische Urnen aus Tourloti, Präsos und anderen Orten.

In gleichen Saal interessante Stücke aus Elfenbein aus dem Palast von Malia sowie das einzigartige Reliefrhyton aus Stein in Form einer Tritonmuschel.

Saal 4: *Vitrine 28:* spätminoische hochfüßige Kylix aus der Nekropole von Kritsa. Bügelamphora mit Oktopoden-Darstellung. *Vitrine 30:* dreiteiliges Kultgefäß mit Vogelfiguren. Aus der Nekropole von Myrsini. In der Saalmitte seltenes Beispiel einer Tonkrug-Kinderbestattung in winzigem Kuppelgrab. Ende der spätminoischen Zeit. Das Grab wurde genauso im Museum aufgestellt, wie es in Krya /Sitia aufgefunden worden war.

Saal 5: In diesem Saal sind eine Anzahl Idole aus dädalischen Werkstätten (7 Jh. v. Chr.) Ostkretas ausgestellt. Die Idole weisen noch geringe minoische Einflüsse auf. In der Saalmitte der Kopf einer archaischen Tonstatue aus Sitia, ein Meisterwerk der griechischen Kunst. Die Farben sind in Spuren erhalten. Der Mund zeigt das typische archaische Lächeln.

Saal 6: *Vitrine 59:* große Frauenbüsten mit archaischem Lächeln, reicher Haartracht und großen, weit geöffneten Augen. *Vitrine 47:* Sirene mit Vogelkörper und menschlichem Kopf.

Saal 7: *Vitrine 44:* Tonköpfe aus dem 1 Jh. n. Chr. Nekropole von Potami bei Agios Nikolaos. Gläserne Salbölgefäße. In der Vitrine im rückwärtigen Teil des Saales ein einzigartiger Fund, ein Schädel, der, so wie hier ausgestellt, mit einem Kranz aus goldenen Olivenblättern freigelegt worden ist. Im Mund des Toten lag eine Silbermünze von Polyrrheria, die auf dem Kieferknochen in den etwa 1900 Jahren bis zur Ausgrabung Oxydationsspuren hinterlassen hat.

222

223

222. Weihgeschenk aus dem minoischen Gipfelheiligtum in Xerokambos/Sitia. Charakteristisch sind die Kopfbedeckung und der hohe Halskragen.

223. Die Göttin von Myrtos. Einer der bedeutendsten Funde minoischer Kunst. Charakteristisch sind der gemalte Schmuck und das Gefäß, das sie hält (Kanne).

224

225

226

227

224. Großer Leuchter mit Blattschmuck am Griff. Römische Zeit, aus Sitia.

225. Gefäß mit Ritzungen vom kykladischen Typus, der Pfanne genannt wird. Aus dem minoischen Friedhof in Agia Photia/Sitia.

226. Rotfigurige Pelike mit Darstellung eines Reiters im Kampf mit einem tiergestaltigen Ungeheuer. 4. Jh. v. Chr.

227. Schnabelkanne aus der minoischen Siedlung von Myrtos. Beeindruckende Bemalung der Außenseite, die typisch für den sogenannten Vasiliki-Stil ist.

228. Minoischer Bronzedolch mit Elfenbeingriff. Aus dem Grab in Chamaisi/Sitia.

229. Goldenes Diadem mit Hörnern, geschmückt mit gehämmerten Darstellungen der kretischen Wildziege. Aus Mochlos.

230. Goldene minoische Nadel mit achtzehn Schriftzeichen der Linear-A-Schrift. Herkunft unbekannt.

228

229

230

231

232

231. Weiblicher Kopf aus Ton. Aus dem römischen Friedhof von Agios Nikolaos.

232. Spätarchaische tönerne Büste aus Elounta, dem antiken Olous.

233

234

233. Archaische Reliefplatte aus Agios Georgios/Sitia. Dargestellt sind ein Krieger und ein kleines Kind. Wahrscheinlich Achilleus mit Troilos.

234. Grabrelief, das mit einer Architekturfassade, vermutlich eines Grabbaus, geschmückt ist. Dargestellt sind der tote Pagon und eine weibliche Gestalt. Aus Sitia. Römische Zeit.

AGIOS NIKOLAOS: Rundfahrt 8

Agios Nikolaos - Olus - Elounda (11 km) - Spinalonga (Täglich verkehren häufig Busse).

Nach Elounda fährt man am Meer entlang. Je höher die Straße ansteigt, umso schöner wird der Blick auf die Küste mit ihren zahlreichen kleinen Buchten. Die ganze Küstenstrecke entlang stehen große und kleine Hotels und Bungalow-Feriendörfer im Inselstil, in die jeden Sommer Gäste aus der ganzen Welt strömen. Nicht weit von der Küste entfernt liegt das Inselchen Agii Pantes.

Nach 5 km Fahrt sehen wir links einen Wegweiser zum Aphrodision, einem Heiligtum von Ares und Aphrodite, von dem sich geringe Reste aus dem 2 Jh. v. Chr. erhalten haben. Das Heiligtum ist 400 m von der Abzweigung entfernt. Nach 6 km befindet sich rechts ein Parkplatz, auf dem es sich lohnt, zu halten, um die Aussicht zu genießen.

Dieser Küstenstrich hat zwar keine schönen Sandstrände, aber zwischen den Felsenklippen liegen viele kleine Buchten. Im Hintergrund erstreckt sich die Halbinsel Spinalonga ins Meer. Ende des letzten Jahrhunderts haben Franzosen am Isthmus einen Kanal gebaut und damit die Halbinsel von Festland abgetrennt. Über den flachen und schmalen Kanal führt eine Brücke, in deren Nähe sich ein Café in einer renovierten Windmühle befindet. Hier stand in der Antike die griechisch-römische Stadt Olus mit ihren bedeutenden Monumenten und Tempeln. Freigelegt wurden nur spärliche Überreste. Südwestlich der kleinen weißen Kirche unweit des Kanals fanden sich die Fundamente und der Mosaikfußboden einer frühbyzantinischen Basilika. Hier wurden Bruchstücke einer in dorischem Dialekt verfaßten Inschrift entdeckt, die in einer Wand der Kirche eingemauert war und sich auf das Ende des Bündnisses zwischen Olus und Rhodos bezieht. Heute wird die Inschrift im Museum von Agios Nikolaos aufbewahrt.

Das 11 km von Agios Nikolaos entfernt liegende Dorf Elounta ist mit seinen zahlreichen Cafés und Restaurants am Strand und einigen für ihren Komfort bekannten Hotels gut auf Fremdenverkehr eingerichtet. Im Gemeindeamt (Kinotiko grafio) kann man sich über den Ort und die verschiedenen Veranstaltungen, die in den Sommermonaten durchgeführt werden, informieren.

Im Sommer fahren stündlich Boote vom Hafen zu der kleinen Insel Spinalonga, die in der Antike Olus schützte, und auf der man heute die venezianische Festung besichtigen kann.

Der Name Spinalonga ist venezianisch (spina „Dorn", longa „lang"). Die Festung ist eine der bedeutendsten und besten Kretas und wurde 1579 von den Venezianern errichtet, um den Hafen von Elounta zu schützen. Sie galt als uneinnehmbar und war im Jahr 1630 mit 35 Kanonen ausgerüstet. Nach der Eroberung Kretas durch die Türken blieb Spinalonga noch etwa hundert Jahre lang in der Hand der Venezianer und war für viele Christen ein Zufluchtsort von den Türken. 1715 wurde die Festung schließlich durch einen Vertrag den Türken übergeben, die osmanische Familien dort ansiedelten. Nachdem 1903 die letzten Türken Spinalonga verlassen hatten, richtete der damalige autonome Kretische Staat in der Festung eine Station für Leprakranke ein. Etwa ein halbes Jahrhundert lang hatte die Felseninsel diese Bestimmung. Heute sind die Tore der Festung für die zahlreichen Besucher aus dem In- und Ausland geöffnet, die sich für die Geschichte und die Architektur des Kastells interessieren.

235. Die Umgebung von Elounta mit größeren und kleineren Hotels, die jeden Sommer von Besuchern aus allen Teilen der Welt aufgesucht werden.

236. Die Insel Spinalonga, deren venezianische Festung den Hafen von Elounta schützte. Heute kommen viele griechische und ausländische Besucher hierher, die von der Geschichte der Insel und der Architektur der Festung fasziniert sind.

5

5

AGIOS NIKOLAOS: Rundfahrt 9

Kritsa (11 km) - Lato 14 (km) (Auf der kurzen Strecke zum Dorf Kritsa fahren häufig Busse)

Von der Straße nach Sitia zweigen wir nach 1,5 km rechts nach Kritsa und Lato ab. Nach 100 m geht rechts die Straße in die Lasithische Hochebene ab (siehe Rundfahrt 6). Die Straße nach Kritsa ist asphaltiert, gut befahrbar und nicht kurvenreich. 1,5 km vor dem Dorf kommen wir durch einen schönen Olivenhain. 100 m rechts der Straße steht die Kirche Panagia Kera, die für ihre byzantinischen Fresken berühmt ist (geöffnet 8.00-14.30, sonntags geschlossen). Die Kirche ist dreischiffig und von einer Kuppel überwölbt. Das Mittelschiff ist dem Tod der Muttergottes (Koimesis), das südliche der Hl. Anna und das nördliche dem Hl. Antonius geweiht. Der Südteil mit Fresken aus dem 14. Jh. ist der älteste. Aber auch alle übrigen Flächen des Innenraums sind mit vorzüglich erhaltenen Wandmalereien versehen, die wegen ihrer seltenen Darstellungen, besonders aus dem Themenkreis der Muttergottes, und wegen ihres Stils, der mit entsprechenden Fresken in Mistras, der Makedonischen Schule und auf dem Berg Athos zusammenhängt, bedeutend sind. Das Dorf Kritsa ist sehr malerisch und für seine Webereien bekannt.

Eine nicht asphaltierte Straße führt nach Norden (3 km) zu dem antiken Lato, das Lato Etera genannt wurde, da es auch ein Lato pros Kamaran gab, das an der Stelle des heutigen Agios Nikolaos lag. Lato Etera ist vermutlich in archaischer Zeit erbaut worden (7 Jh. v. Chr.). Es galt mit seinen zwei Akropolen als eine der stärksten Städte Kretas. Der Ausblick von dieser Stelle ist einzigartig. Die Ausgrabungen wurden von der Französischen Archäologischen Schule zu Anfang des Jahrhunderts begonnen und 1967 wiederaufgenommen.

In der Stadtmauer ist das Haupttor erhalten, von dem eine Straße, die in Wirklichkeit eine Treppe mit 80 Stufen ist, zum Marktplatz führt. In dem dritten Haus beim Aufstieg haben sich eine Zisterne, Tröge und Schüsseln erhalten, die darauf hinweisen, daß es sich wohl um eine Färberei handelte. In der Mitte des Platzes liegen eine Zisterne und ein kleines Heiligtum. Im Norden befinden sich Sitzreihen für die Versammlungen der Bürger und dahinter liegen das Prytaneion und das Speisehaus der Archonten. Im südöstlichen Teil des Marktes befinden sich ein großer Tempel und Sitzreihen eines Theaters. Außer dem Markt und den öffentlichen Gebäuden wurden auch viele Häuser freigelegt (7.-3. Jh.).

237. Das Dorf Kritsa ist bekannt für seine Webereien.

238. Westansicht der Panagia Kera, einer dreischiffigen Kirche mit Tonnengewölbe und Kuppel über dem Mittelschiff, in Kritsa Mirambelo.

239. Die Geburt Christi. Wandgemälde aus dem Mittelschiff der Panagia Kera in Kritsa. Archaisierender, linearer Stil des 13. Jhs.

239

240. Geburt der Gottesmutter. Wandgemälde im Südschiff der Agia Anna der Panagia Keras in Kritsa. Detail mit Dienerinnen, die Teller mit Speisen für die Wöchnerin Agia Anna auf den Tisch stellen. Stil der Paläologenzeit aus der Mitte des 14. Jhs.

241. Das Wasser der Prüfung. Wandmalerei aus dem Südschiff der Agia Anna der Panagia Keras in Kritsa. Die Szene, die von dem apokryphen Jakobsevangelium inspiriert ist, stellt die Prüfung der Reinheit der mit Joseph verlobten Maria dar. Stil der Paläologenzeit aus der Mitte des 14. Jhs.

242. Personifikation der Erde. Detail der Wandmalerei im Nordschiff von Agios Antonios der Panagia Kera in Kritsa. Die von einer Schlange umwundene weibliche Gestalt verkörpert die Erde in der Darstellung der Wiederkunft Christi, die das ganze Schiff einnimmt. Stil der Paläologenzeit aus der zweiten Hälfte des 14. Jhs.

242

2

2

245

243. Abendmahl. Wandmalerei aus dem Mittelschiff der Panagia Kera in Kritsa. Linearer achaisierender Stil des 13. Jhs.

244. Die Reise nach Bethlehem. Wandmalerei im Südschiff der Agia Anna der Panagia Kera in Kritsa. Stil der Paläologenzeit aus der Mitte des 14. Jhs.

245. Das Paradies. Wandmalerei aus dem Mittelschiff der Panagia Kera in Kritsa. Die Büsten der Kinder im Schoß der Patriarchen symbolisieren die Seelen der Gerechten. Archaisierender linearer Stil des 13. Jhs.

AGIOS NIKOLAOS: Rundfahrt 10

Gournia (18 km) - Vasiliki (24 km) - Ierapetra (36 km) - Myrtos (50 km).

Von Agios Nikolaos aus nehmen wir die asphaltierte Landstraße nach Sitia, die 21 km an der malerischen Küste entlangführt. Nach 4 km fahren wir an einem kleinen Touristenzentrum vorbei, das aus Hotels und Pensionen im Stil der Inselarchitektur besteht und an einem schönen Strand liegt.

Das Ausgrabungsgelände von Gournia

Nach 18 km Fahrt erreichen wir die Ausgrabungsstätte von Gournia *(geöffnet 8.00 bis 19.00 Uhr.)* Diese minoische Siedlung ist auf einem Hügel, der die Gegend beherrschend überragt, errichtet. Der minoische Name des so günstig gelegenen Ortes ist nicht bekannt. Heute wird er nach den kleinen antiken Becken (gournes) die im Ausgrabungsgsgebiet gefunden worden sind, Gournia genannt. Die Ausgrabungen, die von der Amerikanerin H. Boyd 1901-04 begonnen wurden, brachten eine ganze Stadt aus der spätminoischen Zeit (1550 - 1400 v. Chr.) ans Licht. Zerstört wurde die Siedlung durch Brand am Ende der minoischen Epoche, im 12 Jh. v. Chr., und danach nicht wieder aufgebaut. Die Stadt hatte 1,50-2 m schmale, oft ansteigende, mit Platten gepflasterte Gassen. Die Häuser hatten gewöhnlich an der Straßenseite eine Tür mit steinerner Türschwelle. Dahinter lag ein Vorraum, durch den man in weitere ebenerdige Zimmer kam. Eine Treppe führte ins Obergeschoß. Die Wände waren aus Bruchsteinen und Lehm, verputzt und farbig gestrichen. Ein Estrich aus Lehm und Kalk bildete den Fußbodenbelag. Die Dachbalken ruhten auf Holzsäulen.

Den höchsten Punkt des Hügels nahm ein größeres Gebäude ein, der Palast, in dem offensichtlich der Herrscher des Gebietes wohnte. Nördlich dieses Gebäudes wurde ein Heiligtum mit Kultgegenständen freigelegt. In den Wohnhäusern der Stadt hat man Gefäße Werkzeuge, Gußformen für Metallwerkzeuge u.a.m. gefunden.

Nach 21 km erreichen wir den herrlichen Sandstrand Pachia Ammos. Kurz danach zweigt rechts die direkte Straße nach Ierapetra ab. Hier ist die Insel am schmalsten, nur 12 km sind das Kretische und das Libysche Meer voneinander entfernt.

Nach weiteren 4 km geht rechts die Straße nach Vasiliki ab, einer bedeutenden Siedlung aus der Vorpalastzeit (2600 - 1900 v. Chr.) Die Ausgrabungen wurden 1906 vom Amerikaner R. Seager begonnen und werden heute von Professor A. Zois fortgesetzt. Wir gehen an dem Wächterhäuschen zu unserer Rechten vorbei und folgen dem Pfad, der zu den letzten, noch unveröffentlichten Ausgrabungen führt. Oberhalb davon wurden Häuser der Vorpalastzeit gefunden, wie z.B. das 'Hügelhaus'. Die Mauerreste sind bis zu 1,50 m hoch und haben an manchen Stellen noch roten Verputz. Hier wurden in großer Anzahl typische Gefäße des Vassiliki-Stils gefunden, die aus der frühminoischen Phase II (2500 - 2200 v. Chr.) stammen und in den Museum von Iraklio und Agios Nikolaos ausgestellt sind.

Wir fahren nun die Straße nach Ierapetra weiter und kommen nach 28 km zum Dorf Episkopi. Nach 36 km erreichen wir Ierapetra, das mit seinen 8.500 Einwohnern der viertgrößte Ort Kretas und die südlichtste Stadt Griechenlands ist. Im Osten und Westen der Stadt liegen wunderbare Strände. Ierapetra ist ein Ferienort, der im Sommer und im Winter Gäste anzieht, weil die Temperatur selten unter 12° C sinkt. Obwohl es hier viele Hotels, Restaurants und Cafés gibt, sind die Strände nicht überlaufen.

Wichtige Telefonnummern (Vorwahl 0842)

Polizei von Ierapetra, Tel.: 22560
Krankenhaus, Tel.: 22488
Hafenverwaltung, Tel.: 22294

Im Zentrum der Stadt, nicht weit vom Hafen entfernt, befindet sich das kleine archäologische Museum *(geöffnet 10.00 bis 15.00 Uhr außer dienstags),* in dem Tonsarkophage und Gefäße aus der spätminoischen Zeit und eine bemerkenswerte Sammlung griechisch-römischer Statuen ausgestellt sind. Darunter befindet sich eine vom Museum in den letzten Jahren er-

246. Gournia. Luftaufnahme des Ausgrabungsgeländes.

247. Plan des Palastes von Gournia.

247

GOURNIA

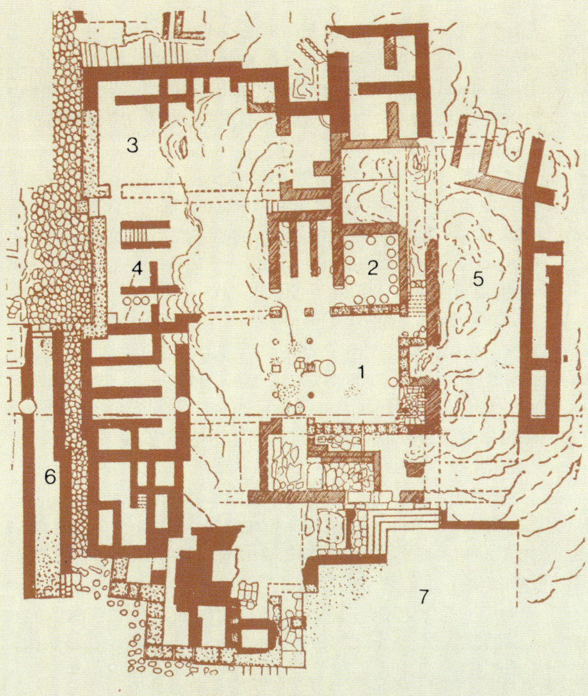

1. Zentraler Raum des Palastes
2. Magazin
3. Herrengemächer
4. Magazin
5. Frauengemächer
6. Terrasse
7. Der große Hof des Palastes

248

248. Ierapetra. Die schmalste Stelle der Insel. Nur 12 km trennen das Kretische vom Libyschen Meer. Es wird erzählt, daß Napoleon auf seinem Feldzug nach Ägypten hier an Land ging.

worbene sehr bekannte Demeterstatue und die Tonarnax (SM III) aus Episkopi, die aufgrund des Reichtums und der Bedeutung ihrer Darstellungen einzigartig ist.

Das antike Hierapetra lag in der Nähe der damaligen Stadt Hierapytna. Bis jetzt wurden noch keine systematischen Ausgrabungen durchgeführt, wir wissen jedoch, daß Hierapytna im 2 Jh. v. Chr., als es ständig mit den Städten Präsos und Itanos am Ostende der Insel Krieg führte, ein blühendes Gemeinwesen war. Wie wenige kretische Städte hielt es den Einfällen der Römer stand, mußte sich jedoch 66 v. Chr. ergeben. Unter der römischen Herrschaft wurde es dann wiederaufgebaut und erlangte erneut eine große Blüte.

Die Venezianer errichteten 1626 am Hafen eine starke Festung, die in der letzten Zeit restauriert wurde. Schließlich sei noch bemerkt, daß Napoleon 1798 auf seiner Fahrt nach Ägypten in Ierapetra gelandet sein soll.

Vom westlichen Ortsausgang führt eine gute Straße - sie ist Teil der südlichen Nationalstraße - die Südküste entlang nach Myrtos (14 km).

Bei km 10,5 entdeckte rechts auf einem Hügel von 66 m Höhe, der als Fournou Korphi bekannt ist (Aufstieg auf einem Pfad an der Westseite), der englische Archäologe Prof. P. Warren eine Siedlung aus frühminoischer Zeit (2500-2000 v. Chr.). Ungefähr 90 Räume wurden freigelegt, in denen viele Vasen im Stil von Vasiliki und Myrtos (Museum Agios Nikolaos) gefunden wurden, aber auch Siegelsteine, Bronzegeräte, Webgewichte, Steingefäße und Werkzeuge.

Kurz vor dem Ortseingang von Myrtos führt ein beschilderter Pfad nach rechts zur zweiten minoischen Siedlung in Pyrgos. Das Gelände wurde von dem englischen Archäologen G. Cadogan ausgegraben. Die Siedlung wurde in frühminoischer Zeit gegründet und erlebte während der ganzen minoischen Zeit zahlreiche Bauphasen. Auf der Spitze des Hügels wurde ein großes Megaron mit zwei oder drei Stockwerken aus der Zeit der Neuen Paläste (1600 v. Chr.) freigelegt.

Myrtos, das auf einer römischen Siedlung errichtet ist, ist heute ein relativ kleiner Ferienort mit einigen kleinen Hotels und Zimmern in Privathäusern.

Hinter Myrtos führt die Straße durch bergige Landschaft in Richtung Vianno - Iraklio (s. Rundfahrt 5).

AGIOS NIKOLAOS: Rundfahrt 11

Pachia Ammos (21 km) - Kavousi (26 km) - Sfaka (40,5 km) (Abstecher nach Mochlos - Insel Psira) - Chamezi (59 km) - Sitia (70 km).

Im Osten Kretas gibt es besonders viele Ausgrabungsstätten. Um sie bequem zu erreichen und zu besichtigen, übernachtet man am besten in Sitia.

Die Strecke Agios Nikolaos - Pachia Ammos (21 km) ist auf der Rundfahrt 10 beschrieben. Von Pachia Ammos führt die Straße nach Kavousi (26 km), das am Fuß des 600 m hohen Berges Kapsas liegt. Ab Kavousi beginnt die Straße zu steigen. Sie ist asphaltiert und bequem befahrbar. Nach 31 km kommen wir an eine Gaststätte neben einer Quelle. Von hier aus hat man einen schönen Blick auf die Mirambelo-Bucht mit den Inseln Prisa, Konda und Mochlos.

Nach 40 km Fahrt erreichen wir das Dorf Sfaka, von dem links eine schmale Straße zu dem 6,5 km entfernten kleinen malerischen Küstenort Mochlos führt. Die gleichnamige Insel liegt der Ortschaft in einem Abstand von nur 150 m genau gegenüber. In der minoischen Zeit war sie als Halbinsel mit dem Festland verbunden.

1908 führte der Amerikaner R. Seager Ausgrabungen durch, die auf der Westseite der Insel eine Siedlung und zahlreiche rechteckige Gräber aus der frühminoischen Zeit ans Licht brachten. Nach den goldenen Schmuckstücken und Diademen zu urteilen, die in der Nekropole gefunden wurden und jetzt in den Museum in Iraklio und Agios Nikolaos aufbewahrt werden, gehörten diese Gräber reichen Familien. Hervorragend ist die aus diesen Ausgrabungen stammende Steinvasensammlung. Im Jahre 1971 führte der Archäologe K. Davaras ergänzende Freilegungsarbeiten durch und förderte so bedeutende Funde wie die silberne Dose mit dem berühmten goldenen Hörnerdiadem (Museum Agios Nikolaos) zutage. Die Insel ist im Sommer mit Booten vom Dorf Mochlos aus zu erreichen.

Nordwestlich von Mochlos liegt die Insel Prisa, die heute unbewohnt und unkultiviert ist. Man kann in Agios Nikolaos oder dem Dorf Mochlos ein Boot mieten, um sie zu besuchen.

Auf Psira hat R. Seager 1906-07 eine Siedlung ausgegraben, die auf der Ostseite der Insel an einer windgeschützten Stelle amphitheatralisch angelegt war. Es wurden Relikte aus allen Perioden bis zur endgültigen Zerstörung der Siedlung i.J. 1450 v. Chr. gefunden. Die an engen Gassen liegenden Häuser mit einfachem Grundriß bedecken eine Fläche von ca. 15.000 qm. In einem der Häuser hat man Stuckfresken gefunden (Museum Iraklio). Die Grabungsfunde lassen darauf schließen, daß die Handwerker, Schwammtaucher und Porphyrfärber waren. 1986 wurden die Grabungsarbeiten von einer griechisch-amerikanischen Forschergruppe wieder aufgenommen.

Nach 46 km Fahrt bietet sich uns hinter dem Dorf Myrsini eine herrliche Aussicht auf die Nordküste Kretas und die Inseln Prisa und Mochlos.

Nach 54 km erreichen wir das amphitheatralisch errichtete Dorf Mouliana, das für seinen Wein bekannt ist. Hier hat S. Xanthoudidis zwei Kuppelgräber aus der spätminoischen Zeit freigelegt.

Nach 57,7 km zeigt ein Wegweiser nach rechts zu dem 1,5 km entfernten Hügel Souvloto Mouri mit dem großen minoischen Haus Chamezi. Die ersten Ausgrabungen hat S. Xanthoudis 1903 durchgeführt. Der Baukomplex, der einer Festung gleicht, besteht aus einem in ganz Griechenland einzigartigen Hauystyp, einem ellipsoiden Gebäude vom Anfang der mittelminoischen Zeit.

Vom Zentrum des Dorfes Chamezi führen Wegweiser zum Volkskundemuseum, dessen Sammlung sehenswert ist *(geöffnet von 9.00 bis 13.00 und 17.00 bis 20.00 Uhr)*. Besonders interessant ist die häusliche Werkstatt mit einem einzigartigen Webstuhl und Webwerkzeugen. Von Chamezi aus führt die Straße bergab, und man hat einen herrlichen Blick auf Sitia hinunter.

249. Kavousi am Fuße des Berges Kapsas. ▶

249

SITIA

Nach 70 km Fahrt erreichen wir Sitia, eine kleine Hafenstadt mit 9000 Einwohnern.

Möglicherweise hat hier das antike Eteia gelegen. Mit Sicherheit ist der Ort schon in der minoischen Epoche bewohnt gewesen. In der Siedlung Petra östlich der Stadt wurde ein Teil einer minoischen Siedlung freigelegt, die in der Zeit der Neuen Paläste einer der größten Häfen Kreta gewesen zu sein scheint. Es wurden ein großes zentrales Gebäude (Palast?), Magazine und Linear-A-Inschriften entdeckt. Für Kreta einzigartig ist außerdem die starke kyklopische Mauer am Fuß des Hügels. Einen bedeutenden Aufschwung nahm die Stadt in der venezianischen Zeit, als sie mit Mauern und Türmen umgeben und zu einer starken Festung ausgebaut wurde. Trotzdem fiel sie, nachdem sie schon von Erdbeben erschüttert worden war, durch den Ansturm der Türken und ihre Eroberung schließlich in Trümmer und wurde von den Einwohnern verlassen. Erst im 19 Jh. konnte sie sich wieder zu einer Kleinstadt entwickeln.

In Sitia gibt es genügend Hotels, Pensionen und Häuser mit Privatzimmern sowie eine Jugendherberge (Therisou-Straße 4, Tel.: 22693). Zu den Orten im gesamten Ostkreta gibt es regelmäßige Busverbindungen. Seit 1984 hat Sitia auch einen Flughafen, der vom Zentrum 10 Minuten entfernt ist. Vorläufig werden von hier aus Karpathos, Kasos und Rhodos angeflogen. Diese Inseln sind mit Sitia auch durch die Schifffahrtslinie Piräus-Dodekanes verbunden.

Auskünfte erteilt die Touristenpolizei und das Amt für Öffentlichkeitsarbeit. Im Sommer werden im Theater, das sich im restaurierten Amtssitz des venezianischen Statthalters befindet, kulturelle Veranstaltungen durchgeführt.

Wichtige Telefonnummern (Vorwahl 0843)

Touristenpolizei, Tel.: 22266
Olympic Airways, Tel.: 22270, 22596
Archäologisches Museum, Tel.: 23917

250. Sitia. Teilansicht des Hafens.

50

DAS ARCHÄOLOGISCHE MUSEUM

Das Archäologische Museum in Sitia besteht seit 1984 (*geöffnet 8.45-15.00, sonn- und feiertags 9.30-14.30, dienstags geschlossen).*

Das Museum besteht aus einem großen Raum um ein Atrium. Die Aufstellung der aus der Provinz von Sitia stammenden Fundstücke ist allerdings noch nicht abgeschlossen. Die Exponate sind in vier Einheiten gegliedert. Zu Beginn jeder Einheit gibt es eine informative Notiz und eine Reliefkarte, auf der die Ausgrabungsstätten eingetragen sind.

Wir beginnen links mit den steinzeitlichen und minoischen Funden.

Vitrinen 1 und 2: frühminoische Gefäße (3000-2500 v. Chr.), von der Kykladenkeramik beeinflußt, aus Agia Fotia bei Sitia.

Vitrine 3: Idole und sonstige Funde vor allem aus dem Gipfelheiligtum Petsofas und aus Paläkastro.

Vitrine 8 (in der Raummitte): Steinlampe aus der minoischen Siedlung auf Psira.

Vitrine 5: steinerne Doppelhörner, Dreifüße, Rhyta und Kernoi (Spendegefäße) aus Paläkastro.

Vitrine 9: Grab aus dem minoischen Friedhof von Tourloti.

Der anschließende Ausstellungsbereich umfaßt Funde aus dem Palast und den Häusern von Zakros. Beeindruckend ist die Weinpresse aus der Zeit der Neuen Paläste.

Vitrine 11: Tonkrugbestattung aus der spätminoischen Zeit. Riesige Vorratskrüge (Pithoi) .

Vitrine 16: (in der Mitte): Tontafeln mit Linear-A-Schrift aus Zakros.

Vitrinen 13, 14, 17: Gefäßsammlung aus Zakros.

Vitrine 18: Tongrill, wahrscheinlich zum täglichen Gebrauch. Elfenbeinstück mit Linear-A-Schrift. An der Wand hängen Deckel von großen Pithoi. Im dritten Ausstellungsbereich ist eteokretische Keramik von der subminoischen bis zur frühen orientalisierenden Phase zu sehen.

Vitrinen 19, 21: Funde aus der geometrischen Zeit.

Vitrine 22: dädalische Exponate und Tonköpfe, die im Zentrum von Sitia gefunden wurden.

Der letzte Ausstellungsbereich ist der hellenistischen und römischen Epoche gewidmet. Besonders interessant ist die hellenistische Getreidemühle aus Krya.

Vitrinen 24, 25: griechisch-römische Lampen und eine Anzahl Muscheln und Purpurschneckenhäuser von der Insel Koufonisi. Kurz vor dem Ausgang ist eine Anzahl Gefäße zusammengestellt, die aus einem Schiffswrack geborgen wurden, das bei der Insel Koufonisi vor der Nordostküste Kretas gefunden wurde. Am Ausgang ein Grabepigramm des 1. Jhs. n. Chr. aus Itanos.

In Sitia gibt es außerdem ein bemerkenswertes Volkskundemuseum, in dem Stick - und Webarbeiten, Möbel, Trachten und Hausrat ausgestellt sind (*geöffnet 10.00 bis 13.00 und 17.30 bis 19.30 Uhr)* Besonders eindrucksvoll ist ein Webstuhl mit dem gesamten Zubehör.

251. Tanagra-Figur. Ton. Aus der hellenistischen Stadt Xerokambos. Die Figur trägt Himation, Chiton und eine Kopfbedeckung. Das Körpergewicht ist auf das linke Bein verlagert und der Kopf ist nach links geneigt.

252. Gefäß, das als Kantharos bekannt ist. Auf die schwarze Oberfläche ist ein weißes Schmuckmotiv aufgesetzt. Aus der hellenistischen Stadt Xerokambos.
253. Enghalsige Amphora aus den Ausgrabungen der minoischen Siedlung auf der Insel Psira. Hervorragende Dekoration im Meeres-Stil.

253

252

254

255

254. Handgefertigte geometrische Amphora, mit konzentrischen Kreisen in Metopen bemalt. Aus dem Grab in Agios Georgios. (Das Gefäß wird in die Doktorarbeit der Archäologin M. Tsipopoulou, die die Ausgrabung leitet, aufgenommen werden. Die Veröffentlichung der Fotografie geschieht mit ihrer Erlaubnis).

255. Pithos mit hervorragendem schematisiertem Schmuck. Aus dem Palast von Zakros.

256. MM I Rhyton (Spendegefäß) in Stierform, von der Ausgrabung in Mochlos.

256

257

258

257. Tonplatten mit zwei reliefierten Gestalten, einer männlichen und einer weiblichen, auf einem Wagen. Dargestellt ist wahrscheinlich der Raub der Persephone durch Pluton. Aus dem dädalischen Sammelfund in Sitia.

258. Tonstatuette einer Frau, die ein Kind stillt (Kourotrophos). Die hohe Kopfbedeckung (Polos), die formelle Kleidung und der ägyptisierende Schmuck lassen erkennen, daß es sich um eine Göttin handelt. Aus dem dädalischen Sammelfund in Sitia.

SITIA: Rundfahrt 12

Sitia - Agia Fotia (6 km) - Abstecher zum Kloster Toplou (10 km) - Vai (25 km) - Paläkastro (20 km) - Kato Zakros (41 km).

Von Sitia aus nehmen wir die Landstraße in östlicher Richtung nach Kato Zakros. Nach 6 km kommen wir ins Dorf Agia Fotia, wo der Archäologe K. Davaras einen bedeutenden Friedhof aus der frühminoischen Zeit, den größten dieser Epoche, ausgegraben hat. In den kleinen Kammer- und Schachtgräbern fanden sich etwa 1800 Gefäße. Diese Funde befinden sich jetzt in den Museen von Agios Nikolaos und Sitia. Nach 12,5 km führt rechts eine Abzweigung nach Paläkastro und Zakros. Wir nehmen links die breite Asphaltstraße zu dem 3,5 km entfernten, festungsartigen Kloster Toplou, das eines der reichsten Kretas ist (10 km ab Sitia). Die der Geburt der Muttergottes geweihte Kirche ist der älteste Kern der Anlage, um den im Laufe der Zeit die übrigen Klostergebäude entstanden sind. Der im Grundriß viereckige Komplex ist von einer 10 m hohen Mauer umgeben. Man betritt das Kloster durch das restaurierte Loggia-Tor. Ein gewölbter Gang mündet gegenüber der Kirche in einen kleinen Hof. In der Außenwand der Kirche sind ein Relief und drei Inschriften eingelassen. Die eine Inschrift berichtet von einem Vertrag zwischen Städten Westkretas aufgrund des Schiedsspruchs von Bürgern aus Magnesia in Kleinasien. Die anderen Inschriften erwähnen den Abt G. Pandogalos, der das Kloster im 17. Jh. restaurieren ließ. Das Kircheninnere ist mit gut erhaltenen Wandmalereien des 14. Jhs. und bedeutenden Ikonen geschmückt, unter denen ein Gemälde des Malers I. Kornaros „Groß bist Du, Herr" mit 61 Darstellungen und der Jahreszahl 1770.

1530 wurde das Kloster von Malteserrittern geplündert. 1612 erlitt es schwere Erdbebenschäden und 1646 fiel es in die Hand der Türken.

Während der Türkenherrschaft war das Kloster ein Zufluchtsort für Verfolgte, und viele Aufstände wurden von hier aus unternommen. Diese Tradition führten die Mönche während der deutschen Besatzung fort, als sie im Kloster eine geheime Funkstation einrichteten.

Von hier aus führt eine Asphaltstraße in Südostrichtung durch eine unbewohnte Gegend nach Vai. Nach 24,5 km treffen wir auf die Landstraße von Paläkastro. Wir zweigen links nach Vai ab und nach 1,5 km nehmen wir an der Kreuzung die Straße nach rechts, die durch einen Palmenwald, der für Griechenland einzigartig und in ganz Europa berühmt ist, an die Küste hinunterführt. Der Wald aus Dattelpalmen reicht bis ans Meer, wo zwischen Felseninseln ein herrlicher Sandstrand zum Baden einlädt. Diese Gegend steht unter Naturschutz und es ist verboten, hier zu nächtigen.

Zurück zur Straßenkreuzung folgen wir der linken Straße zur Küste, wo sich die Ruinen des Dorfes Ermoupoli, dem Dorf der antiken Stadt Itanos, befinden (s. Geschichtlicher Überblick).

Wir kehren nun zur Straße nach Paläkastro zurück. Die Stadt hat das einen wunderschönen Strand und war eine der bedeutendsten minoischen Städte. Die Überreste wurden nach ausgedehnten Ausgrabungen, die heute noch fortgesetzt werden, freigelegt. Von Paläkastro fahren wir durch mehrere kleine Dörfer und erreichen nach 19,5 km den Ort Epano Zakros. Vom Dorfplatz aus führt eine Asphaltstraße zum 8 km entfernten Kato Zakros. Im Frühjahr 1986 war eine 3 km lange Strecke noch im Bau. Am Ortsausgang von Epano Zakros befinden sich die Reste eines spätminoischen Landhauses, das von N. Platon freigelegt worden ist. Hier wurden die Weinpresse, die im Museum von Sitia ausgestellt ist und ein im Museum von Iraklio befindlicher Pithos mit Linear-A-Schrift gefunden.

Auf den letzten drei Kilometern der Strecke nach Kato Zakros bietet sich uns ein über-

259. Das Kloster Panagia Akrotirianis, das in türkischer Zeit Toplou genannt wurde. Die Ostseite des festungsähnlichen Baues mit dem Renaissance-Glockenturm.

260. Ikone „Groß bist Du Herr", des gleichnamigen Gebetes des „Großen Segens" von Ioannis Kornaros aus dem Jahre 1770. Detail mit der Darstellung einer Frau als Verkörperung der Schöpfung. Rechts Jesus mit der Samaritanerin, wodurch die Strophe „Und mit den Menschen hast Du gelebt" versinnbildlicht wird.

260

17
60
59

261. „Groß bist Du, Herr“. Ikone von Ioannis Kornaros, 1770. Detail mit folgenden Darstellungen: a) Der „Abgrund“ als Meer mit der Arche Noah und der Szene mit Jonas, den der Wal in Niniveh ausspeit. b) Der Regenbogen und darunter die Tiere, die aus der Arche Noah kommen, das Opfer der Familie des Noah und die Geschichte von Kain und Abel. c) Die Verse „ Du bist unser Gott, der Du mit Wasser und Feuer wegen Elias Israel von der Verführung durch Baal befreut hast“ sind dargestellt mit dem Königreich des Ahab links, in der Mitte die götzenverehrenden Propheten, die der Statue des Baal opfern und rechts das Opfer des Propheten Elias.

262. „Groß bist Du, Herr“, Ikone von Ioannis Kornaros, 1770. Detail mit folgenden Darstellungen: a) Die Berufung der Jünger durch Christus und die Taufe Johannes des Täufers. b) Die Geburt Christi. c) Greisengestalt, die das Element Wasser verkörpert, eine Darstellung des Verses „ Du aus den vier Elementen“, ein Schiff, das Christus steuert und links ein Teil der Darstellung der Speisung des Pharisäers.

wältigender Blick auf die felsige Ostküste Kretas. Von der letzten Kurve aus sehen wir die Ausgrabungsstätte von Zakros an einer kleinen Bucht mit wunderbarem Kieselstrand liegen. An der Nordseite wird die Bucht von hohen Felsenklippen abgeschlossen. Das Gebiet ist zur archäologischen Stätte erklärt worden und darf nicht bebaut weden. Oberhalb des Strandes gibt es aber einige Imbißstände und Restaurants sowie Übernachtungsmöglichkeiten.

Die Ausgrabungsstätte umfaßt einen minoischen Palast, den viertgrößten von Kreta, und einen Teil der Stadt. Die Bedeutung des Ortes in der minoischen Zeit erklärt sich aus seiner Lage im Osten der Insel gegenüber der syrisch-phönizischen Küste und Ägypten.

Die Ausgrabungsstätte von Zakros

(Geöffnet täglich von 9.00 - 17.00 Uhr. Sonn- und feiertags: 10.00 - 17.00 Uhr, dienstags geschlossen).

Die minoischen Überreste in Zakros hatte T.A.B. Spratt bereits 1832 entdeckt. 1901 nahm der englische Archäologe Hogarth am Nordosthang des Hügels oberhalb des Palastes Ausgrabungen in Angriff und legte Häuser aus der minoischen Epoche frei. 1962 unternahm Professor N. Platon systematische Ausgrabungen.

Aus der neolithischen Epoche wurden hier keine Funde gemacht. Die ältesten Zeugnisse stammen aus der Zeit der Alten Paläste und wurden an verschiedenen Stellen zutage gefördert. Der neue Palast muß um 1600 v. Chr. errichtet und 1450 v. Chr. zerstört worden sein. N. Platon schreibt die Katastrophe den Erdbebenwellen zu, die dem Ausbruch des Vulkans von Santorin folgten, was er u.a. aus dem bei den Ausgrabungen gefundenen Bimsstein schließt. Dies ist der einzige minoische Palast, bei dem keine spätere Inbesitznahme festgestellt werden konnte. Er umfaßt eine Fläche von 8.000 qm. Die Raumaufteilung ist im wesentlichen die gleiche wie bei den anderen Palästen mit einem Hof in der Mitte der Anlage (1) und einem im Westen (2).

Heute betritt man das Gelände an der Nordostseite. Hier sind noch die Platten einer Straße erhalten, die den Palast mit dem Hafen verband. Links befanden sich Werkstätten (3) und die berühmte Bronzegießerei (4). Am Hang des Hügels, der sich nördlich des Palastes erhebt, wurden Gebäude freigelegt. Die Palastanlage war in vier Flügel um dem Mittelhof (1) gegliedert. Im Ostflügel befanden sich die königlichen Gemächer mit großen, hellen Räumen (5 und 6). Beeindruckend ist das runde Bassin (7), das innen verputzt ist und sich in der Mitte eines großen Raumes, vielleicht eines Thronsaales, befindet. Aus dem Boden quoll damals wie heute Wasser in das Becken und floß durch eine Leitung aus diesem Raum. Die acht Treppenstufen an der einen Seite des Bassins lassen vermuten, daß es sich um ein Schwimmbecken handelte. Südlich dieses Beckens gibt es eine zweite Quellfassung (8).

Im Nordflügel des Palastes lagen die Bedienstetenräume und ein großer Säulensaal, vielleicht die Küche (9), da hier Kochgeschirr gefunden wurde. Auch ein kultisches Reinigungsbecken (10) wurde hier freigelegt und im Nordwesten fand man Magazine (11).

Der Westflügel war wie in allen minoischen Palästen dem Kult vorbehalten. Der Zeremoniensaal (12) hatte an seiner Nordseite einen Zugang zum Mittelhof. Vielfarbige Säulen, deren Basen sich erhalten haben, stützten die Decke. Die mit rotem Mörtel ausgefüllten Fugen des Plattenfußbodens bildeten vieleckige Formen. Auch die Wände waren verziert. In diesem Saal wurden viele Kultgegenstände gefunden. In einem anderen Saal, der Festgelageraum (13) genannt wird, fanden die Ausgräber Gefäße, die möglicherweise für Wein benutzt wurden. Die Wände waren mit Stuckfresken dekoriert, die einen Fries aus Spiralen und Rosetten bildeten (Museum von Iraklio), und auch hier war der Fußboden verziert. In diesem Flügel wurde auch ein kleines zentrales Heiligtum (14) freigelegt, das wahrscheinlich nur vom Priester benutzt wurde. Eine Tür in der Westseite des Raumes führte in eine Kultgerätekammer (15), in dem niedrige Abtrennungen aus Tonplatten kleine Abteile zum Aufbewahren der heiligen Gegenstände bildeten. Östlich dieses Heiligtums befindet sich ein weiteres Becken für kultische Reinigungen (16), in dem eine Amphora aus geädertem Marmor gefunden wurde. Westlich des Kultraumes 14 lagen die Schatzkammer des Heiligtums (18) und das Archiv (17), in dem eine große Anzahl von Tafeln mit Linear-A-Schrift entdeckt wurden. Die Schatzkammer hatte keine Fenster und auch hier waren aus Tonplatten kleine Abteile gebildet. Hier wurden Ton- und Steingefäße, Rhyta, Kannen, Lampen und heilige Symbole gefunden.

Im Südflügel wurde ein Komplex mit verschiedenartigen Werkstätten aufgedeckt. In der Südostecke des Mittelhofes gibt es noch eine zweite Brunnenanlage (19). In dem Brunnen daneben (20) wurden in Gefäßen Früchte als Spenden an die Gottheit gefunden. Ein kleiner Becher enthielt Oliven, die sich durch die Jahrhunderte im Wasser erhalten haben.

263. Vai. Der größte Palmenhain auf griechischem Boden, der in ganz Europa bekannt ist.

263

264

265

266

267

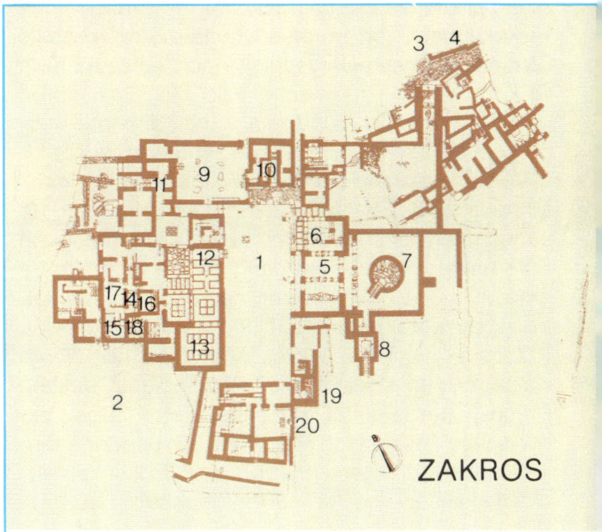

1. Zentralhof
2. Westhof
3. 4. Werkstätten
5. 6. Wohnräume
7. Runde Zisterne
8. Kultbassin
9. Küche
10. Treppenhaus
11. Magazine
12. Zeremonienhalle
13. Bankettsaal
14. Zentraler Sakralraum
15. Raum der Ablagen
16. Reinigungsbecken
17. Archivraum
18. Schatzkammer der Priester
19. Zisterne
20. Brunnen

264. Rekonstruktion des Gipfelheiligtums in Petsopha.
265. Zakros. Luftaufnahme des Ausgrabungsgeländes.
266. Detail eines reliefierten Rhyton, das bei den Ausgrabungen in der Umgebung von Knossos gefunden wurde. Ein junger Mann legt Opfergaben in einem Gipfelheiligtum nieder (1500-1450 v. Chr.).
267. Plan des Palastes von Zakros.

SITIA: Rundfahrt 13

Piskokephalo (4 km) - Präsos (18,5 km) - Ziros - Lithines - Moni Kapsa - Makrygialos - Agia Fotia - Ierapetra (70 km.)

Abfahrt nach Lithines vor dem Museum von Sitia. In Manares (2,5 km) gab es in der Zeit der neuen Paläste eine minoische Villa. Bei km 5 Abzweigung nach links, die zu einer weiteren minoischen Villa in der Nähe des Dorfes Zou führt, das für seine Quellen bekannt ist und von dem Sitia sein Wasser erhält. Nach 4 km erreicht man Piskokephalo, von wo eine schmale Straße rechts (Wegweiser nach Chrysopigi) nach Achladia führt (5 km), wo eine minoische Villa aus den Jahren um 1450 v. Chr. und ein guterhaltenes Kuppelgrab aus dem 14 Jh. v. Chr. entdeckt wurde.

Von Piskokephalo führt die Straße weiter nach Maronia und Epano Episkopi, wo sich im 16. Jahrhundert die Residenz des Erzbischofs von Sitia befand. Am Ortseingang zweigt eine Straße nach links ab (Wegweiser nach Ziros), die ein fruchtbares Tal durchquert und nach 4,5 km Nea Präsos erreicht (18,5 km). Man folgt den Wegweisern und erreicht die Ruinen des antiken Präsos, der Heimat der Eteokreter. Das Italienische Archäologische Institut begann hier 1884 Ausgrabungen, die von dem Britischen Archäologischen Institut 1901 fortgesetzt wurden. Die antike Stadt erstreckte sich über drei Hügel und besaß deshalb 3 Akropolen. Bei den Ausgrabungen wurden Fundamente eines Tempels, hellenistische Häuser und Kuppelgräber gefunden. Die Stadt wurde von den Einwohnern von Ierapetra nach langjährigen Kämpfen zerstört. Von Präsos führt die Straße weiter über Chandra nach Ziros, wobei sie Ebenen mit Weingärten und Olivenhainen durchquert. In der Umgebung von Ziros gibt es alte Kirchen, von denen die bedeutendste, Agia Anna, mit Wandmalereien geschmückt ist.

Auf der Rückfahrt von Armeni erreicht man links kurz vor der Hauptstaße das Dorf Etia, einst Besitz der venezianischen Familie die Mezzo, in dem die Ruinen einer dreistöckigen, teilweise wieder aufgebauten Villa erhalten sind, die als eines der repräsentativsten Beispiele venezianischer Architektur in Kreta gilt.

Von Lithines aus ist das Libysche Meer zu sehen. Nach 4 km zeigt ein Wegweiser die unbefestigte Straße zu dem am Meer gelegenen Kloster Kapsa. Die Kirche ist dem Hl. Johannes dem Täufer geweiht. Sein Namenstag am 29. August wird im Kloster mit einem großen Fest gefeiert.

Von dem Dorf Makrygialos verläuft die Straße entlang der herrlichen Südküste mit ihren Sandstränden und kleinen Buchten bis Ierapetra.

Am Ortsausgang von Makrygialos führen Wegweiser zu einer minoischen Villa, die von K. Davaras ausgegraben wurde (1970). Die Funde sind im Museum von Agios Nikolaos ausgestellt. Die Villa stammt aus der Zeit der Neuen Paläste und wurde durch Brand zerstört. Nach 24 km erreicht man Ierapetra (s. Rundfahrt 10).

268. Maronia, ein malerisches Dorf auf dem Weg nach Epano Episkopi.

269. Das Kloster Kapsa feiert am 29. August ein großes Fest.

270. Das am Meer gelegene Dorf Agia Fotia.

271. Makrygialos, ein Ort mit herrlichem Strand.

270

271

IRAKLIO: Rundfahrt 14

Agia Pelagia (18,5 km) - Fodele (26 km) - Bali (50 km) - Panormos (58 km) - Melidoni (71 km) - Rethymno (80 km).

Vom Chania-Tor aus nehmen wir die Autobahn nach Westen. Im Gegensatz zur alten Nationalstraße führt die neue größtenteils am Meer entlang. In Abständen zweigen rechts Seitenstrassen zu den schönen und vielbesuchten Stränden des Kretischen Meeres ab.

Beim Kilometerstein 9 können wir einen letzten Blick zurück auf Iraklio werfen und die weite Aussicht auf die Bucht und die Stadt genießen.

Nach 8,5 km Fahrt folgen wir dem Wegweiser nach rechts und fahren in das 2 km von der Nationalstraße entfernte Agia Pelagia, das an einer malerischen Bucht mit großen Hotels und einem schönen Sandstrand liegt.

Nach 26 km nehmen wir die Abzweigung links und fahren durch Orangenhaine zum Dorf Fodele (3 km), das für seine erstklassigen Apfelsinen bekannt ist und das man früher für die Heimat von Domenikus Theotokopoulos, bekannt als El Greco, hielt. Rechts der Ortschaft befindet sich im Tal eine bemerkenswerte Kirche der Panagia aus dem Jahr 1383. Die Kreuzkuppelkirche ist auf den Fundamenten einer älteren Basilika errichtet. Man erreicht sie zu Fuß auf Pfaden, die durch Apfelsinenhaine führen.

Wir fahren nun auf die Nationalstraße zurück. Nach 31 km kommen wir zur Grenze zwischen den Präfekturen Iraklio und Rethymno. Nach 50 km erreichen wir die Ortschaft Bali. Die Küste ist hier in viele Buchten mit kleinen Häfen und windgeschützten Sandstränden gegliedert. Die Bucht von Bali war in der Antike der Hafen von Axos.

Nach 51 km Fahrt erblicken wir auf einem Hügel neben der Autostraße das Kloster des Hl. Johannes des Täufers, Agios Ioannis Baptistis, das 1635 gegründet wurde. Am 24. Juni und 29. August feiert das Koster Kirchweih.

Bei km 58 Ausfahrt zu dem Dorf Panormos (1 km), das am Meer zwischen zwei Buchten an der Stelle des antiken Panormos liegt. Hier wurde eine große frühchristliche Basilika freigelegt. Panormos war vermutlich auch ein Hafen von Axos. Von Panormos führt die Straße nach links in die Ortschaft Perama (7 km) und von dort weiter in das Dorf Melidoni (4 km). Nordwestlich des Ortes führt eine asphaltierte Straße zu der etwa 2 km entfernten Melidoni-Höhle, die mit ihren grossen Gewölben und Stalaktiten eine der bedeutendsten Höhlen Kretas ist. Die Höhle ist sehr eng verbunden mit der Geschichte der Kretischen Aufstände. Im Januar 1824 fanden in ihr 340 Frauen und Kinder und 30 Kämpfer den Tod, als die Türken den Eingang mit Balken verschlossen, diese mit Öl und Schwefel übergossen und anzündeten. Einen herrlichen Blick haben wir nach 60 km Fahrt von der Nationalstraße aus auf die Weißen Berge, Lefka Ori, und die schöne, 12 km lange Küste von Rethymno, an der große Hotels und Campingplätze liegen. Nach 65 km trifft die neue auf die alte Nationalstraße. Beim Kilometerstein 73 führt eine Abzweigung zum Kloster Arkadi (siehe Rundfahrt 15). Nach weiteren 6 km erreichen wir Rethymno.

27

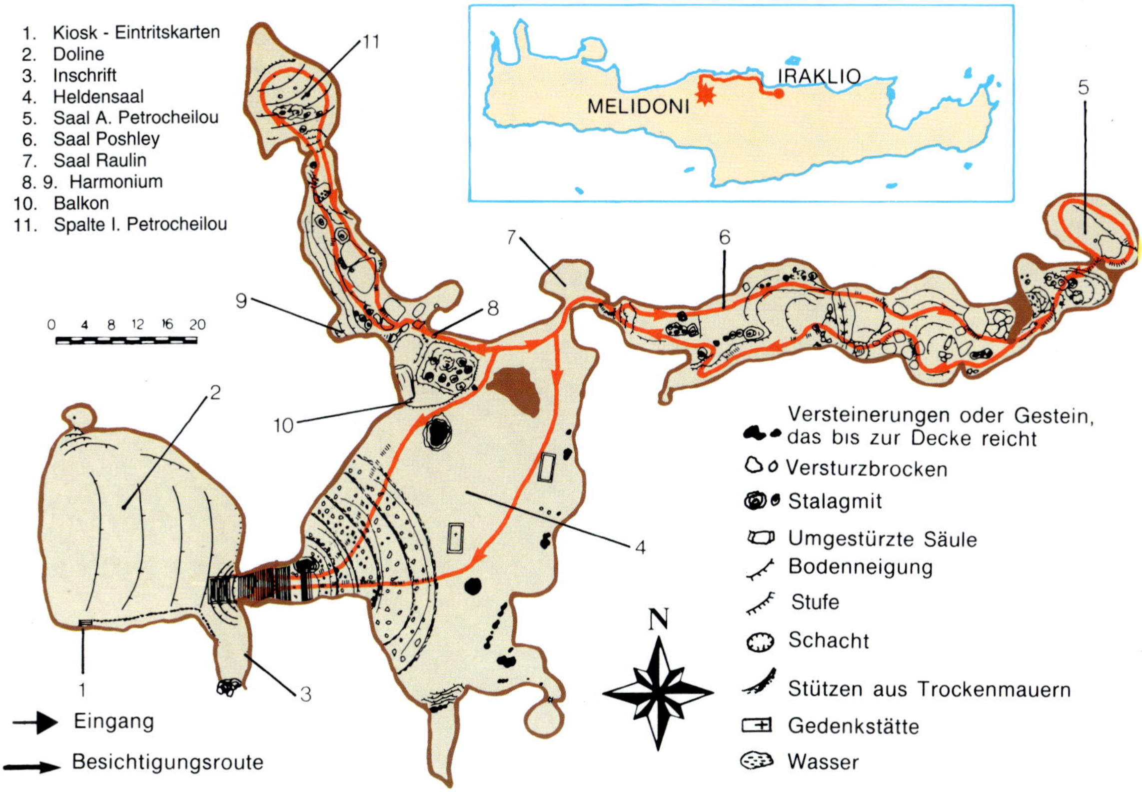
1. Kiosk - Eintritskarten
2. Doline
3. Inschrift
4. Heldensaal
5. Saal A. Petrocheilou
6. Saal Poshley
7. Saal Raulin
8. 9. Harmonium
10. Balkon
11. Spalte I. Petrocheilou
0 4 8 12 16 20
IRAKLIO
MELIDONI
N
Versteinerungen oder Gestein, das bis zur Decke reicht
Versturzbrocken
Stalagmit
Umgestürzte Säule
Bodenneigung
Stufe
Schacht
Stützen aus Trockenmauern
Gedenkstätte
Wasser
Eingang
Besichtigungsroute

273

274

272. Die byzantinische Kirche der Panagia in Fodele.

273. Agia Pelagia. Malerische Buchten mit großen Hotels und schönen Stränden.

274. Fodele, das in einem Tal liegt. Das Dorf ist bekannt als der Geburtsort von El Greco (Dominikos Theotokopoulos).

DIE MELIDONI - HÖHLE

Geschichte

Die Höhle liegt in der Präfektur Rethymno, nordwestlich des Dorfes Melidoni auf 229 m Höhe. Eine 2 km lange Fahrstraße führt bis kurz vor den Höhleneingang. Die Greisenhöhle, Gerontospilia, wie sie auch genannt wird, ist eine der vielen Kulthöhlen der minoischen Epoche. Das beweisen Scherben aus jener Zeit, die man zusammen mit einer spätminoischen Doppelaxt fand. Später verehrte man hier den Giganten Talos und dann Hermes Talaios und Zeus Talaios. Der Kult des Hermes in der Höhle ist durch eine Inschrift aus dem 3. Jh. v. Chr. bezeugt, die rechts von Eingang in den Fels geritzt ist. Die Höhle spielte aber auch in der neueren Geschichte dieser Gegend eine Rolle. Im Januar 1824 kamen 370 Einwohner des Dorfes in der Höhle ums Leben, weil sie sich den türkischen Eroberern nicht ergeben wollten. Aus Rache entzündeten die Türken ein Feuer am Eingang, so daß die Menschen im Rauch erstickten.

Besichtigung

Man steigt zuerst eine bequeme Treppe und später einen Pfad hinunter und kommt in den *Heldensaal* mit der Gedenkstätte. Dieser weite und hohe Raum ist von gigantischen Sintersäulen und mächtigen Stalagmiten umgeben. Am Ende der linken Wand teilt sich die Höhle in zwei Abschnitte. Der rechte, der anfangs steil abfällt, führt zu einer Reihe von Räumen, die mit sehr schönen Säulen, Stalaktiten und Stalagmiten in eindrucksvollen Gruppen geschmückt sind. Der linke Abschnitt besteht aus einem großen Raum, dem *Vorhangsaal.* Der Fußboden neigt sich nach rechts und ist mit Gesteinsbrocken bedeckt, auf denen sich schöne Stalagmiten gebildet haben. Großartige Wandtropfsteine umgeben den Raum, an dessen Ende Vorhangssinter mit herrlichen Faltungen von der Decke hängen und fast den Boden berühren. Daneben öffnet sich der treppenartig in die Tiefe führende Abgrund *I. Petrocheilos,* der insgesamt 23 m tief und voll erstaunlicher Tropfsteinbildungen ist, die der Besucher durch die Öffnung betrachten kann.

275. Melidoni. Plan der Höhle. Von Anna Petrocheilou.

276. Der Eingang zur Höhle.

277. Die Höhlenforscherin A. Petrocheilou umgeben von dem außerordentlich reichen Stalaktiten- und Stalagmitenschmuck im Heldensaal.

278. Wandtropfsteine und Vorhangsinter am Ende des linken Teils.

277

278

RETHYMNO

Rethymno ist die Hauptstadt der gleichnamigen Präfektur und hat 20.000 Einwohner. Von Chania ist es 60 km und von Iraklio 80 km entfernt. Im Osten der Stadt liegt einer der größten Sandstrände Kretas vor 12 km Länge.

In Rethymno gibt es noch ziemlich viele venezianische Gebäude und alte Kirchen, die während der Türkenherrschaft in Moscheen umgewandelt worden waren. Aus dieser Zeit haben sich noch einige Minaretts erhalten, die der Stadt einen etwas orientalischen Charakter verleihen.

Im Westen der Stadt erhebt sich auf einem Felsen die Festung, die Fortezza. Sie ist heute teilweise restauriert und nimmt über dem malerischen Hafen mit seinem bemerkenswerten Leuchtturm eine beherrschende Stellung ein.

Rethymno hat keinen Flughafen, aber täglich fahren mittags und abends Zubringerbusse der Luftfahrtgestellschaft Olympiaki vom Flugplatz Chania nach Rethymno. KTEL-Busse verbinden die Stadt mit dem Hafen von Souda und mit allen übrigen Landstädten und Dörfern der Präfektur Rethymno. Im Sommer werden Kreuzfahrten nach Santorin durchgeführt, aber eine dikrekte Schiffsverbindung mit dem Hafen Piräus gibt es nicht. In der Stadt und Umgebung findet man Hotels aller Kategorien, zwei gut organisierte Campingplätze am Oststrand, Restaurants, Tavernen und Nachtlokale.

In Rethymno hat die Philosophische Fakultät der neugegründeten Universität von Kreta ihren Sitz, die frischen Wind in das traditionsreiche geistige Leben der Insel bringt.

Zu verschiedenen Zeiten des Jahres werden Veranstaltungen durchgeführt, denen Besucher aus dem In- und Ausland beiwohnen. Karneval wird hier ausgiebig gefeiert. Im Juni werden an verschiedenen Stellen der Stadt Johannisfeuer entfacht, im Juli gibt es ein Weinfest, im August und September Theateraufführungen und Konzerte, und schließlich finden am 8. und 9. November die Arkadia statt, ein örtliches Fest, das als arbeitsfreie Tage mit Gottesdiensten, Prozessionen und Sportwettkämpfen gefeiert wird.

279

281

282

279. Rethymno mit seiner Stadtmauer und der kleinen Festung Fortetsa auf der Spitze der Halbinsel.

280-281. In Rethymno, vor allem in der Altstadt mit ihren engen Gassen, haben sich noch venezianische und türkische Bauten erhalten.

282. Rethymno. Teilansicht der Stadt und des Hafens.

283

284

285

Wichtige Telefonnummern (Vorwahl 0831)

E.O.T., El. Venizelou-Str.	*Tel.: 29148*
Touristenpolizei	*Tel.: 28156*
KTEL-Busbahnhof, Moatsou Dimokratias-Str.	*Tel.: 22212*
Fährschiffgesellschaft ANEK	*Tel.: 29846*
Olympic Airways	*Tel.: 22257*
Archäologisches Museum	*Tel.: 29975*
Polizei, Agia Galini	*Tel.: 0832/91210*

Die Geschichte der Stadt

Die Stelle des heutigen Rethymno muß schon in der spätminoischen Zeit (SM III) bsiedelt gewesen sein, wie das aus dem Felsen gehauene Grab dieser Epoche zeigt, das in Mastambas, einem südlichen Stadtteil freigelegt worden ist.

Das heutige Rethymno ist auf den Ruinen des antiken Rhitymna errichtet, einer autonomen Stadt, die eigene Münzen prägte. In der römischen Epoche ging ihre Bedeutung jedoch zurück. Die Archäologen haben römische und byzantinische Mosaikfußböden ans Licht gebracht.

Die Venezianer erkannten die wichtige Lage des Ortes, umgaben ihn mit einer Stadtmauer und errichteten eine Festung, die Fortezza, auf der kleinen Halbinsel westlich des Hafens. An der Stelle dieser Festung stand in der Antike ein Tempel der Göttin Artemis.

Die Fortezza wurde zwischen 1573 und 1583 nach den Plänen des venezianischen Baumeisters Pallavicini errichtet. Die starken Mauern sind mit vier Bastionen bewehrt. Im Inneren der Festung wurden öffentliche Gebäude, die Kommandantur und Pulvermagazine erbaut. Aus der venezianischen Zeit haben sich bis heute die Umfassungsmauern, Zisternen und die Ruine der Kommandantur erhalten. Eine Moschee und eine kleine Kirche sind Zeugnisse dafür, daß die Festung auch nach der Eroberung durch die Türken im Jahre 1645 benutzt wurde. Das Innere der Festung ist nur jeden Dienstag und Freitag von 7.30 bis 20.00 Uhr, im Winter von 9.00 bis 16.30 Uhr zur Besichtigung geöffnet.

Unterhalb der Fortezza erstreckt sich die Altstadt mit ihren schmalen Gäßchen und den venezianischen und türkischen Gebäuden, von denen viele restauriert und instandgesetzt worden sind. Aus dem Jahre 1629 hat sich an der Nordseite des Petychaki-Platzes der venezianische Rimondi-Brunnen erhalten, dessen Anlage und Skulpturen bemerkenswert sind. Sehenswert ist auch das Guora-Tor unweit des Stadtparks.

Das bedeutendste venezianische Monument ist jedoch die Loggia vom Ende des 16. Jhs. in der Arkadiou-Straße. Hier ist jetzt das Archäologische Museum vom Rethymno untergebracht.

286

283. Fortetsa, die von den Venezianern erbaute Festung, besitzt starke Mauern, die durch vier Bastionen verstärkt sind.

284. Kirche im Inneren der Festung.

285. Der venezianische Rimondi-Brunnen ist wegen seiner Architektur und seiner Skulpturen bemerkenswert.

286. Fortetsa in beherrschender Lage auf den Felsen der Westseite der Stadt.

287. Rethymno. Der Hafen bei Nacht.

287

288

DAS ARCHÄOLOGISCHE MUSEUM

(Geöffnet von 8.45 bis 15.00 Uhr, sonntags 9.00 bis 14.30 Uhr, dienstags geschlossen).

Ausgestellt sind Funde aus verschiedenen Gebieten der Präfektur Rethymno. (Tel.: 29975).

Links des Eingangs: neolithische Funde aus der Höhle bei Gerani, die sich in der Nähe der Autostraße nach Chania befindet, und der Höhle bei Elenes unweit des Ortes Amari. Idole, Lanzenspitzen, Werkzeuge aus Stein und Knochen, Schmuck und Gefäße. Minoische Äxte aus den Dörfern Elenes, Orne und Fourfoura, Göttinnen in Epiphanie-Haltung aus Saktouria und Pangalochori, Siegelsteine und Tongefäße (1400-1200 v. Chr.) aus der Gräberstätte von Armeni. Bronzegegenstände aus dem Dorf Atsipades, Scheiben und Spiegel aus der Idäischen Grotte, vergoldete Schmuckstücke und Siegel sowie Totenurnen aus Ton mit reichem, Fische und Oktopoden darstellenden Dekor aus Armeni.

Die Vitrinen rechts vom Eingang umfassen ägyptische Gegenstände und Nachbildungen, die Zeugnisse für den Handel Westkretas mit den Küstengebieten Afrikas sind.

Aus der hellenistischen und römischen Epoche stammen die Sammlung von Glasgefäßen, Siegelsteinen, Lampen und Idolen, Marmorköpfe, ein Frauenstandbild ohne Kopf, eine Satyr-Dionysos-Gruppe und ein Bruchstück von einer Pan-Statue.

Aus einem Schiffswrack der römischen Zeit, das in der Bucht von Agia Galini gefunden wurde, hat man die Bronzefigur eines nackten Kriegers, die Bronzebüste einer Frau, eine eherne Pferdestatuette u.a.m. geborgen.

Bemerkenswert ist auch die Münzsammlung in der Vitrine in der Mitte des Museums. Die Gepräge stammen aus verschiedenen Gebieten und Epochen.

288. Aus der kleinen ägyptischen Sammlung. Statuette der Isis aus Messing. 18. Dynastie (1700-1400 v. Chr.).

289. Goldmünze des hellenistischen Knossos.

289

290. Tonlampe mit Reliefdarstellung eines Hahnenkampfes. 2.-3. Jh. n. Chr.

291. Rotfigurige Pelike mit weißfarbigem Überzug. 4. Jh. v. Chr.

292. Figürliche Motive der Ritzdekoration einer Tonurne, spätminoisch III B: antithetische Vögel (Detail).

293. Weiteres Detail der gleichen Urne: Oktopus.

294. Tonidol einer Göttin mit erhobenen Armen und zylindrischem Gewand, spätminoisch III B. Pangalochori/Provinz Rethymno.

290

291

292

293

294

295. Marmorstatue der Faustina vom Typ der Aspasia, griechisch-römische Zeit. Argyroupolis/Provinz Rethymno.

296. Marmorstatue der Aphrodite vom Typ der Genetrix, griechisch-römische Zeit. Aus Argyroupolis, dem antiken Lappa.

297. Bronzestatuette eines behelmten Jünglings, griechisch-römische Zeit. Aus einem Wrack im Meer vor Agia Galini/Präfektur Rethymno.

295

296

297

RETHYMNO: Rundfahrt 15

Arkadi-Kloster (24 km).

Von der alten Nationalstraße zweigen wir 5 km östlich von Rethymno zum Kloster Arkadi ab. Kurz vor dem Dorf Adele (8 km) gibt es rechts eine Abzweigung zur historischen Ortschaft Maroula. Auf der Landstraße nach Arkadi durchqueren wir anschließend die Dörfer Pigi und Loutra. Nach den Orten Kyrianna und Amnatos wird die Straße schmal. Sie führt durch dicht bewachsene Olivenhaine zum Kloster Arkadi, das in den Befreiungskämpfen der Kreter gegen das türkische Joch eine bedeutende Rolle gespielt hat und deshalb heute ein nationales Denkmal ist.

Ausgangspunkt für Widerstandsbewegungen war das Kloster wegen seiner schwer zugänglichen Lage. So war es 1866 in der großen kretischen Revolution Sitz der Führer des Aufstandes, die von hier aus die Erhebung leiteten. Der Kommandant der türkischen Streitkräfte verlangte vom Abt Gavriil Marinakis die Auslieferung des Revolutionskomitees, sonst würde er das Kloster zerstören. Auf die Weigerung das Abtes hin marschierte der türkische Pascha mit einem Riesenheer am 7. November 1866 gegen Arkadi. Im Kloster befanden sich 964 Menschen, 325 davon waren Aufständische, die übrigen Frauen und Kinder. Als nach zwei Tagen der Widerstand zusammenbrach, steckten die Aufständischen das Pulvermagazin des Klosters in Brand und sprengten sich selbst zusammen mit zahlreichen eindringenden Belagerern in die Luft. Die Explosion des Klosters Arkadi wurde zum Symbol für die Opfer der kretischen Bevölkerung im Kampf um die Freiheit.

Einer Inschrift gemäß wurde das Kloster im 14. Jh. erbaut. Die 5.200 qm große Anlage ist festungsartig mit 1,20 m starken Außenmauern bewehrt. Die Klosterkirche, die dem Hl. Konstantin und der Verklärung Christi geweiht ist, wurde 1587 vollendet. Sie ist zweifellos der bedeutendste und besterhaltene Bau der ganzen Anlage. Im 18. Jh. hatte das Kloster eine große wirtschaftliche und geistige Blüte. Zeitgenössische Geschichtsschreiber berichten von seinen riesigen vollen Magazinen und Weinfässern sowie von seiner überaus reichen Bibliothek.

Der Komplex umfaßt unter anderm das Refektorium, einen Gästeteil, und die Mönchszellen. Die meisten Gebäude sind restauriert. Außerdem gibt es ein kleines Museum mit einigen wenigen byzantinischen Ikonen, liturgischen Gewändern u.a.m. In einem Gebeinhaus sind die Knochen der Opfer von 1866 aufbewahrt. Außerhalb des Klosters gibt es einen Touristenpavillon.

298. Der Eingang zu dem geschichtich bedeutenden Kloster Arkadi, das 24 km südöstlich von Rethymno liegt. 1866 zogen die Verteidiger des Klosters unter Führung des Abtes Gavriil vor, die Pulvermagazine in Brand zu stecken und den Tod zu finden, als sich den Türken zu ergeben. Von den Bauten des Klosters ist die Kirche der bedeutendste mit einem herrlichen Tor im Stil der Renaissance.

298

RETHYMNO: Rundfahrt 16

Thronos (19 km) - Apostoli (25 km) - Kalogeros - Monastiraki (35 km) - Apodoulou (53 km) - Rückfahrt über Agia Paraskevi - Agios Ioannis (56 km) - Gerakari (41 km).

3 km östlich der Stadt Rethymno nehmen wir die Abzweigung, die ins Tal von Amari führt. Von hier aus hat man eine schöne Aussicht. 2 km weiter liegt das malerische Dorf Prasies mit venezianischen Häusern. In der Friedhofskirche, die der Muttergottes, der Panagia, geweiht ist, haben sich Fresken aus dem 14. Jh. erhalten. Nach 11 km zweigt rechts eine Straße nach Myrtos und Goulediana ab, die auf die Landstraße Rethymno - Spili - Agia Galini führt (Rundfahrt 3). Nach 14,5 km Fahrt erreichen wir das Tal von Amari.

2,5 km weiter gibt es noch eine Abzweigung nach rechts. Bis zum Dorf Patsos haben wir ein 9 km langes Stück unasphaltierter Straße zu bewältigen, das schwierig zu befahren ist. Westlich des Dorfes befindet sich die Agios Antonios-Höhle, die von der mittelminoischen bis zur römischen Epoche eine bedeutende Kultstätte war. Nach 28,5 km kommen wir auf die Anhöhe mit der Ortschaft Apostoli. Es wird erzählt, daß die Römer hier die zehn Heiligen (Agii Deka) gefangen genommen haben, weshalb das Dorf den Namen Apostoli erhalten hat. In der Agios Nikolaos-Kirche haben sich Fresken aus dem 14. und 15. Jh. erhalten.

Etwa 1 km weiter liegt das Dörfchen Agia Fotini. Dank seiner vielen Quellen ist das Tal üppig mit Obstbäumen bewachsen. Oliven und Öl werden in der ganzen Präfektur erzeugt. Das Amari-Tal mit seinen etwa 40 Dörfern ist eine natürliche Verbindung zwischen der Nord- und der Südküste Kretas und war während der venezianischen und türkischen Herrschaft sowie im

299. Die Friedhofskirche des Dorfes Prasies (Gebiet von Amari), die der Panagia geweiht ist.

300. Die Kirche Agios Nikolaos in dem Dorf Apostoli, in der sich Wandmalereien des 14. und 15. Jhs. erhalten haben.

299

300

301

302

301. Das Dorf Meronas im Amari-Tal.

302. Das Bergdorf Kalogeros.

303. Die Kirche der Panagia in dem Dorf Thronos, die auf den Ruinen einer älteren Basilika erbaut ist.

304. Die Kirche der Panagia in dem Dorf Meronas, die Wandmalereien des 14. Jhs. besitzt.

Zweiten Weltkrieg ein Zufluchtsgebiet, von dem viele Erhebungen ausgingen.

Von Agia Fotini aus nehmen wir die Straße nach links. An der ersten Kurve zeigt ein Wegweiser in Richtung des 1 km entfernten Dorfes Thronos, das auf einem Teil der griechisch-römischen Stadt Sibrytos errichtet ist. Die antike Stadt war am Hang des Hügels auf übereinanderliegenden Terrassen erbaut.

Im Zentrum des Dorfes Thronos steht die Kirche der Panagia auf den Ruinen einer älteren Basilika. Innen ist sie mit Fresken aus dem 14. und 15. Jh. geschmückt. Bedeutend sind auch die Kirchen Agios Ioannis Theologos mit schönen Wandmalereien von 1347 und Agia Paraskevi aus dem 15. Jh. der Nähe des Dorfes Kalogeros.

Nach 35 km erreichen wir das 340 m hoch liegende Kloster Asomati (die körperlosen Engel), in dem seit 1931 eine Landwirtschaftsschule untergebracht ist, und das inmitten einer fruchtbaren, reich mit Wein und Obstbäumen bewachsenen Landschaft liegt. Rechts zweigt eine Straße zum Dorf Monastiraki ab, wo eine minoische Siedlung freigelegt wurde. Aus der byzantinischen Zeit hat sich die Kirche des Erzengels Michael, Archangelos Michail, erhalten. Weiter führt die Straße nach Amari, der Hauptstadt der gleichnamigen Provinz. Außerhalb des Ortes befindet sich die Kirche der Agia Anna mit den ältesten Fresken, die sich in Kreta erhalten haben, aus dem Jahr 1225. Wir fahren nun die Abzweigung zurück auf die Straße nach Vizari, das 360 m hoch liegt. 2 km westlich des Dorfes, in Ellinika, hat K. Kalokyris eine dreischiffige Basilika des 7. Jhs. ausgegraben. Nach 43 km Fahrt erreichen wir das Dorf Fourfoura (460 m ü.M.). In der Ortsmitte steht die Kirche der Panagia mit Fresken aus dem 14. und 15. Jh.

Nach 53 km befindet sich in der letzten Kurve vor dem Dorf Apodoulou (450 m ü.M.) links eine Siedlung und ein Kuppelgrab aus der spätminoischen Zeit. Beides wurde von K. Davaras ausgegraben. In dem Grab hat man vier Tonsarkophage gefunden, die im Museum von Chania ausgestellt sind. Direkt am Ortsausgang von Apodoulou zweigt eine gut asphaltierte Straße links zu den Dörfern Kamares, Zaros und Agia Varvara ab (siehe Rundfahrt 3), während die Straße rechts weiter nach Süden zum Küstenort Agia Galini führt.

Um unsere Rundfahrt durch das ganze Tal von Amari zu vollenden, nehmen wir die Straße nach Norden und erreichen nach 4,5 km das Dorf Agia Paraskevi. In der Mitte des Ortes steht neben der neuen Kirche ein byzantinisches Kirchlein mit beschrifteten Wandmalereien aus dem Jahr 1516. Der weite Blick hinunter auf die Südküste und das Libysche Meer ist phantastisch. Von Gerakari fahren wir weiter zum Dorf Meronas, um noch eine Kirche mit Fresken aus dem 14. Jh. zu besichtigen. Sie ist der Panagia geweiht. Nach weiteren 3 km gelangen wir wieder zum Dorf Agia Fotini und fahren von hier aus direkt nach Rethymno zurück.

303

304

RETHYMNO: Rundfahrt 17

Armeni (11 km) - Spili (30 km) - Melambes (50 km) - Agia Galini (62 km) - Asomati (30 km) - Abzweigung zum Kloster Preveli (37 km) - Plakia (37 km) - Sellia - Frangokastelo - Chora Sfakion.

Man verläßt die Stadt auf der Seite des Stadtparks nach Süden in Richtung Spili - Agia Galini. Nach 2 km Fahrt auf ansteigender Straße bietet sich ein weiter Ausblick auf die Stadt Retymno und Fortetsa. Nach 9 km Wegweiser rechts zu dem Dorf Somata. Auf der linken Seite der Straße nach Somata liegt der spätminoische Friedhof von Armeni, den der Archäologe Jannis Tzedakis freilegte. Es wurden Felskammergäber gefunden mit Larnakes mit außergewöhnlicher Verzierung (Museen Rethymno und Chania).

Das Dorf Armeni, das landwirtschaftliche Zentrum der Gegend, wurde 961 von armenischen Soldaten des byzantinischen Feldhern Nik. Phokas gegründet. Bei km 20 Abzweigung nach rechts zu den Dörfen Agios Vasilios, Agios Ioannis und Sellia. Die gute, asphaltierte Straße führt nach Spili (30 km) (Höhe 430 m), einem Bischofssitz, mit üppiger Vegetation und viel Wasser, malerischen Häusern und vier alten Kirchen. Sie führt dann weiter nach Melambes (50 km) und Agia Galini (62 km) (s. Rundfahrt 3).

Nach der Straßenkreuzung bei km 20, trifft man auf eine weitere Abzweigung mit Wegweiser nach rechts, nach Koxare und Plakia. Die schmale, kurvige Straße führt durch die karge Landschaft der Kourtalioti-Schlucht (2 km) und erreicht schließlich das Dorf Asomati (30 km), den Geburtsort der Familie Tsouderi. 1 km hinter dem Dorf gibt es eine Abzweigung nach links zu dem Kloster Preveli.

In einer Kurve sieht man aus 500 m Entfernung erstmals das eindrucksvolle Kloster Preveli. Heute leben nur noch zwei Mönche hier. Im Laufe der Jahrhunderte machte seine festungsähnliche Lage es zu einem Zufluchtsort der Verfolgten und zu einem Mittelpunkt aufständischer Bewegungen. Im 2. Weltkrieg gelang es Teilen der Einheiten der Commonwealth-Truppen, die an der Schlacht von Kreta teilgenommen hatten, von hierzu flüchten. Die Kirche des Klosters ist relativ neu (1836). Am Eingang zum Hof gibt es jedoch einen Brunnen mit dem Datum 1707, was auf die Existenz des Klosters seit der venezianischen Zeit hindeutet. Auf schwer begehbaren Fußpfaden kann man zur zauberhaften, aber steilen Felsküste mit versteckten Buchten hinuntersteigen.

Man kehrt wieder zur Straßenkreuzung südlich des Dorfes Asomati zurück und fährt nach links weiter bis Lefkogia. An der Straßenkreuzung am Ortsausgang folgt man der asphaltierten Straße nach links direkt bis Plaka (37 km). Es ist ein kleiner anmutiger Ferienort mit kleinen Hotels und Privatzimmern, der sich rasch entwickelt. Bei der Rückkehr auf der gleichen Straße biegt man nach links nach Mirthios ab (Höhe 400 m.). Die Straße nach Nordosten steigt an und führt durch eine beeindruckende Landschaft. Nach drei Kilometern kommt man zum Eingang der Kourtalioti-Schlucht, von wo aus die Abzweigung nach

305

rechts auf einer anderen Straße nach Agios Vasilios zurück und dann weiter nach Rethymno führt.

Drei Kilometer nach der Straßenkreuzung kommt man in das Dorf Sellia (Höhe 280 m), wo während des Freiheitskampfes von 1896 in einer blutigen Schlacht die Türken besiegt wurden, die nach Südkreta eindringen wollten. Nach 12 km erreicht man das Bergdorf Rodakino, das amphitheatralisch auf zwei Anhöhen erbaut ist. Hier wurde am 24. Mai 1821 die erste Fahne des Befreiungskampfes vom Abt des Klosters Preveli, Melchesidek Tsoudero, gehißt. Links Abzweigung zum Strand von Koraka (2 km). In Skaloti gibt es links eine Abzweigung nach Frangokastelo, wohin eine asphaltierte Straße führt (3 km). Vor der Festung erstreckt sich ein herrlicher Sandstrand mit flachem Wasser, der von Sandbänken geschützt wird.

Frangokastelo, das von den Venezianern fast direkt an der Küste erbaut wurde, hat einen rechtwinkligen Grundriß mit viereckigen Türmen an jeder Ecke. Das Mauerwerk ist sehr gut erhalten. Im Inneren der Festung hatten die Türken verschiedene Bauten errichtet.

Nach der Rückkehr auf die Hauptstraße fährt man nach Westen zwischen Feldern hindurch, die sich an den südlichen Ausläufern der Berge von Sfakia hinziehen. Die Straße ist asphaltiert. 11 km nach Frangokastelo trifft man die Hauptkreuzung der Straße Chania-Chora Sfakion. Die Abzweigung nach links führt nach Chora Sfakion, einem geschlossenen, malerischen Hafen, in dem in den Sommermonaten die kleinen Boote aus Agia Roumeli anlegen, die die Wanderer aus der Schlucht von Samaria bringen (s. Rundfahrt 22). Hier warten Busse auf sie zur Rückkehr nach Chania und Rethymno. Mit der Abfahrt der Busse endet der große Verkehr und der Hafen kehrt zu seinem normalen Leben zurück mit den Besuchern, die sich in Privatzimmern oder dem kleinen Hotel eingemietet haben. Auf der Anhöhe sind einige Überreste der alten Burg erhalten. Im 2. Weltkrieg konnte sich nach dem Ende der Schlacht von Kreta hier in der Nacht vom 31.5.1941 die Nachhut der neuseeländischen und australischen Einheiten unter Mithilfe der Bevölkerung von Sfakia absetzen.

305. Spili. Ein Dorf im Grünen mit viel Wasser, malerischen Häusern und alten Kirchen.

306. Sellia. Ein Bergdorf, das etwa 30 km von Rethymno entfernt liegt.

307. Skaloti. Ein kleines Dorf auf dem Weg nach Frangokastelo.

306

307

310

311

308. Das eindrucksvolle Kloster Preveli, ein Zufluchtsort der Verfolgten und Ausgangspunkt aufständischer Bewegungen.

309. Frangokastelo, das von den Venezianern dicht an der Küste erbaut wurde, mit sehr gut erhaltenem Mauerwerk. Vor der Festung erstreckt sich ein herrlicher Sandstrand.

310. Chora Sfakion. Der malerische Hafen, in dem in den Sommermonaten kleine Schiffe anlegen.

311. Der Ausgang der Koutralioti-Schlucht. Die kahle Landschaft mit den rauhen Felsen besitzt ihre eigene Schönheit.

RETHYMNO: Rundfahrt 18

Georgioupolis (21,5 km) - Vryses (26 km) - Chania (58 km). (Die neue Nationalstraße nach Chania verläuft an der Küste entlang, während die alte weiter landeinwärts durch Dörfer auf halber Gebirgshöhe führt).

Wir verlassen Rethymno auf der Igoumenou Gavrili-Straße nach Westen. Die neue Nationalstraße folgt der Küste bis zur Höhe von Georgioupolis (21 km). Die großen, bis 10 km langen Sandstrände sind hier noch nicht so stark bebaut wie in Ost- und Mittelkreta. Bei Dramia gibt es einen Camping-Platz.

Nach 13,5 km nehmen wir die Abzweigung in Richtung des Dorfes Episkopi (3 km). Kurz vor dieser Ortschaft biegen wir nach Westen zum Dorf Kournas ab, von wo uns eine unasphaltierte Straße zum Kourna-See, einem der beiden Seen auf der ganzen Insel Kreta, führt. Von Episkopi fahren wir in Richtung Süden nach Argyroupolis, das an der Stelle des antiken Lapa steht.

Nach 21,5 km nehmen wir von der Nationalstrasse die Abzweigung zum Küstenort Georgioupolis. Bei Kilometer 26 geht links eine Straße nach Vryses und rechts eine Abzweigung nach Vamos, der Hauptstadt der Provinz Apokoronou, ab. Nach 44 km erhebt sich rechts der Straße die große venezianische Festung mit dem türkischen Namen Itzedin, in der jetzt das Gefängnis von Chania untergebracht ist.

Nach 48 km führt links eine Abzweigung zum 3 km entfernten antiken Aptera (siehe Rundfahrt 20). Wir fahren jedoch weiter auf der Nationalstraße, die direkt an der Südküste der Souda-Bucht entlangläuft. Zwei kleine Inseln, die in der Antike Leukes hießen, liegen in der Einfahrt zur Bucht. Auf der größeren haben die Venezianer eine der bedeutendsten Festungen zum Schutz der Bucht vor feindlichen Schiffen errichtet. Der Bau erfolgte nach den damals modernsten Kenntnissen auf dem Gebiet der Festungsarchitektur, so daß es den Türken unmöglich war, das Kastell einzunehmen. Noch ein halbes Jahrhundert nachdem die Türken Kreta erobert hatten, behielten die Venezianer die Festung in der Souda-Bucht in der Hand, und viele verfolgte Christen konnten sich dorthin retten. Erst 1775 wurde die Festung vertraglich den Türken übergeben.

Der Hafen von Souda befindet sich an der Südseite im Innern der Bucht. In den letzten Jahrzehnten hat der nur 6,5 km von Chania entfernte Hafen einen großen Aufschwung erfahren und bildet für Chania und ganz Westkreta den wichtigsten Zugang zum Meer. Die großen Fährschiffe aus Piräus laufen diesen Hafen an.

Von hier aus führt die Nationalstraße weiter westwärts nach Chania. Direkt nach dem Hafen zweigt eine Straße in Richtung des Flugplatzes ab. Sie führt zum Soldatenfriedhof des Commonwealth, auf dem 1497 Gefallene, vor allem Neuseeländer und Australier begraben liegen, die in der Schlacht von Kreta im Mai 1941 ihr Leben gelassen haben.

312. Georgioupolis, ein Dorf am Meer mit kleineren touristischen Einrichtungen.

312

313

313. Der Kourna-See, einer der beiden Seen auf Kreta.

314. Das am Meer gelegene Dorf Kalyves, das sich in einer der schönsten Gegenden der Provinz Chania befindet.

314

CHANIA

Chania ist mit 50.000 Einwohnern die zweitgrößte Stadt Kretas. Zweifellos hat sie am besten ihren historischen Charakter bewahrt. Um das Kastell und den Hafen sind viele Gebäude, ja sogar ganze Stadtteile aus der venezianischen und türkischen Epoche zum Teil gut erhalten. Die neuen Viertel sind nach modernen Gesichtspunkten mit breiten Straßen, Parks und schönen Gebäuden angelegt. In dieser Stadt wird der Staatsmann Eleftherios Venizelos, der im Dorf Mournies bei Chania geboren wurde und unweit der Stadt auf der Halbinsel Akrotiri begraben liegt, besonders verehrt (siehe Rundfahrt 19).

Chania ist ein günstiger Ausgangspunkt, um Westkreta kennenzulernen, das zwar nicht so viele reiche Ausgrabungsstätten besitzt wie der mittlere und östliche Teil der Insel, dessen landschaftliche Schönheiten jedoch unübertroffen sind.

Chania wird von Athen, vom Westflughafen Eliniko, viermal täglich angeflogen. Der Flughafen von Chania liegt 14 km außerhalb der Stadt im südöstlichen Teil der Halbinsel Akrotiri. Er entspricht den Vorschriften für internationalen Flugverkehr, und im Sommer landen hier Chartermaschinen direkt aus dem Ausland. Vom Flughafen verkehren Busse der städtischen Verkehrsgesellschaft und von Olympic Airways. Die Endhaltesstelle befindet sich in der Tzanakaki-Straße gegenüber dem Stadtpark. Am Flughafen kann man Mietwagen leihen und Taxis nehmen, um in alle Teile der Insel zu fahren.

Chania ist mit Piräus durch Fährschiffe verbunden, die täglich den Hafen von Souda anlaufen. Von Piräus gehen die Schiffe am späten Nachmittag ab und kommen in den frühen Morgenstunden in Souda an, von wo Busse zum städtischen Markt im Zentrum von Chania fahren.

In der Stadt und ihrer Umgebung gibt es zahlreiche Hotels aller Kategorien, Pensionen, eine Jugendherberge in der Drakonianou-Straße 33 sowie viele Restaurants und Tavernen, die sich im Zentrum und vor allem am Hafen befinden. Hier ist im Sommer, besonders am Abend, viel Betrieb.

Der nächste Strand ist in Nea Chora und in 20 Minuten zu Fuß zu erreichen, aber es gibt auch Busse von der Platia 1866 nach Kalamaki und Galata. Schöne und verhältnismäßig nahe gelegene Strände befinden sich auch an der Straße nach Kasteli in der Provinz Kisamos (siehe Rundfahrt 24). Zwischen Chania, Rethymno und Iraklio sowie den Orten in Westkreta verkehren häufig Busse. Die Reisebüros veranstalten Besichtigungsfahrten zu den Sehenswürdigkeiten Kretas. Auskünfte bekommt man in den Büros des Fremdenverkehrsamtes EOT oder im Hotel.

Die größte Veranstaltung in Chania sind die Feierlichkeiten anläßlich des Jahrestages der Schlacht von Kreta, die in der letzten Woche im Mai durchgeführt werden. Der arbeitsfreie Tag wird mit Gottesdiensten, Prozessionen und Volksfesten begangen. Aus ganz Kreta strömen viele Leute nach Chania. Deshalb ist es in dieser Woche schwierig, ein Zimmer zu reservieren. In den letzten Jahren werden diese Veranstaltungen periodisch an verschiedenen Orten der Präfektur durchgeführt.

Wichtige Telefonnummern (Vorwahl 0821)

E.O.T., Akti Tompazi 6, Tel.: 26426. Olympic Airways, Tzanakaki-Str. 88, Tel.: 27701. Schifffahrtsgesellschaft ANEK, Sof. Venizelou-Platz Tel.: 23636. Minoikes Grammes Chalidon-Straße 8, Tel.: 24352. Allgemeines Krankenhaus, Dragoumi-Straße, Tel.: 89307. Archäologisches Museum, Chalidon-Straße 21, Tel.: 24418. Historisches Archiv und Museum, Sfakianaki-Straße 20, Tel.: 22606

Die Geschichte der Stadt

Chania ist an der Stelle des antiken Kydonia errichtet. Die Ausgrabungen, die 1965 vom Archäologen I. Tzedakis in Angriff genommen wurden, bestätigen, daß der Ort in der früh- und spätminoischen Zeit besiedelt war und auch nach der Zerstörung von Knossos ein blühendes Gemeinwesen war. Die Stadt bestand auch noch in der geometrischen und klassischen Epoche, was durch die wenigen Funde bezeugt wird, die auf Kasteli gemacht wurden. Die dichte Bebauung erschwert dort allerdings die Ausgrabungen. Auch für die römische Zeit gibt es Zeugnisse, daß Kydonia eine blühende Stadt war. Unter der venezinischen Herrschaft wurde Chania neu errichtet und erfuhr einen wirtschaflichen und geistigen Aufschwung. Auf dem Hügel Kasteli oberhalb des Hafens erbauten die Venezianer einen Palast, eine Kathedrale, ein Theater und Adelshäuser. 1537 sahen sich die Venezianer gezwungen, aus Furcht vor einem Einfall der Türken, die gesamte Stadt zu ummauern. Architekt war der Italiener Sammicheli, der auch die Festung um Iraklio gebaut hatte. Das Kastell von

315. Chania, die zweitgrößte Stadt Kretas, hat mehr als andere Städte ihren ursprünglichen Charakter bewahrt.

316

317

Chania hielt jedoch nicht in demselben Maße dem feindlichen Ansturm stand und wurde 1645 nach nur zwei Monaten Belagerung von den Türken eingenommen. 1851 wurde der Sitz der osmanischen Verwaltung ganz Kretas nach Chania verlegt. Während der Kretischen Revolution fand die muselmanische Landbevölkerung Zuflucht in der befestigten Stadt Chania, die die Aufständischen nicht erobern konnten. In dieser Situation kam es wiederholt zu Ausschreitungen der muselmanischen Bevölkerung gegen die Christen innerhalb der Stadtmauern.

Nach der Befreiung von den Türken im Jahre 1898 wurde Chania Hauptstadt des autonomen Kretischen Staates unter dem Hochkommissar Prinz Georg.

Besichtigung der Stadt

Wir beginnen mit dem Stadtmarkt, einem stattlichen Gebäude mit kreuzförmigem Grundriß aus dem Jahr 1911. Es befindet sich im Zentrum der Stadt an der Platia 1897 und beherbergt Fleisch-Fisch-, Obst- und Gemischtwarenstände. Vom Stadtmarkt geht die Tzanakaki-Straße aus, an der verschiedene Banken und Reisebüros, das Büro von Olympic Airways und der Stadtpark liegen. In unmittelbarer Nähe des Parks befindet sich das Historische Archiv von Chania. Nordöstlich des Parks erstreckt sich das schöne Viertel Chalepas, in dem auch Prinz Georg seine Residenz hatte und Eleftherios Venizelos wohnte.

Eine malerische Straße, die in die Altstadt und zum Hafen führt, ist die Odos Chalidon westlich der Agora (Markt). Hier gibt es Altwarenläden und Geschäfte mit Lederwaren und Artikeln für Touristen. Etwas weiter befindet sich die große Agia Triada-Kirche, die Mitropolis. Am Platz steht eine Statue des ökumenischen Patriarchen Athenagoras. Das Gebäude mit den Kuppeln an der Nordwestseite des Platzes war ein türkisches Bad. In der renovierten venezianischen Kirche des Hl. Franzikus ist jetzt das Archäologische Museum untergebracht. Die Chalidon-Straße führt zum Hafen hinunter. Hier gibt es in venezianischen und türkischen Gebäuden, die instandgesetzt sind, viele Restaurants, Tavernen und Nachtlokale.

316. Malerische Tavernen, zahlreiche Restaurants und Lokale geben dem Hafen seinen eigenen Charakter.

317. Im Hafen von Chania mit seinen alten venezianischen und türkischen Bauten gibt es heute viele Läden.

318

In einer renovierten Moschee von 1645 an der Ostseite der Hafenmole ist das Fremdenverkehrsamt E.O.T. untergebracht. Im Osten direkt hinter dem E.O.T.-Büro erhebt sich der Hügel Kasteli.

Der Hafen wird von einem venezianischen Wellenbrecher aus riesigen Felsbrocken geschützt, in dessen Mitte sich die Überreste einer Festung befinden. Das Schmuckstück des Hafens ist jedoch sein venezianischer Leuchtturm, der von den Ägyptern repariert wurde. An der Süd- und Ostseite des Hafens haben sich beeindruckende Schiffswerften (neoria), die von den Venezianern am Ende des 15. Jhs. erbaut wurden, gut erhalten. Von den 23 Gewölben, die ehemals die Werften überdachten, gibt es heute nur noch neun. Nordwestlich des Hafens steht noch eine Reihe bedeutender Baudenkmäler aus der venezianischen Zeit wie das Renieri-Tor in der Odos Theofanous, einer Seitenstraße der Odos Zampeliou, und das venezianische Megaron in der Zampeliou-Straße 43-45, ein Adelshaus mit

318. Der Hafen von Chania. Das Gebäude mit den Kuppeln war eine türkische Moschee.

lateinisch beschriftetem Wappen. Sehr malerisch ist die in der Nähe gelegene Odos Theotokopoulou mit ihren Volkskunstläden. Beim Rundgang durch die Altstadt mit ihren venezianischen Gebäuden kann man eine Unzahl interssanter Motive zum Fotografieren entdecken. Am Nordwestrand des Hafens befindet sich der renovierte Firkas-Turm, in dem jetzt das Marinemuseum und ein Freilichttheater untergebracht sind. Der Firkas-Turm ist mit der Befreiung Kretas eng verbunden. Hier wurde am 16. Februar 1897 anläßlich der Erklärung Kretas zum autonomen Staat die Fahne der Großmächte gehißt. Als Kreta am 1. Dezember 1913 mit Griechenland vereinigt wurde, hißte König Konstantin im Beisein des kretischen Freiheitskämpfers Eleftherios Venizelos hier an demselben Mast die griechische Fahne.

DAS ARCHÄOLOGISCHE MUSEUM

(Geöffnet 8.00 bis 19.00 Uhr, sonn- und feiertags 9.00 bis 18.00 Uhr, dienstags geschlossen).

Das Museum ist in dem Bau der renovierten venezianischen Franziskuskirche in der Odos Chalidon untergebracht.

Es umfaßt beeindruckende Funde aus der Präfektur Chania und ganz Kreta von der neolithischen bis zur römischen Zeit. Besonders beeindruckend sind die bemalten Totenurnen aus der spätminoischen Periode, Gefäße und Idole der früh-, mittel- und spätminoischen Zeit, hellenistische und römische Statuen sowie bewundernswerte römische Mosaikfußböden. Die meisten Exponate sind noch nicht veröffentlicht und dürfen deshalb nicht fotografiert werden. Die Vitrinen sind beschriftet.

Wir beginnen die Besichtigung links:
Vitrinen 1, 2, 3, und 4: neolithische und minoische Gefäße aus der Höhle bei Platyvola.
Vitrine 4: besonders interessant die Dreifußpyxis, eine der größten, die es gibt.
Vitrine 5: Werkzeuge und Gefäße aus Stein.
Vitrinen 6-9: vor allem früh-, mittel- und spätminoische Gefäße.
Vitrine 10: Tafeln mit Hieroglyphen und Siegelsteine mit Linear-B-Schrift aus Chania.
Vitrinen 11, 12, 13, 14: spätminoische Keramik vom Kasteli-Hügel in Chania.
Vitrinen 23, 24, 25: protogeometrische und geometrische Gefäße aus verschiedenen Gebieten.
Vitrinen 17, 29 (in der Raummitte): spätminoische Werkzeuge, Dolche, Spiegel und Doppeläxte aus Chania.
Vitrine 26: große geometrische Gefäße aus der Gräberstätte von Gavalomouri. Im rückwärtigen Teil des Raumes drei Mosaikfußböden und eine beeindruckende Sammlung von Skulpturen: Kinderstatuen aus dem Asklepiosheiligtum von Lissos, eine kleine Aphroditefigur aus Kydonia, ein Philosophenstandbild aus Elyros und die hervorragende Statue eines Epheben, die ebenfalls aus Lissos stammt.
Auf der anderen Seite des Raumes beginnen wir mit der:
Vitrine 39: klassische und hellenistische Statuetten. Beeindruckend ist eine kleine Nachbildung eines Schildes aus Ton. 5 Jh. v. Chr.
Vitrine 32: Tongefäße aus dem Zeitraum vom 6.-3. Jh. v. Chr.
Vitrinen 30, 28: dädalische Statuetten.
Vitrine 27: geometrische Gefäße und Statuetten sowie zwei Kinderspielzeuge.
Vitrinen 33, 36: archaische und hellenistische Gefäße.
Vitrine 35: Sammlung von Münzen aus verschiedenen Epochen von der archaischen bis einschließlich der venezianischen Zeit.
Vitrine 37: Pyxiden und sonstige Gefäße sowie Statuetten aus der klassischen und hellenistischen Zeit.
Vitrine 38: Glasgefäße aus der hellenistisch-römischen Zeit und unbearbeitete Glasmasse aus Tarra.
Vitrine 16: Sammlung von spätrömischen Siegelsteinen.
Vitrinen 18, 19, 20: spätminoische Ton- und Metallgefäße aus Chania.
Vitrine 21: spätminoische Bronzephiale mit Linear-A-Schrift.

319. Kopf einer schönen Tanagräerin vom praxitelischen Typus, aus feinem, weißlichem Ton, mit gerolltem Kranz und Efeublättern. Die Bemalung und die Vergoldung des Schmuckes sind noch erhalten. Gefunden in einem in den Fels gehauenen Familiengrabmal in Chania. Ende des 4. Jhs. v. Chr.

319

320

320. Tonnachbildung eine Schildes mit der Darstellung von Kämpfern. 5. Jh. v. Chr. Aus der Arkoudiotissa-Höhle (Akrotiri/Provinz Chania).

321. Tonpyxis mit der Darstellung eines Kitharöden und fliegenden Vögeln, spätminoisch III B (1310-1200). Außergewöhnliches Beispiel einer lokalen Werkstatt. Kalami/Provinz Chania.

322. Gefäß in Kürbisform - eine seltene Keramikform, spätminoisch III. Chania.

321

322

323

323. Hauptansicht einer Tonurne mit mehrfarbiger Dekoration. In einem Metopenfeld ist eine Hirschjagd und in dem anderen sind Bergziegen dargestellt. Aus dem Friedhof von Armeni/Provinz Rethymno. Spätminoisch III (1400-1200 v. Chr.).

324. Farbige Salbölgefäße aus Glas in Alabastronform vom sogenannten phönizischen Typus. Es handelt sich um Grabbeigaben einer Frauenbestattung im Familiengrabmal in Chania. Ende des 4. Jhs. v. Chr.

324

325. Marmorstatue der Artemis aus griechischrömischer Zeit. Aus dem Heiligtum der Diktynna - einer vorgiechischen Gottheit, die in historischer Zeit mit Artemis gleichgesetzt wurde - in Menies bei Kisamos.

326. Kleine Marmorstatue der Aphrodite vom Typ der Knidierin, aus späthellenistischer Zeit. Chania (das historische Kydonia).

325

326

327. Kopf eines archaischen Idols mit Diadem aus dem Heiligtum von Axos/Provinz Rethymno.

328. Reliefplatten aus Ton: a) Apollo und b) Artemis. 5. Jh. v. Chr. Aus der Arkoudiotissa-Kulthöhle (Akrotiri/Provinz Chania).

327

328

329. Weibliches Tonidol, dessen Kleidung bemerkenswerte Elemente aufweist. Die Vielfarbigkeit des Gewandes hat sich erhalten. Beispiel für eine koroplastische Komposition, die verschiedene Typen der frühen hellenistischen Zeit verschmilzt. Aus dem Familiengrabmal in Chania.

329

330

331

332

330. Aus dem römischen Haus des Dionysos in Chania stammen zwei herrlich Fußbodenmosaiken des 3. Jhs. n. Chr. mit Darstellungen aus der dionysischen Welt. Hier: die Personifikation des Sommers (Detail).

331. Dionysos und Pan aus dem Haus des Dionysos.

332. Hauptdarstellung des Mosaiks des gleichen Hauses. Abgebildet ist der Mythos von der Entdeckung Ariadnes durch Dionysos auf Naxos.

333. Poseidon und Amymone vom Fußbodenmosaik eines anderen römischen Hauses des 3. Jhs. n. Chr. in Chania.

33

CHANIA: Rundfahrt 19

Akrotiri (Venizelos-Grab 4,5 km) - Klöster Agia Triada (14 km) und Gouverneto (18 km).

Akrotiri ist die Halbinsel nordöstlich von Chania, durch die die Souda-Bucht von Nordwinden geschützt wird. Auf Akrotiri befinden sich das Grab von Eleftherios Venizelos und die Klöster Agia Triada und Gouverneto sowie der Flughafen von Chania.

Wir fahren die El. Venizelou-Straße nach Osten in Richtung des Flughafens. Nach 4,5 km biegen wir links zum Profitis Ilias-Hügel ab, wo ein Denkmal von Eleftherios Venizelos steht, und wo er selbst und sein Sohn Sofoklis begraben liegen. Das Grab, das durch seine Schlichtheit beeindruckt, liegt an der von Venizelos selbst bezeichneten Stelle, von der man einen weiten Blick über die von ihm so geliebte Stadt Chania hat. Von der Straße, die zum Flughafen führt, biegen wir, den Wegweisern folgend, links zum Kloster Agia Triada ab, das von Chania 14 km entfernt ist.

Das Kloster liegt am Fuß des Berges Tzombomylos. Es wurde im 17. Jh. von zwei venezianischen, zum orthodoxen Glauben übergetretenen Mönchen aus der Familie Zangarola gegründet.

Die Kirche der Heiligen Dreifaltigkeit, Agia Triada, befindet sich in der Mitte der Klosteranlage und hat zwei Seitenkapellen, die der Zoodochos Pigi, der Muttergottes als Lebensquelle, bzw. dem Hl. Johannes dem Theologen geweiht sind. Es handelt sich um eine Kreuzkuppelkirche, deren Fassade von der venezianischen Baukunst beeinflußt ist. Der hohe, die Anlage beherrschende Glockenturm wurde 1864 errichtet. Im 19. Jh. bestand eine theologische Schule im Kloster.

4 km weiter liegt das Kloster Gouverneto. Das

334

334. Der Hügel Profitis Ilias mit dem Denkmal und Grab von Eleftherios Venizelos.

Kloster ist von einer Wehrmauer umgeben, die im Grundriß die Form eines Parallelogramms hat und an den vier Ecken mit quadratischen Türmen versehen ist. In der Klostermitte erhebt sich die mit einer Kuppel überdeckte Kirche, die der Einführung Mariens in den Tempel (Isodia tis Theotokou) geweiht ist und zwei Seitenkapellen besitzt, die der Agii Deka, der zehn Heiligen, und die des Agios Ioannis Xenos oder Ermitis, des Hl. Johannes des Eremiten. Ein Fußpfad führt in einer halben Stunde zu der Höhle, in der der Eremit Johannes lebte und gestorben ist. Auf dem Weg kommen wir nach etwa 10 Minuten an der Arkoudiotissa-Höhle vorbei, in deren Eingang ein Kirchlein der Panagia, der Muttergottes steht. Im Höhleninneren befindet sich ein Stalaktit. Die Untersuchungen, die der Archäologe K. Davaras in der Grotte durchführte, ergaben, daß hier die Göttin Artemis in Gestalt eines Bären verehrt wurde. Die heutige Kapelle ist der Panagia Arkoudiotissa (arkouda „Bär“) geweiht.

Wir folgen nun dem Pfad weiter und entdecken nach einiger Zeit die Überreste des Klosters Katholiko. Die Höhle, in der der Eremit Johannes begraben liegt, befindet sich am Ende der Treppe. Nach Chania können wir auf demselben Weg oder über die Dörfer Stavros und Kounoupidiana zurückkehren.

335

335. Das Kloster Gouverneto. Der Hof des Klosters.

336. Das Kloster Agia Triada, das im 17. Jh. erbaut wurde.

337. Das Kloster Agia Triada ton Tzangarolon.

336

337

0
10
20
30
N
Eingang
Besichtigungsroute
Sintersäule
Stalagmit
Versturzbrocken
Trockenmauer
Wasser
Bodenneigung
GOUVERNETO
CHANIA

GOUVERNETO-HÖHLE

Geschichte

Die Höhle liegt in Avlaki Kidonio in 800 m Höhe. In diesem Gebiet befand sich früher das Kloster Kyvernio (ital. Governeto), das von Piraten zerstört wurde. Dem Kloster verdankt die Höhle ihren Namen. Aus Sicherheitsgründen waren die Mönche gezwungen, das neue Kloster gleichen Namens an einem eine halbe Stunde entfernten Ort zu errichten. Es hat sich bis heute in ausgezeichnetem Zustand erhalten. Rechts vom Höhleneingang gibt es eine kleine, dem Hl. Johannes dem Einsiedler geweihte Kapelle, die aus dem Felsen herausgehauen ist. Am Namenstag des Heiligen versammeln sich hier viele Wallfahrer. Die meisten gehen bis zum Ende der Höhle, wo der Heilige Buße übte und gestorben sein soll. Das Wasser, das sich links vom Eingang in einem Becken sammelt, gilt als heiliges Wasser.

Besichtigung

Das Innere der Höhle steigt an. In der Tiefe erkennt man eine Reihe gewaltiger Säulen und eindrucksvoller Stalagmiten, die das Bett des ehemaligen unterirdischen Flusses der 135 m lang war und eine Fläche von 1500 qm bedeckte, in zwei Hälften teilen. Einander folgende Säle sind jeweils durch eindrucksvolle Säulen und Stalagmiten abgeteilt. Der letzte Raum ist der größte. Hier soll der Heilige als Eremit gelebt haben und gestorben sein. Am Ende der linken Wand bildete sich in einer Höhe von etwa 1 m aus Tropfstein ein kleiner Wandvorsprung mit flacher Oberfläche. Man nutzt ihn als Altar, auf dem eine Ikone des Heiligen steht.

338. Plan der Gouverneto-Höhle. Von Anna Petrocheilou.

339. Eine Reihe von Sintersäulen trennt der Länge nach die Höhle in zwei Teile.

340. Gewaltige Vorhangstalaktiten in der Mitte der Höhle.

339

340

CHANIA: Rundfahrt 20

Kloster Chrysopigi (3 km) - Aptera (16 km) - Stylos (38,5).

Man verläßt Chania auf der Straße nach Souda. Nach 2 km zweigt nach rechts eine malerische Straße mit Eukalyptusbäumen ab und führt zum Eingang des gut erhaltenen Klosters Chrysopigi. *(Geöffnet 8.00-12.00 und 15.00-18.00 Uhr).*

Von der Familie Chartophylaka wurde im 16. Jahrundert ursprünglich ein byzantinisches Katholikon gegründet, das in der Mitte des heutigen Heiligtumes liegt. Das Kloster ist von Mauern umgeben. Südlich des Klosters Chrysopigi, nahe des Dorfers Nerokourou, wurde eine minoische Siedlung mit einem bedeutenden Landhaus aus der Zeit der Neuen Paläste entdeckte, das einzigartig für Westkreta ist.

Bei km 4 ist der Hafen von Souda (s. Rundfahrt 18). Bei km 5 erreicht man die Nationalstraße nach Rethymno. Bei km 12,5 rechts Ausfahrt nach Aptera. Die enge Straße, die in Kurven ansteigt, ist asphaltiert. Bei km 13,5 das Dorf Megala Chorafia, wo die Abzeigung links zu dem antiken Aptera führt (2 km). Ein Panoramablick auf die Bucht von Souda von dem Gipfel des Hügels (200 m Höhe) belohnt für die mühselige Fahrt. Die Straße führt weiter durch die kleine Ebene, rechts vorbei an der Abzweigung zum Ausgrabungsgelände, bis zu der wiederaufgebauten türkischen Festung, die die Bucht von Souda und die ganze Küste beherrscht. Der Ausblick ist hinreißend. Nach Osten überblickt man die ganze Küste und die Kyliari-Ebene. Nach Westen, neben der Nationalstraße, liegt die mittelalterliche Festung Idzedin und gegenüber die Bucht von Souda mit den Werften und den kleinen Inseln. Auf einer von ihnen - der Insel Souda - hat sich eine venezianische Festung erhalten. Im Hintergrund schließt die Halbinsel Akrotiri den Horizont ab. Im Süden erhebt sich das eindruckvolle Gebirgsmassiv der Lefka Ori, die in den Winter- und Frühlingsmonaten tatsächlich schneeweiß sind.

In dieser bezaubernden Landschaft, die den Eingang zur Bucht von Souda beherrscht, wurde im 7. Jh. v. Chr. Aptera erbaut, das einer der mächtigsten Stadstaaten Kretas war. An vielen Stellen sind noch die Stadtmauern der antiken Stadt erhalten. Die Überlieferung führt den Namen auf die Sirenen zurück, die ihre Flügel verloren aus Kummer darüber, daß sie in einem musikalischen Wettstreit von den Musen besiegt worden waren. Die Sirenen stürzten nach der mythischen Überlieferung ins Meer, wodurch die kleinen Inseln am Eingang der Bucht entstanden. Bei der Rückkehr von der türkischen Festung Idzedin (etwa 500 m) biegt man nach links zum Ausgrabungsgelände auf dem Gipfel des Hügels ab, wo die Reste eines kleinen Tempels aus dem 2. Jh. v. Chr. erhalten sind. In der Nähe liegen die Ruinen des venezianischen St. Johannes-Klosters. Auf einem schmalen Fußweg hinter dem Kloster erreicht man die römischen Zisternen, große und eindrucksvolle, überwölbte Anlagen, die sehr gut erhalten sind.

Von Megala Chorafia kann man bis nach Stylos weiterfahren (38,5 km). Vor dem Ort Stylos und nach der Abzeigung nach Malaxa wurde links auf einem Hügel ein Teil einer minoischen Siedlung und ein spätminoisches Kuppelgrab ausgegraben.

Vom Ortsausgang von Stylos führt nach rechts eine ansteigende, kurvenreiche Straße (5 km), die zwar asphaltiert, aber in schlechtem Zustand ist, in das in 400 m Höhe gelegene Dorf Samona (29 km). Hier stellte man eine neolithische und spätminoische Siedlung fest. Zwei bronzene Doppeläxte aus minoischer Zeit wurden in dieser Siedlung gefunden. Man fährt auf dieser Straße oder über Malaxa und Mournies zurück.

341. Die Weißen Berge (Lefka Ori). Ein Bergzug, der in den Winter- und Frühlingsmonaten tatsächlich schneeweiß ist.

341

CHANIA: Rundfahrt 21

Vryses (33 km) - Askyfou (51 km) - Chora Sfakion (73 km).

Die Straße durchquert die Insel von Norden nach Süden und führt über die Ortschaft Vryses.

Von Chania fahren wir nach Osten auf die Nationalstraße Chania-Rethymno (siehe Rundfahrt 18). Nach 33 km zweigen wir nach Vryses ab, einem schönen Dorf mit Platanen und üppigem Pflanzenwuchs. Wir sind jetzt in der historisch bedeutenden Provinz Apokoronou. Nach 39 km zweigen wir links nach dem 310 m hoch liegenden Alikambos ab, wo es eine Kirche der Panagia aus dem 14. Jh. mit gut erhaltenen Fresken gibt. Die Geschichte der Kirche ist bei Ioannis Pagomenos aufgezeichnet.

Die Straße steigt weiterhin an. Nach einiger Zeit erreichen wir das Krapis-Tal. Im Süden des Tales beginnt die Schlucht Longos tou Katre, die 'Thermopylen von Sfakia', in der bedeutende Kämpfe der Kreter gegen die Venezianer und Türken stattgefunden haben. Die Schlucht ist etwa 2 km lang, ansteigend und sehr schmal.

Die Steilwände sind mit Maccia und Zypressen bewachsen. Während der Revolution von 1821 haben die Sfakioten hier ungefähr 400 Türken massakriert, um ihr Gebiet zu verteidigen. Am Ausgang der Schlucht bietet sich uns ein wunderbarer Blick. Vor uns dehnt sich die grüne Hochebene von Askyfos aus, die rings von hohen Gipfeln umgeben ist: Kastro mit 2218 m, Trypali 1493 m, und Angathes 1511 m. Zwischen Obst- und Walnußbäumen werden auf den fruchtbaren Feldern der Ebene vor allem Kartoffeln und Wein angebaut.

Nach 51 km Fahrt erreichen wir das Dorf Askyfos (720 m ü.M.), wo man Privatzimmer mieten kann. Hier gibt es auch Geschäfte, Cafés und Restaurants. Es lohnt sich, die Käsepasteten, eine Lokalspezialität der Provinz Sfakia, zu versuchen.

Die Straße führt weiter an der Westseite der Hochebene entlang und beginnt dann wieder zu steigen. Nach 54 km führt links eine Abzweigung zum Dorf Asfendou (770 m ü.M.). Wir folgen der Straße nach Chora Sfakion und erreichen nach kurzem eine Stelle, von der man das Libysche Meer erblickt. Jetzt geht die Straße bergab und führt durch die 6 km lange Schlucht von Impros, ihren Windungen folgend. Trotz der vielen Kurven ist die Straße sicher befahrbar. Zwischen den hohen, steilen Wänden bieten sich herrliche Ausblicke nach Süden. Am Ende der Schlucht zeichnen sich im Osten die Burg Frangokastello, die Paximadia-Inseln und die Küsten der Mesara-Bucht ab. Am Fuß der Berge von Sfakia zweigt eine Straße links zur Burg Frangokastelo ab (s. Rundfahrt 17).

Man fährt nach rechts weiter und erreicht (nach 3 km) Chora Sfakion (s. Rundfahrt 17). Chora Sfakion ist ein günstiger Ausgangspunkt um die Dörfer und Strände an der Südküste Kretas wie Loutro, Agia Roumeli, Sougia, Paläochora und die Insel Gavdos kennenzulernen.

342. Die tiefgrüne Ebene von Askyphos.

343. Das Dorf Loutro in Südkreta.

342

343

CHANIA: Rundfahrt 22

Alikianos (14,5 km) - Fournes (15 km) - Lakki (24 km) - Omalos (40 km) - Samaria-Schlucht (Eingang 44 km) - Ausgang bei Agia Roumeli (60 km).

Viele Reisende besuchen Kreta nur, um diese Fahrt zu machen und zu Fuß durch die berühmte Samaria-Schlucht zu wandern. Bei diesem Ausflug fährt man die erste Strecke bis nach Xyloskalo (44 km) in der Hochebene von Omalos im Gebirge Levka Ori mit einem Verkehrsmittel, um den Abstieg durch die Schlucht zu Fuß zu bewältigen. Für die etwa 18 km bis nach Agia Roumeli am Libyschen Meer braucht man bei mittlerer Geschwindigkeit ungefähr sieben Stunden.

Wenn man die Schlucht durchwandern will, sollte man an einer organisierten Exkursion teilnehmen oder einen KTEL-Bus benutzen, um an den Eingang bei Xyloskalo (44 km) zu gelangen. Es ist nicht empfehlenswert, mit dem Privatauto nach Xyloskalo zu fahren, weil man dann am nächsten Tag die Strecke zurücklaufen muß. (Anweisungen für die Rückfahrt sind am Ende dieses Kapitels zu finden).

Wir verlassen Chania in westlicher Richtung auf der Straße nach Kisamos. Nach 1,5 km zweigen wir nach Alikianos und Omalos in Richtung Süden ab. Die Straße führt etwa 15 km durch die dichten Orangenhaine des Keritis-Tales. Dies ist mit etwa einer Million Bäumen eines der reichsten Anbaugebiete von Citrusfrüchten auf Kreta. Nach 13 km zweigen wir rechts nach Alikianos (1 km) und Koufos ab. Kurz vor dem Ortseingang von Alikianos biegt eine Asphaltstraße links nach Sougia am Libyschen Meer ab (s. Rundfahrt 23).

Im Dorf Alikianos steht rechts an der Hauptstraße die kleine reizvolle byzantinische Kirche Agios Georgios aus dem 13. Jh. mit Fresken von

344

345

1430, die von dem Maler Pavlos Provatas stammen. Schräg gegenüber sind die Reste des venezianischen Turmes von Damolinos erhalten. Von der Straße nach Koufos geht 500 m vor dem Ortseingang rechts ein schmaler Fußpfad ab, der zu der 50 m entfernten byzaninschen Kirche Agios Ioannis (Ai Kyr Gianni) mit schönen Fresken aus verschiedenen Perioden führt. Die Kirche wird restauriert und ihre Wandmalereien gesäubert.

Wir kehren nun auf die Landstraße nach Omalos zurück und erreichen nach 15 km Fahrt das Dorf Fournes, von dem links eine Abweigung in das 5 km entfernte Meskla geht, das inmitten von dichten Apfelsinenhainen liegt. Vom Ortseingang führt ein bergansteigender Pfad links zu einer Kapelle mit gut erhaltenen Fresken vom Anfang des 14. Jhs., die von den Malern Theodoros und Michael Veneris ausgeführt wurden. Am Ortsausgang steht eine alte Panagia-Kirche, die auf den Fundamenten einer Basilika aus dem 5.-6. Jh. errichtet ist, wie an den Mosaikresten zu erkennen ist. Dahinter wurde 1970 eine riesige moderne Kirche im Stil der russischen Architektur erbaut. In der hellenistischen und römischen Zeit bestand hier eine Stadt, deren Name aber noch nicht bekannt ist.

Ab Fournes beginnt die Straße mit vielen Kurven an der Nordwestseite der Weißen Berge, Levka Ori, in die Omalos-Hochebene zu steigen, und die Fahrt wird schwieriger. Nach 24 km kommen wir in den historisch bedeutenden Ort Lakki, der in allen kretischen Revolutionen und während der deutschen Besatzung eine wichtige Rolle gespielt hat. Hier wurde der Führer der Aufständischen Chatzimichalis Giannaris geboren, der in der zweiten Hälfte des 19. Jhs. aktiv war.

Nach 39 km Fahrt erreichen wir den höchsten Punkt unserer Fahrt auf dem 1200 m hohen Paß. Vor uns erstreckt sich nun die trockene Landschaft der Omalos-Hochebene (1080 m ü.M.). Durch den Schutz der hohen Berge ringsum war die Ebene jahrhundertelang und besonders in der Türkenzeit ein uneinnehmbares Zufluchtsgebiet kretischer Aufständischer und Verfolgter. Früher wurden hier Kartoffeln und Getreide angebaut,

344. Die Kirche Agios Georgios (13. Jh.) mit Wandgemälden des Malers Pavlos Provatas.

345. Die byzantinische Kirche Agios Ioannis in Kophos.

346. Schneebedeckter Gipfel der Lefka Ori.

347. Das historisch bedeutsame Dorf Lakki, das in allen kretischen Aufstandsbewegungen eine bedeutende Rolle spielte.

346

347

348

aber heute wird das Gebiet nur noch als Weideland einer Viehzucht genutzt, deren Bedeutung im Schwinden ist.

Mitten in der Hochebene liegt die kleine Siedlung Omalos, die zwei drei, in der Hochsaison geöffnete Tavernen hat. Am Ortseingang erhebt sich links auf einem Hügel in beherrschender Lage das Haus von Chatzimichalis Giannaris und daneben befindet sich das Grab des Freiheitskämpfers.

5 km weiter errichen wir das Südende der Schlucht an der Stelle Xyloskalo, wo es einen Touristenpavillon und ein kleines Gästehaus gibt. Hier beginnt der Abstieg in die Schlucht von Samaria, der längsten von ganz Europa. Je nach Geschwindigkeit braucht man 5 bis 8 Stunden, um die Schlucht zu durchqueren. Die Wanderung ist sehr beschwerlich, weil der Weg größtenteils bergab führt. Es wird darauf hingewiesen, daß die Schlucht zum Nationalpark erklärt wurde. Aus diesem Grund ist es verboten, hier zu nächtigen.

Xyloskalo liegt 1227 m hoch. Anfangs steigt man Treppenstufen hinunter und kommt dann auf einen gut verlegten und deutlich markierten Weg. Auf der Strecke gibt es zwei Quellen und das Dorf Samaria, das allerdings verlassen ist. Besonders beindruckend sind die sogenannten Tore, wo die Schlucht nur 3-4 m breit ist. Die gänzlich senkrechten, an manchen Stellen 500 m hohen Felswände zu beiden Seiten lassen einen erschauern, besonders, wenn der Wind hindurchpfeift. Die Schlucht hat überall eine reiche Pflanzenwelt, und außerordentlich seltene Vogelarten sind hier anzutreffen. An den unwegsamen Hängen lebt noch die kretische Wildziege, die die Kreter Kri-Kri nennen. Aber der Wanderer wird sie kaum zu Gesicht bekommen. Dort, wo sich die Schlucht zum Ausgang hin verbreitert, etwa 3 km vor der Küste, kann der müde Wanderer ein Maultier mit einem Begleiter mieten, um nach Agia Roumeli zu reiten.

Im Winter ist die Schlucht nicht begehbar, und die Höhen sind oft mit Schnee bedeckt. In Agia Roumeli gibt es kleine Pensionen, Privatzimmer und Restaurants. In der Gegend gibt es herrliche Strände, die zum Baden einladen. Die Anzahl der Fremdenzimmer reicht allerdings nicht für alle Wanderer.

Von Agia Roumeli fahren kleine Schiffe nach Chora Sfakion, wo die Reisebürobusse warten, um die Exkursionsteilnehmer zurückzubringen. Von Agia Roumeli fahren auch KTEL-Busse nach Rethymno und Chania. Dreimal in der Woche gehen Boote, Kaikia, zum Hafen von Paläochora ab (s. Rundfahrt 26).

Der Wanderer sollte sich jedoch vor seiner Abfahrt beim EOT-Fremdenverkehrsamt in Chania oder in Rethymno nach den Fahrzeiten der Busse oder Schiffe erkundigen. Für den Abstieg in der Schlucht sind unbedingt festes Schuhwerk, am besten Bergstiefel, und eine Kopfbedeckung notwendig. Die Wanderung durch die Samaria-Schlucht ist ohne Zweifel ein einzigartiges Erlebnis und die Krönung der Reise durch Kreta.

349

350

348. Die Schlucht von Samaria, die größte Europas.

349. Malerische Kirche in Agia Roumeli.

350. Agia Roumeli am Meer mit herrlichen Stränden.

CHANIA: Rundfahrt 23

Die Schlucht von Agia Irini (44 km) - Temenia (62,5 km) - Sougia (70 km).

Eine interessante Rundfahrt zum Libyschen Meer. Man durchquert eine abwechslungreiche Landschaft an den westlichen Ausläufern der Lefka Ori.

Von Chania fährt man nach Süden bis Alikianos (s. Rundfahrt 22), von wo aus man Skines erreicht. Auf der ansteigenden Straße kommt man nach Nea Romata in 320 m Höhe (26 km). Man fährt durch den Ort Prasses (in 480 m Höhe) und erreicht über eine Abzeigung nach links auf einer schlechten, unbefestigten Straße (15 km) eine rauhe, aber sehenswerte Landschaft in der Ebene von Omalos (s. Rundfahrt 22). Die Straße von Sougia erreicht nach 44 km Agia Irini (700 m Höhe) am Ufer des gleichnamigen Sturzbaches. Hier beginnt die Schlucht von Agia Irini, die eine Länge von 8 km hat. Man fährt durch die Orte Epanochori und Kambanos und erreicht das Dorf Rodovani. Östlich des Dorfes (am Ortseingang), lag auf dem Kefala-Hügel der griechisch-römische Stadstaat Elyros. In der früh-byzantinischen Epoche war die Stadt Bischofssitz. Sie wurde jedoch von den Sarazenen zerstört. Ein eindrucksvolles Standbild eines Philosophen, das aus Elyros stammt, befindet sich im Museum von Chania.

Bei km 62,5 im Dorf Temenia eine Abzweigung rechts, die in Kandanos auf die Straße Chania-Paläochora trifft (s Rundfahrt 26). Von Temenia führt die Straße links nach Sougia.

Zwei Kilometer vor Sougia führt eine unbefestigte Straße nach Koustogerako, wo im 2. Weltkrieg ein Kampf zwischen Partisanen und Deutschen stattfand, als auf dem Dorfplatz die Frauen des Dorfes erschossen wurden.

Sougia, ein kleiner Ort mit einem schönen Sandstrand, verfügt über ein kleines Hotel und Privatzimmer. Alles deutet darauf hin, daß es auf den Ruinen des antiken Syia erbaut wurde, das der Hafen von Elyros war. Im Westen wurden am Strand Ruinen einer Basilika aus dem 6. Jh. gefunden sowie vielfarbige Mosaiken, die zu den schönsten dieser Zeit gehören.

351

352

351. Temenia. Die Christou SotirosKirche.

352. Sougia. Ein kleines Dorf mit schönen Sandstränden, das auf den Ruinen des antiken Syia erbaut wurde.

eine moderne Kirche auf den Fundamenten einer frühchristlichen Basilika (6. Jh. n. Chr.) mit schönem Mosaikfußboden.

Auf den Besucher, der das Wandern, die Natur und die Antike liebt, wartet westlich von Sougia eine Überraschung: das antike Lyssos. Ein idyllischer, grüner Platz, an dem nur ein Wächter wohnt, der einen zu dem kleinen dorischen Asklepiostempel, zum antiken Theater und zu den überwölbten Gräbern führt.

CHANIA: Rundfahrt 24

Maleme (16,5 km) - Kolympari (23 km) - Abstecher nach Spilia (2 km) und Drakona (4 km) - Kisamos (Kasteli). (42 km) - Abstecher nach Polyrrhinia (7 km).

Wir verlassen Chania in westlicher Richtung auf den Straßen Giannari - Skalidi - Kisamos. Nach 1,5 km gibt es links eine Abweigung nach Alikianos (s. Rundfahrt 22). Nach 2,5 km sehen wir links den Hitler-Adler, eine Skulptur, die an die Luftlandung der Deutschen im Mai 1941 erinnert. Nach 3,7 km zweigt links eine Straße zu einem Camping-Platz ab, und bei Kilometerstein 4 geht es links zum 2 km entfernten Galata, wo im Zweiten Weltkrieg eine große Schlacht von Griechen, Neuseeländern und unbewaffneten Einwohnern gegen die deutschen Fallschirmjäger stattfand. Die Asphaltstraße führt am Meer entlang, an schönen Sandstränden mit Hotels und Tavernen vorbei. Nicht weit von der Küste entfernt liegt die kleine Insel Agii Theodori, die in der Antike Akoitos hieß, und die heute ein Schutzgebiet der kretischen Wildziege (capra aegagrus creticus) ist. Bei Kilometerstein 9 gibt es einen Camping-Platz und 1 km weiter geht es links nach Vryses ab.

Nach 16,5 km Fahrt erreichen wir das Dorf Maleme, wo sich vor dem Krieg der Flugplatz von Chania befunden hat. Hier landeten in der Schlacht von Kreta eine große Anzahl Fallschirmjäger, die den Flugplatz nach heftigen Kämpfen einnahmen. An dieser Stelle sind heute Touristenanlagen errichtet. In der Nähe der Ortschaft Maleme wurde ein Kuppelgrab aus der Nachpalastzeit freigelegt.

Kurz nach dem Dorf Maleme führt eine Straße links zu einem deutschen Soldatenfriedhof, auf dem 4.465 Deutsche, die im Zweiten Weltkrieg in Griechenland gefallen sind, begraben liegen.

Bei Kilometerstein 23 kommen wir in das Dorf Kolympari, wo im Februar 1897 der Kommandant Timoleon Vassos mit einem Freiwilligenkorps landete und die Vereinigung Kretas mit Griechenland erklärte. Im Dorfzentrum ist eine Büste von ihm aufgestellt.

Von Kolympari zweigen wir links zu dem 1 km entfernten Kloster Gonias ab, das 1618 gegründet wurde. Die ursprüngliche Kirche von 1634 wurde von den Türken während der Revolution von 1866 zerstört. Nur wenige Reste haben sich davon erhalten. Im Kloster gibt es ein kleines Museum *(geöffnet 10.00 bis 14.00 und 16.30 bis 18.30 Uhr)*, wo eine Sammlung von Ikonen aus dem 17. und 18 Jh. und liturgische Gewänder ausgestellt sind. Bedeutende Ikonen sind die Kreuzigung und der Hl. Nikolaos, beide von Konstantinos Palaiokapas 1637 gemalt, der Tod der Muttergottes (Koimesis) von 1728, der Hl. An-

353. Der deutsche Friedhof des kleinen Ortes Maleme, dessen Name mit der historischen Schlacht von Kreta verbunden ist.

354. Das Kloster Gonia, das 1618 gegründet wurde und ein kleines Museum beherbergt.

353

354

tonios von 1772, die Geburt und „Sieh, welch ein Mensch" von Dem. Sguros, 1662.

In der Ostwand der Kirche ist noch ein türkisches Geschoß zu sehen, das von der Belagerung des Klosters während der Revolution 1866 herrührt.

Die Straße direkt hinter dem Kloster links führt nach Norden zu dem modernen Bau der Orthodoxen Akademie von Kreta, die auf religiösem und sozialem Gebiet eine reiche Tätigkeit entfaltet hat. 2 km nach der Akademie steht auf einem beherrschend in der Landschaft liegenden Hügel, von dem man eine wunderbare Aussicht auf die Bucht und die Küste von Chania mit der Insel Agii Theodori hat, ein schlichtes Denkmal für die Kadetten, die im Kampf gegen die Deutschen gefallen sind.

Wir kehren nun nach Kolympari zurück und zweigen von hier aus links nach Spilia ab (2 km). Vor dem Ortseingang biegen wir jedoch rechts zum Dorf Marathokefala ab, das sich am Hang einer Anhöhe erstreckt. An der Kirche des Dorfes fahren wir nach links, lassen den Wagen auf der ersten Verbreiterung des Feldweges stehen und gehen zu Fuß auf dem Pfad weiter, der nach 100 m zur Höhle Agios Ioannis Xenos führt. Der von den Kretern sehr geliebte Eremit Ioannis Xenos gründete im 11. Jh. das Kloster Katholiko auf der Halbinsel Akrotiri bei Chania (siehe Rundfahrt 19). Die Höhle hat eine beträchtliche Größe. Vor ihrem Eingang wachsen hohe Platanen und stehen Steinsitze. Die kleine Kirche ist dem Eremiten geweiht. Der Stalaktit im rückwärtigen Teil gilt als heilig.

Im Dorf Spilia lohnt es sich, die auf einem bewaldeten Hügel im Ortseil Meriana stehende kleine Panagia-Kirche aus dem 12. Jh. mit Fresken aus dem 14. Jh. zu besichtigen.

Wir fahren nun nach Drakona weiter. Vor dem Ortseingang führt uns ein Wegweiser auf einen Pfad zur Agios Stefanos Kirche aus dem 9. Jh. mit Wandmalereien.

2 km nach Drakona biegen wir rechts zum Dorf Episkopi Kisamou ab, wo sich ein eindrucksvoller Rundbau, die Kirche des Erzengels Michael, Archangelos Michail, befindet. Über dem zylinderförmigen Tambour erhebt sich eine Kuppel die im Innenraum auf einer stufenförmigen Basis ruht, wie sie sonst in Kreta nicht vorkommt. Die Kirche war in der mittelbyzantinischen Zeit Bischofssitz.

Anschließend fahren wir wieder nach Kolympari zurück und weiter nach Kisamos, an der Abzweigung rechts nach Rodopou vorbei. Bei Plakalona (31 km) blicken wir auf eine reiche, mit Ölbäumen bewachsene Ebene, schöne Sandstrände und die Stadt Kisamos im Hintergrund.

Kisamos heißt nach der venezinischen Festung auch Kasteli. Bei der letzten Volkszählung hatte es 2.800 Einwohner. Das Städtchen ist unregelmäßig angelegt und an einem großen Sandstrand entlang erbaut. Durch seine Lage ist es als Ausgangspunkt für Fahrten in Westkreta gut geeignet. Zu erreichen ist es per Schiff von Kythira und zweimal in der Woche, dienstags und freitags, von Gythio auf dem Peloponnes (Schiffsagentur, Tel.: 0733/22262). In der Stadt gibt es einige kleine Hotels und Privatzimmer.

In der Antike stand hier die Stadt Kisamos, der Hafen von Polyrrhenia. Besonders in der römischen Periode war Kisamos eine blühende Stadt. Im 16. Jh. haben die Venezianer die Stadt mit einer Mauer umgeben. Durch Ausgrabungen wurden kürzlich der Standort von Thermen und Gebäude mit bemerkenswerten Mosaiken aus der römischen Zeit entdeckt. Ein Teil eines Theaters befindet sich unter den Fundamenten des neuerrichteten Gesundheitszentrums.

7 km südlich von Kisamos liegen die Überreste der antiken Stadt Polyrrhenia, deren Besichtigung sich sehr lohnt. Außerhalb des heutigen Dorfes Polyrrhinia steht auf einem Hügel die Kirche der 99 Märtyrer, die auf den Fundamenten eines hellenistischen Gebäudes errichtet ist. In der Fassade der Kirche ist eine römische Inschrift eingemauert. Die Ruinen des antiken Polyrrhenia liegen am Hang der steilen Anhöhe in natürlich geschützter Lage. Durch die Funde wird bezeugt, daß der Ort von der archaischen bis in die römische Zeit hinein bewohnt war und im 10. Jh. die Stadt neu errichtet wurde. In der Antike gehörte Polyrrhenia zu den bedeutendsten Städten Westkretas. Trotz ihrer von Natur her geschützten Lage war sie mit einer Mauer bewehrt. Von einem Aquädukt ist ein Teil erhalten. Die Stadtmauer wurde oft repariert und bietet so ein Bild von den aufeinanderfolgenden Epochen, der hellenistischen, römischen, byzantinischen und venezianischen Zeit.

355. Die Stadt Kisamos, die von den Einheimischen auch Kasteli genannt wird, wurde an der Stelle des antiken Kisamos erbaut, das in römischer Zeit eine Hochblüte erlebte, in byzantinischer Zeit ein Bischofssitz war. In venezianischer Zeit (16. Jh.) wurde die Festung erbaut. Heute ist der Ort berühmt für seinen Wein.

Befestigungen. Hangaufwärts zogen sich Häuser, die teilweise in den Felsen eingearbeitet waren. Auf dem ebenen Hangabsatz, auf dem heute die mit vielen Spolien, besonders antiken Inschriftsteinen, erbaute Kirche der 99 Märtyrer steht, gibt es Fundamente eines Tempels oder Kultbaus aus dem 4. Jh. v. Chr. Im Dorf Polirinia selbst ist ein Turm der antiken Befestigung und ein in den Fels gehauenes Aquädukt hadrianischer Zeit erhalten.

355

KISAMOS: Rundfahrt 25

Phalasarna (16 km) - Kefali (51 km) - Chrysoskalitissa - Rückfahrt durch Topolia (62 km).

Wir verlassen Chania in westlicher Richtung auf der Küstenstraße. Nach 3 km kommen wir an eine geschützte Bucht und den Anlegeplatz der Fährschiffe von Gythio. Ab hier führt die Straße ins Landesinnere. Zu unserer Rechten liegt die unbewohnte Halbinsel Gramvousa mit ihren steilen und unzugänglichen Küsten, deren kleine Buchten nur vom Meer her zu erreichen sind. Die meisten Buchten liegen an der Nordwestseite gegenüber der Insel Gramvousa.

Nach 10 km kommen wir zum Dorf Platanos, wo beim Bau einer Straße ein Grab aus der protogeometrischen Zeit gefunden wurde. Am Ortsausgang zweigt rechts die Straße nach Phalasarna ab (5,5 m). Der Blick auf die Bucht und das Tal mit seinen Olivenbäumen und den vielen Gewächshäusern ist außerordentlich eindrucksvoll. Am Ende der Asphaltstraße stehen an dem einige Kilometer langen Strand einige kleine Tavernen und ein paar Häuser, die Privatzimmer vermieten. Obwohl dieses Gebiet nicht auf Fremdenverkehr eingerichtet ist, kommen besonders junge Touristen doch sehr gern hierher. Die letzten 2,5 km fahren wir auf einer unasphaltierten, schwierig zu befahrenden Straße. Nach 2 km sehen wir an der Straße einen aus dem Fels gehauenen Thron, der auch als Bema angesehen wird. Welche Bedeutung die Konstruktion gehabt hat, und wann sie geschaffen wurde, wissen wir nicht.

Am Ende der Straße erblicken wir an der Südostseite des kleinen Kaps die Ruinen des antiken Phalasarna, der westlichsten Stadt Kretas, die in der hellenistischen Zeit eine bedeutende Seehandelsmacht war.

Auf dem Kap befindet sich die Akropolis. Von der auf Terrassen erbauten Stadt sind noch Stützmauern aus Quadersteinen erhalten. Der Hafen lag in der Antike am Südostfuß des Kaps, ist heute jedoch völlig mit Erde bedeckt.

Wir fahren nun nach Platanos zurück und von dort aus in südlicher Richtung 16 km nach Sfinari, einem kleinen Fischerdorf, das im Sommer von Urlaubern und Touristen belebt ist.

Nach dem Bergdorf Kambos (28 km) nehmen wir rechts die Abzweigung zum Meer, das von hier aus 2 km entfernt ist, und kommen an die Livadia-Küste, die wunderbar gebuchtet, aber unbewohnt ist. Wir fahren anschließend den Abstecher zurück und durchqueren die Dörfer Keramoti und Kefali, an dessen Südausgang die Kirche Metamorfosis Sotiros (Verklärung) mit Fresken von 1320 steht. Von Kefali zweigt rechts eine ungepflasterte Straße ab, die nach 11 km zum Kloster Chrysoskalitissa führt, in dem heute nur noch wenige Mönche wohnen. Die Klosterkirche ist der Koimesis, dem Tod der Muttergottes, und der Dreifaltigkeit, Agia Triada, geweiht. Der steile Felsvorsprung, in dem sich die Höhle mit der Kirche befindet, ist 35 m hoch und vom Meer umgeben. Es wird erzählt, daß eine der 90 Stufen, die auf die Anhöhe führen, golden ist, daß sie aber nur von Menschen, die nicht gesündigt haben, gesehen werden kann. 5 km südwestlich liegt die kleine bezaubernde Insel Elafonisi mit wunderbarem Sandstrand. Sie ist mit der Küste durch eine 0,50 bis 0,80 m tiefe Furt verbunden.

Wir kehren zum Dorf Kefali zurück und biegen rechts nach Chania ab. Auf der Rückfahrt kommen wir durch eine Reihe kleiner Bergdörfer. Auf dem höchsten Punkt der Strecke liegt das Dorf Elos (550 m). Ab hier führt die Straße ohne Kurven gleichmäßig durch fruchtbare Täler bergab. Beim Dorf Koutsomatados beginnt die 1.500 m lange Schlucht Topolia. Am Eingang zur Schlucht befindet sich 80 m oberhalb der Straße die Agia Sophia-Höhle mit der kleinen Kapelle. Obwohl der Anstieg zur Höhle nicht leicht ist, wurde sie von der neolithischen bis in die römische Zeit hinein benutzt, wie man durch Untersuchungen festgestellt hat.

8 km nach dem malerischen Dorf Topolia erreichen wir bei der Ortschaft Kaloudiana 3 km vor Kisamos die von Chania kommende Landstraße.

356. Überreste eines Befestigungsturms beim Hafen des antiken Phalasarna.

357. Das Kloster Chrysoskalitissa, das dem Entschlafen der Gottesmutter und der Hl. Dreifaltigkeit geweiht ist.

56

57

CHANIA: Rundfahrt 26

Voukolies (26,5 km) - Kakopetros (38,5 km) - Kandanos (57,5 km) - Paläochora (77 km).

Diese Rundfahrt durchquert den Bezirk Selinou, in dem es zahlreiche, guterhaltene byzantinische Kirchen des 14. Jhs. gibt.

Man fährt auf der Straße nach Kisamos (s. Rundfahrt 24) bis Tauroniti (19,5 km), wo die Abzweigung links nach Süden nach Paläochora führt und dabei ein fruchtbares Gebiet mit Ölbäumen und Weingärten durchquert. Das Dorf Voukolies in 110 m Höhe (26,5 km) ist der landwirtschaftliche Mittelpunkt des Gebietes, wo jeden Samstag ein Markt stattfindet. Es gibt Hotels und Restaurants. Nach Kakopetros, 38,5 km (420 m Höhe), führt die Straße nach Süden durch ein enges und fruchtbares, mit Ölbäumen bestandenes Tal.

Bei km 57,3 erreicht man das Dorf Kandanos (420 m Höhe), das im Freiheitskampf gegen die deutsche Besetzung eine wichtige Rolle spielte. Am 23. Mai 1942, als die deutschen Truppen den Flughafen von Maleme erobert hatten und in Richtung Kandanos vorstießen, leisteten alle Einwohner der Gegend den Eindringlingen erbitterten Widerstand. Viele wurden getötet und die Überlebenden waren zum Rückzug gezwungen. Als die Deutschen am folgenden Tag zurückkehrten, flohen die Aufständischen in die Berge. Wen man aufgreifen konnte, wurde getötet und das Dorf niedergebrannt. Das antike Kandanos erlebte in römischer Zeit seine Hochblüte. Ein großes öffentliches Gebäude wurde ausgegraben. Die Umgebung von Kandanos ist bekannt für ihre byzantinischen Kirchen, die besonders interessant sind.

An der linken Abzweigung nach Aniskaraki (3 km), 300 m hinter Koufaloto, liegt die Kirche Archangelos Michail mit Wandmalereien von Ioannis Pagomenos (1327-28). In Aniskaraki sind vier Kirchen aus dem 14.-16. Jh. hervorzuheben: die Kirche Agia Anna mit Wandmalereien und Inschriften von 1457-62 und einer wertvollen und gut erhaltenen streinernen Ikonastase, Agios Georgios aus dem 14. Jh., die Kirche Panagia mit recht gut erhaltenen Wandmalerien aus dem 14. Jh. und venzianischen Einflüssen in der Architektur und Agia Paraskevi, deren Wandmalereien aus dem Anfang des 14. Jhs. stammen. Von Aniskaraki führt die Straße nach Süden und trifft auf die Straße nach Sougia (s. Rundfahrt 23).

Hinter Kandanos in südlicher Richtung in Plemeniana liegt die Kirche Agios Georgios mit datierten Wandmalereien von 1410. Bei km 64, in dem Dorf Kakodiki, befindet sich neben der modernen Kirche die Kapelle Archangelos Michail aus dem 14. Jh. und in der Nähe Agios Isidoros mit Wandmalereien von 1420.

Bei km 65 eine Kurve links nach Kadros. Auf der Anhöhe des Dorfes (1 km nach der Abzweigung) führt ein Fußweg nach rechts zur byzantinischen Kirche Genesis tis Panagias. Die Wandmalereien stammen aus dem Ende des 14. Jhs. Oberhalb des Dorfes liegt eine weitere Kirche, Agios Ioannis.

Bei km 74,5 erreicht man die Küste und den Ort Paläochora, Kasteli Selinou der Venezianer. Kasteli wurde 1279 auf der Spitze des Kaps erbaut, um die beiden Buchten östlich und westlich zu kontrollieren. 1539 wurde es von dem Piraten Chaireddin Barbarossa erobert und zerstört. Heute ist es wiederaufgebaut und alljährlich ein Anziehungspunkt für Tausende von Besuchern.

Der Ort Paläochora ist nach Ierapetra die zweitgrößte Stadt Südkretas. Es entwickelte sich sehr rasch zu einem beliebten Reiseziel mit Hotels der Kategorie B, vielen kleineren und Privatzimmern, die vermietet werden. Im Sommer gibt es eine Bootsverbindung nach Agia Roumeli (Schlucht von Samaria) und Chora Sfakion. Boote bringen auch Besucher auf die unbewohnte Insel Gavdos, die 30 km vor der kretischen Küste im Libyschen Meer liegt.

Die Insel Gavdos, die erstmalig in neolithischer Zeit bewohnt wurde, ist der südlichste Punkt Griechenlands und Europas. Nach der Überlieferung war es die Insel der Kalypso, die hier Odysseus gastlich empfing.

358. Die Ortschaft Paläochora (Kasteli Selinou der Venezianer) hat sich zu einem beliebten Ferienort entwickelt, denn Kasteli ist alljährlich der Anziehungspunkt für Tausende von Besuchern.

358

DIE ANREISE NACH KRETA

Zwischen Athen und Piräus und Kreta gibt es regelmäßige Schiffs- und Flugverbindungen. In den Sommermonaten wird die Zahl der eingesetzten Flugzeuge und Schiffe erhöht. Die Reisende erhält Informationen über die Flugpläne bei Olympic Airways in Athen, Tel.: 9616161, und über die Schiffsverbindungen bei der Hafenverwaltung Piräus, Tel.: 4172657.

METEOROLOGISCHER DIENST

Die in der folgenden Übersicht dargestellten Werte stammen von drei Wetterstationen des Staatlichen Meteorologischen Dienstes auf Kreta (Iraklio, Souda, Ierapetra) und geben die durchschnittlichen Jahreswerte von 1958 bis 1968.

MINIMUM	JAN.	FEBR.	MÄRZ	APRIL	MAI	JUNI	JULI	AUG.	SEPT.	OKT.	NOV.	DEZ.
NIEDRIGSTE MONATLICHE TEMPERATUR	8,5	8,5	9	11,5	15	19	21,5	21,5	19	16	13	10
HÖCHSTE MONATLICHE TEMPERATUR	15,5	15,5	18	21,6	26	30	32	32	28	24	20	18
DURCHSCHNITTLICHE MONATLICHE TEMPERATUR	12	12	13,5	16,5	20,5	24,5	26,5	26,5	23,5	20	16,5	14
DURCHSCHNITTLICHER TÄGL. SONNENSCHEIN (STUNDEN)	4,1	4,8	6,1	8,1	10	11,7	12,2	11,6	9,8	6,8	5,6	4,4
REGENFÄLLE (TAGE)	16,4	13,3	10,7	7	3,8	1,3	0,2	0,5	2,3	7,5	9,2	14,7

PRÄFEKTUR IRAKLIO

VERKEHRSVERBINDUNGEN

IRAKLIO

a) Flugzeug

Iraklio besitzt eine gute Flugverbindung mit Athen. Es gibt täglich 6-7 Flüge. Im Sommer gibt es auch jeden Tag Flüge von und nach Rhodos und einmal wöchentlich nach Zypern. Der Flughafen ist 3,5 km von der Stadt entfernt. Für den Transfern der Passagiere stehen Busse von Olympic Airways, städtische Verkehrsmittel und Taxis zur Verfügung.

Flughafen Iraklio, Tel.: 282025

Olympic Airways, Plat. Eleftherias, Tel.: 288866

Olympic Airways, Plat. Eth. Antistasis, Tel.: 225171

b) Schiff

Von Piräus gibt es täglich Fährschiffe nach Iraklio, die meistens am späten Nachmittag auslaufen. Die Fahrt dauert etwa 12 Studen. Von Iraklio gibt es nach Piräus täglich zwei Schiffe, die am Abend auslaufen. Informationen: Reederei ANEK, 25. Avgoustou 33, Tel.: 226481.

c) Straße

In Iraklio gibt es städtische Verkehrsmittel in der Stadt, in die Vororte und zu den meisten Stränden.

WICHTIGE TELEFONNUMMERN (081)

IRAKLIO

Polizei, Tel.: 282031; Touristenpolizei, Tel.: 283190

EOT (Griech. Zentrale für Fremdenverkehr), Tel.: 228203, 228225

ELTA (Briefpost), Tel.: 224396

OTE (Fernmeldeamt): Informationen, Tel.: 131, Telegramme, Tel.: 155

Schiffsagenturen, Tel.: 226481, 222481

ELPA (Straßennotdienst), Tel.: 104

Erste Hilfe, Tel.: 222222

Krankenhaus Iraklio, Tel.: 237502, 237524

IKA (Staatlicher Gesundheitsdienst), Tel.: 282865

MALIA

Staatliche ärztliche Ambulanz, Tel.: 31594

OTE (Fernmeldeamt), Tel.: 31299

ELTA (Briefpost), Tel.: 31688

BANKEN

IRAKLIO

Die Banken Trapeza Ellados, Ethniki Trapeza und die Trapeza Pisteos befinden sich in der Straße 25. Avgoustou. Die Emporiki Trapeza ist in der Koronäou-Straße, die Ioniki-Laiki Trapza Kritis am Eleftheriou Venizelou-Platz, die Trapeza Kritis am Kallergon-Platz. Der Leser sei auf die Planskizzen des Führers für alle Präfekturen verwiesen.

SEHENSWÜ RDIGKEITEN
MUSEEN

IRAKLIO

Archäologisches Museum, Odos Xanthoudidi, Tel.: 226092, 226470
Historisches Museum, Odos Kalokärinou 7, Tel.: 283219
Basilika Agios Markos, Plat. Elefth. Venizelou
Museum Kirchlicher Kunst, Pl. Agias Ekaterinis

MYRTIA

Nikos Kazantzakis Museum, Tel.: 741325, 741020

GORTYS

Museum im Ausgrabungsgelände des antiken Gortys.

ARCHÄOLOGISCHE STÄTTEN

Agia Triada: Minoische Villa.
Amnisos: Villa der Wandgemälde von Amnisos
Gortys: Das Ausgrabungsgelände des antiken Gortys
Knossos: Der Palast von Knossos
Malia: Minoischer Palast, Tel.: 0897-31597
Tylissos: Drei minoische Villen
Phästos: Minoischer Palast, Tel.: 0892-91315

VENEZIANISCHE FESTUNGSANLAGEN

Venezianische Festungsanlagen finden sich in allen Präfekturen Kretas (s. Stadtpläne).

KLÖSTER

Agios Ioannis, Angaratho-Kloster, Apanosifi-Kloster, Vrontisi, Apezanon, Agia Irini, Kalyviani, Palianis, Savathianon.

HÖHLEN

Eileithyia-Höhle, Koprana Pediados
Agia Paraskevi-Höhle, Skoteinou Pediados

KULTURELLE VERANSTALTUNGEN

IRAKLION	Fest der Agia Varvara am 4.12., Kirschenfest, Anfang Mai.
AG. PELAGIA	Fest der Agia Marina, 17.7.
AG. DEKA	Kirchenfeste am 23.12. und an Ostern, Agios Georgios.
AG. MYRON	Kirchenfest am 8.8.
ANO VIANNOS	Anfang August dreitägige kulturelle Veranstaltungen mit Theater, Musik, Ausstellungen.
ARVI	Kirchenfest Ag. Panteleimonas, 27.7.
ARCKALOCHORI	Zweitägige kulturelle Veranstaltungen Anfang September. 2 km nördlich, in Choumeri, Weinfest, 2.-3.8. Am 6.8. das Kirchenfest Metamorfosi tou Sotira, am 21.5 das Kirchenfest Agios Konstantinos und Eleni.
VENERATO	Am 15. August das Kirchenfest der Panagia tis Palianis.
EPANO	Das Traubenfest, 10.-15.8.
ARCHANES	Am 15.8. großes Fest am Marienfeiertag. Fest am Johannistag, am 24.6. Kirchenfest Ag. Panteileimonas, 26.7. In den Sommermonaten werden von der Gemeinde und den Vereinen kulturelle Veranstaltungen mit Konzerten, Theateraufführungen, Ausstellungen und kretischen Abenden veranstaltet.
KALI LIMNES	Am 15. August Kirchenfest der Panagia im Odigitria-Kloser.
KASTELI	4.-6. August das Fest des Auswanderers mit Konzerten, Theateraufführungen und einem kretischen Fest. Das traditionelle Fest Ai Giorgi am Dienstag nach Ostern, zu dem sich eine große Menschenmenge versammelt. Jeder bringt den ältesten Wein, den er hat.
KERATOKAMBOS	Ein großes Kirchenfest am 15. August im Kloster Koudouma.
MIRES	Im Juli und im August werden verschiedene kulturelle Veranstaltungen abgehalten.
MOCHOS	Ein großes Kirchenfest für die Gottesmutter am 15. August. Auf dem Dorfplatz wird Wein angeboten, den die Gemeinde zur Verfügung stellt.
TYMBAKI	10.-25. August, kulturelle Veranstaltungen, die die Gemeinde organisiert, mit Ansprachen, Theater, Musik, Tanz, ein spezieller Fischerabend, ein nächtlicher Fischfang in Gruppen.
FODELE	Ende Juli kulturelle Veranstaltungen mit kretischem Fest, Theateraufführungen usw.
CHERSONISOS-LIMENAS	Kirchenfest am 15. August. An Ostern werden Feuer enzündet und Blumen verteilt.

HOTELS

In der folgenden Liste sind die wichtigsten Hotels der Insel zusammengestellt. Aufgeführt wird der Name des Hotels, die Kategorie, die Telefonnummer (soweit zu ermitteln war), die Zahl der Zimmer und Betten, ob die Zimmer über ein Bad verfügen, und die Monate, in denen das Hotel geöffnet ist.

AGIA PELAGIA (081)

	Kat.	Tel.	Zim.	Bet.	Bad	Mon.
KAPSIS BEACH	A	811112	640	1250	■	3-11
PERLA	B	289406/9	25	49	■	3-11

AMMOUDARA + LINOPERAMATA (081)

AGAPI BEACH	A	250502	203	391	■	3-10
APOLLONIA BEACH	A	821602	313	590	■	1-12
ZEUS BEACH	A	821503	388	717	■	4-10
DOLPHIN BAY	A	821276/7	258	498	■	3-10
SANTA MARINA BEACH	A	261103	120	222	■	4-10
LAMBI	B	821124	71	135	■	4-10

ARVI (0895)

ARIADNI	C	71300	14	22	■	4-10

ARCHANES (081)

	Kat.	Tel.	Zim.	Bet.	Bad	Mon.
ZEUS	B	751810	31	55	■	4-10

GOUVES (0897)

	Kat.	Tel.	Zim.	Bet.	Bad	Mon.
CRETA SUN	A	41103	295	568	■	3-10
MARINA	A	41361/2	386	728	■	2-10
ASTIR BEACH	B	41414	89	161	■	3-10
CHRISTI	B		36	49	■	
MARYANNA	B		27	54	■	4-10
MON REPOS	C	41280/5	37	70	■	

GOURNES (081)

	Kat.	Tel.	Zim.	Bet.	Bad	Mon.
APHRODITE	A	41102	234	446	■	4-10

ZAROS (0894)

	Kat.	Tel.	Zim.	Bet.	Bad	Mon.
IDI	C	31302	32	60	■	4-10

IRAKLIO (081)

	Kat.	Tel.	Zim.	Bet.	Bad	Mon.
ASTORIA	A	229002	141	273	■	1-12
ATLANTIS	A	229103	164	296	■	1-12
CRETA BEACH	A	236301/5	150	262	■	3-10
GALAXY	A	238812	140	264	■	1-12
XENIA	A	284000/4	84	156	■	4-12
ANNA-BELLA	B	289728	9	14	■	6-9
ARES	B	2806406	15	30	■	4-10
ATRION	B	229225	65	117	■	1-12
DIAS	B	223950	19	41	■	4-10
ESPERIA	B	288512	54	92	■	3-10
FODELE BEACH	B	521251/5	218	430	■	4-10
ILAIRA	B	227103	20	32	■	3-11
KASTRO	B	285020	38	63	■	1-12
KRETA	B	282238	10	18	■	4-10
KRIS	B	223211	10	17	■	1-12
MEDITERRANEAN	B	289331/5	55	105	■	1-12
PETRA	B	229912	34	64	■	1-12
APOLLON	C	250025	50	96	■	1-12
ASTERION	C	227913	60	108	■	1-12
ATHINAIKON	C	229312	40	77	■	1-12
ATLAS	C	288989	14	35	■	4-10
BLUE SKY	C	254612	26	50	■	1-12
CASTELLO	C	251234	64	124	■	1-12
DAEDALOS	C	224391	60	115	■	1-12
DOMENICO	C	228703	44	73	■	1-12
EL GRECO	C	281071/5	90	165	■	1-12
EVANS	C	223928	26	48	■	1-12
GLORIA	C	288223/4	52	95	■	1-12
GORTIS	C	255820	10	20	■	1-12
GRABELLES	C	241205/8	42	80	■	1-12
HERACLEION	C	281881/3	41	72	■	1-12
IRENE	C	226561	59	105	■	1-12
KNOSSOS	C	283247	23	46	■	1-12
KRONOS	C	282240	16	28	■	1-12
LATO	C	225001/5	54	99	■	1-12
MARIN	C	220737	48	83	■	1-12
METROPOLE	C	224280	37	75	■	1-12
MIRABELLO	C	285052	25	42	■	1-12
OASSIS	C		18	34		
OLYMPIC	C	288861/4	73	135	■	1-12
SANTA ELENA	C	251770/2	54	104	■	4-10
SELENA	C	226377	28	52	■	1-12
SOFIA	C	224971	31	59	■	1-12
ARCADI	D	282077	15	29	■	1-12
EGYPTOS	D		20	48		
HELLAS	D	225121	11	23		1-12
HERMES	D	256380	40	69		1-12
IKAROS	D	283006	45	83	■	1-12
PALLADION	D	282563	25	45		1-12
PHAESTOS	D	283027	18	41		1-12
PORTO	D	243090	16	32		
REA	D	223090	16	37		1-12
SAN GIORGIO	D	92265	21	39	■	
VENETIA	D	283239	9	21		1-12
ARGO	E	254588	27	54	■	1-12
ARIADNE	E	255765	22	49		1-12
CHRISTOS HOUSE	E	287390	15	30		4-10

	Kat.	Tel.	Zim.	Bet.	Bad	Mon.
CRETAN SUN	E	243794	8	15		1-12
CRITIKON	E	220211	7	19		1-12
HANIA	E	284282	4	10		1-12
IDAEON ANDRON	E	283624	8	12		1-12
IONIA	E	281795	21	45		1-12
LENA	E	223280	15	31		1-12
STAR	E	252367	9	19		1-12

KAMILARI (0892)

	Kat.	Tel.	Zim.	Bet.	Bad	Mon.
OASSIS	E	42217	10	12		4-10

KARTEROS + AMNISSOS (081)

	Kat.	Tel.	Zim.	Bet.	Bad	Mon.
MINOA PALACE	A	227802	124	230	■	4-10
AMNISSOS	B	223008	54	108	■	1-12
KARTEROS	B	228802	55	105	■	4-10
XENIA MOTEL	B	246446	42	84		4-9
XENIOS DIAS	C	285694	6	23	■	4-10
SEMELI	D		14	23		

KOKKINOS PYRGOS (0892)

	Kat.	Tel.	Zim.	Bet.	Bad	Mon.
FILIPPOS	B	52002	46	86	■	3-10
LIBYAN SEA	B	51621	21	42	■	1-12
TA ADELFIA	C	51462	11	20		

LIMENAS CHERSONISOU (0897)

	Kat.	Tel.	Zim.	Bet.	Bad	Mon.
CRETA MARIS	A	22115/30	516	1014	■	1-12
BELVEDERE	A	22105/5	296	547	■	4-10
KASTRI VILLAGE	A	22102	16	32		4-10
CHRYSSI AMOUDIA	B	22971/3	92	179	■	4-10
GLAROS	B	22106	141	270	■	4-10
IOKASTI	B	22607	16	32	■	4-10
MASTORAKIS	B	22965	16	26		
NORA	B	22271/5	181	344	■	4-10
VILLES ESPERIDES	B	22322	27	54	■	4-10
VOULA	B	22097	12	26	■	1-12
AVRA	C	22203	18	32		3-10
EVA	C	22090/2	53	62	■	4-10
GALINI	C	22207	50	56	■	3-10
HELENA	C	22226	14	24	■	4-10
ILIOS	C	22700	72	139	■	4-10
IRO	C	22136	51	94	■	4-10
KATERINA	C	22304	22	34	■	4-10
MAISTRALI	C	22133	16	27	■	4-10
NIKI	C	22379/80	30	57	■	4-10
PALMERA BEACH	C	22481/3	72	123	■	3-11
PELA - MARIA	C	22195	91	168		4-10
PLAZA	C	22760	18	13	■	4-10
REA	C	22357	16	29	■	3-10
REGINA	C	22007	11	22		
SOFI	C	22557	10	16		4-10
STELIOS	C	22046	18	35	■	1-12
THALIA	C	22590/1	49	93	■	4-10
ANDRIANI	E	22756	13	24		1-12

MALIA (0897)

	Kat.	Tel.	Zim.	Bet.	Bad	Mon.
IKAROS VILLAGE	A	31267/9	179	326	■	4-10
KERNOS BEACH	A	31421/5	271	519	■	4-10
SIRENS BEACH	A	31321/5	252	466	■	3-10
COSTAS	B	31485/7	34	64	■	4-10
GRAMMATIKAKI	B	31366	50	91	■	4-10
MALIA BEACH	B	31210	186	354	■	1-12
ALTIS	C	31217	17	33	■	4-10
ARTEMIS	C	31583	24	45	■	4-10
DIONYSSOS	C	31475	15	29	■	4-10
FLORELLA	C	31664	31	56	■	4-10
MINOA	C	31465	20	37	■	4-10
SOFOKLES BEACH	C	31348	34	64		4-10
ALKYON	D	31394	12	23	■	1-12
ARMONIA	D	31490	22	39	■	1-12
BANANIES	D	31203	13	26		3-10
HERA	D	31554	12	26	■	4-10
MARVELEN	D	31419	18	34		4-10
ROUSSAKIS	D	31464	14	30		4-10
ZEUS	D	31251	18	36	■	4-10
ERMIONI	E	31093	9	17	■	3-10

	Kat.	Tel.	Zim.	Bet.	Bad	Mon.
GERANI	E	31518	14	20		4-10
IBISCUS	E	31313	9	18		4-10
MATALA (0892)						
BAMBOO SANDS	C	42370	16	30	■	4-10
MATALA BAY	C	42100	55	104	■	4-10
MOIRES (0892)						
OLYMPIC	D	22777	14	30	1-12	
STALIDA (0897)						
ANTHOUSSA BEACH	A	31380/2	140	259	■	4-10
CRETA SOLARIS	A	31496	16	30	■	4-10
ILISSIA PEDIA	A		16	32	■	
AMAZONES VILLAS	B	31488	29	58		4-10
BLUE SEA	B	31371/3	197	371	■	4-10
HELIOTROPE	C	31515/7	81	156	■	3-11
STALIS	D	31246	44	76	■	4-10
TYMBAKI (0892)						
AGIOS GEORGIOS	C	51678	10	16		1-12
HANI KOKKINI (081)						
ARIANA SAND	A	761113	233	452	■	4-10
KNOSSOS BEACH	A	761204	106	207	■	4-10
RINELA BEACH	A	761713	298	572	■	4-10
THEMIS BEACH	A	761412	124	229	■	4-10
PRIMA	B	761109	13	24	■	4-10
XENIA-ILIOS	B	761524	108	205	■	6-9
AKTI	C	761260	21	37	■	4-10
DANAE	C	761375	18	34		4-10
KAMARI	C	761340	36	62	■	4-10

CAMPINGPLÄTZE

CARAVAN CAMPING
Limin Chersonisou — Tel: (0897) 22025, Apr. bis Okt.
Personen: 108
Zelte: 36
Bungalows: 14

CRETA CAMPING
Gouves — Tel.: (0897) 41400, Apr. bis Okt.
Personen: 270
Zelte: 90

HERAKLION CAMPING
Ammouda — Tel.: (081) 286380 Apr. bis Okt.
Personen: 858
Zelte: 283

PITSIDA — MATALA COMMUNITY CAMPING
Matala — Tel.: (0892) 42720 Apr. bis Okt.
Personen: 300
Zelte: 100

PRÄFEKTUR CHANIA

VERKEHRSVERBINDUNGEN

CHANIA

a) Flugzeug

Es gibt täglich 4-5 Flüge von Athen zum Flughafen Souda. Der Transfer der Passagiere erfolgt mit Bussen von Olympic Airways. Der Flughafen ist 15 km von Chania entfernt.
Informationen:
Olympic Airways, Stratigou Tzanakaki 88, Tel.: 27701-3
Flughafen Chania, Tel.: 63219

b) Schiff

Von Piräus gibt es nach Souda täglich 2-3 Schiffe. Die Fahrt dauert 11 Stunden. Der Hafen von Souda ist 7 km von Chania entfernt.
Informationen:
Schiffahrtslinie ANEK, Soph. Venizelou, Tel.: 23636
Hafenverwaltung, Tel.: 23345

c) Straße

Mit städtischen Verkehrsmitteln sind Chania, Souda, Perivolia und die umliegenden Dörfer erreichbar. Von Chania gibt es auch Überlandbusse nach Iraklio, Rethymno und in zahlreiche andere Orte.

WICHTIGE TELEFONNUMMERN

CHANIA (0821)
Polizei, Tel.: 22426
Touristenpolizei, Tel.: 24477
EOT (Griech. Zentrale für Fremdenverkehr), Tel.: 26426
ELTA (Briefpost), Tel.: 22609
OTE (Fernmeldeamt), Tel.: 52499 (Auskunft: 131, 132)
Hafenverwaltung, Tel.: 22600
Krankenhaus, Tel.: 27231

KASTELLI KISAMOU (0822)
Polizei, Tel.: 22115
ELTA (Briefpost), Tel.: 22052
OTE (Fernmeldeamt), Tel.: 22899
Hafenverwaltung, Tel.: 22024
Staatlicher Gesundheitsdienst, Tel.: 22008

BANKEN

Ethniki Trapeza, Pl. Soph. Venizelou, Tel.: 22013
Trapeza Ellados, Dimokratias 2, Tel.: 24543
Emporiki Trapeza, Michali Jannari, Tel.: 23031
Ioniki-Laiki, Tzanakaki 14, Tel.: 26508
Pisteos, Chalidon 106, Tel.: 23703
Trapeza Kritis, Pl. 1866, Tel.: 53745

VENEZIANISCHE FESTUNGSANLAGEN

Venezianische Festungsanlagen finden sich sich in allen Präfekturen Kretas (s. Stadtpläne).

MUSEEM

Archäologisches Museum, Odos Chalidon 21, Tel.: 20334
Historisches Archiv und Museum Kretas, Odos Sphakianaki 20, Tel.: 22606
Volkskundliches Museum, Leophoros Kydonias, Tel.: 23273
Städtische Gemäldesammlung, Leophoros Kydonias, Tel.: 22240
Marinemuseum, in der Festung Firka, Tel.: 26437
Chemie-Museum

KLÖSTER

Gouverneto, Agia Triada, Korakion, Gonia, Kolybari, Chrysoskalitissa, Ag. Eleftherios.

HÖHLEN

Agios Ioannis Erimitis oder Gouverneto bei Kydonies
Agia Sophia, Topolion/Kisamos
Arkoudias, Kydonies
Azouire, Selinou

KULTURELLE VERANSTALTUNGEN

CHANIA	Im August werden kulturelle Veranstaltungen von der Stadt organisiert. Konzerte, Kunstausstellungen usw.
AG. MARINA	Das Kirchenfest der Agia Marina am 17.7.
AKROTIRI	In Choraphakia wird der 15. August gefeiert.
VAMOS	Im Juli und August finden in Gavalochori Veranstaltungen statt.
VOUKOLIES	Am Karfreitag gibt es ein Handelsfest.
GEORGOUPOLI	Kirchenfest Tou Sotira am 6.8. Am. 29.8. Kirchenfest in dem Dorf Kournas.
ELOS	Das Kastanienfest am ersten Sonntag nach dem 20.10.
THERISO	Das Kirchenfest der Gottesmutter am 15. August.
KALYVES	Am 26.7. Kirchenfest der Agia Paraskevi.
KANDANOS	Jahrestag der Schlacht von Kreta am 20. Mai.
KASTELLI KISAMOU	Weinfest Anfang August.
KOLYBARI	Kirchenfest am 15. August. In Tavroniti Kirchenfest Timio Stavro am 14.9.
OMALOS	Am 27.7 in Furni das Kirchenfest Agios Panteleimonas.
PALÄOCHORA	1.-10.8. Musikalischer August.
PERIVOLIA	Kirchenfest Tou Sotira am 6.8.
PLATANOS	Kirchenfest Agios Akinitos am 12.8.
FALAS(S)ARNA	Kirchenfest Agia Paraskevi am 26.7.
POLYRRHINIA	Kirchenfest Agion Pateron am 7.10.
SOUDA	Im Juni Veranstaltungen im Rahmen der Marinewoche.
CHRYSOSKALITISSA	Kirchenfest im Kloster am 15.8.
CHORA SFAKION	Am letzten Sonntag in Mai das Kirchenfest Panagia tis Thymianis.
FRANGOKASTELO	Kirchenfest Agios Nikitas am 15.9.

HOTELS

	Kat.	Tel.	Zim.	Bet.	Bad	Mon.
AGIA MARINA (0821)						
SANTA MARINA	B	68570/1	66	120	■	3-10
TA THODOROU	C	68510	7	14	■	4-10
AGIA ROUMELI (0821)						
AGIA ROUMELI	B	91293	9	13	■	3-10
GEORGIOUPOLI (0825)						
GORGONA	C	61341	41	79	■	4-10
AMFIMALA	E	61362	9	18		1-12
PENELOPE	E	61370	17	33	■	
ZORBAS	E	61381	17	34		1-12
KALATHAS (0821)						
TZANAKAKI BEACH	C	64363/5	35	68	■	4-10
KALYVES						
KORALLI	E	31356	15	30		1-12
KISAMOS (KASTELLI) (0822)						
KASTRO	C	22140/1	11	21		1-12
KISAMOS	C	22086	16	29	■	1-12
PELI	C	22343	29	56	■	1-12
KOLYMBARI (0824)						
ROSE MARIE	D	22220	9	11		1-12
DIMITRA	E	22244	24	48	■	1-12
KOURNA PARALIA (0825)						
MANOS BEACH	C	61221	15	29	■	1-12
MALEME (0821)						
CRETE CHANDRIS	A	62221/5	414	767	■	4-10
OMALOS (0821)						
NEOS OMALOS	C	67269	18	32	■	3-10
PALAIOCHORA (0823)						
ELMAN	B	41412/4	23	41	■	1-12
LIVYKON	D	41250	15	36		1-12
PLATANIAS (0821)						
VILLA PLATANIAS	B	48333	17	32		
FILOXENIA	B	68502	10	18		4-12
RAPANIANA (0824)						
OLYMPIC	C	22483	34	64	■	1-12
SOUGIA (0823)						
PIKILASSOS	B	511242	9	19		
SOUDA (0821)						
KNOSSOS	D	81230	9	17		1-12
PARTHENON	D	89245	6	13		1-12
SFAKIA (CHORA SFAKION) (0825)						
XENIA	B	91202	12	23		3-10
CHANIA (0821)						
KYDON	A	26190/4	113	191	■	1-12
DOMA	B	21772/3	29	56	■	3-10
DOMENIO	B	55019	5	10	■	1-12
EL GRECO	B	22411	16	25		4-10
LISSOS	B	24671	41	68	■	1-12
NOSTOS	B	54833	7	13	■	4-10
NOTOS	B	54278	20	62	■	4-10
PORTO VENEZIANO	B	29311/3	63	120	■	1-12
SAMARIA	B	51551/5	58	110	■	1-12
AMPHITRITI	C	56470/1	15	20	■	1-12
APTEPA BEACH	C	22636	46	92	■	4-10
ASTOR	C	55557/8	36	68	■	1-12
DIKTYNNA	C	21101/3	35	66	■	1-12
HANIA FEDRA	C	57719	15	40	■	
HELLINIS	C	28070	14	28	■	1-12
IRIDA	C	50444	18	33	■	1-12
KRITI	C	21881/5	98	189	■	1-12

	Kat.	Tel.	Zim.	Bet.	Bad	Mon.
KYDONIA	C	57561/3	37	68	■	1-12
LUCIA	C	21821/2	39	72	■	1-12
MANOS	C	29493	9	19	■	1-12
PLAZA	C	22540	8	17	■	1-12
GALINI	D	23654	21	43		1-12
HERMES	D	22317	7	16		1-12
NEA IONIA	D	22706	12	22		1-12
AVEROF	E	40809	10	20		1-12
PHEDIAS	E	52494	20	43		1-12
PIRAEUS	E	54154	15	31		1-12
VIENNOS	E	22470	8	18		1-12

CAMPINGPLÄTZE

AGIA MARINA-CHANIA, Tel.: (0821) 68555, 68565, 68596, Apr. – Okt.
Personen: 240
Zelte: 80

CHANIA
Tel.: (0821) 31490 Apr. – Okt.
Personen: 160
Zelte: 33

LOUPASSIS CAMPING
Paläochora/Chania, Tel.: (0823) 41225, 41130, Apr. – Okt.
Personen: 120
Zelte: 40

MYTHIMNA
Kisamos-Chania, Tel.: (0822) 3144-5, Apr. – Okt.
Personen: 162
Zelte: 54

PRÄFEKTUR LASITHI

VERKEHRSVERBINDUNGEN

a) Flugzeug

Die Anreise nach Lasithi erfolgt über die Flughäfen Iraklion und Sitia.
Informationen:
Olympic Airways, Roussou Koundourou 30, Ag. Nikolaos, Tel.: 28929
Olympic Airways, El. Venizelou 56, Sitia, Tel.: 22270
Olympic Airways, Jannakou 4, Ierapetra, Tel.: 22908

b) Schiff

Die Verbindung mit Piräus erfolgt über den Hafen Iraklio mit 2-3 Schiffen täglich im Sommer und 2 Schiffen im Winter.
Informationen:
Schiffahrtslinie ANEK, Papadakis, Agios Nikolaos, Tel.: 28114
Schiffahrtslinie ANEK, Mastorakis, Ierapetra, Tel.: 22308
Schiffahrtslinie ANEK, Spanoudakis, Sitia, Tel.: 28466

c) Straße

Innerstädtische Verkehrsmittel gibt es nicht. Es gibt jedoch gute Überlandverbindungen zwischen den Städten.

WICHTIGE TELEFONNUMMERN

AGIOS NIKOLAOS (0841)
Polizei, Tel.: 222521
Touristenpolizei, Tel.: 22321
EOT (Griech. Zentrale für Fremdenverkehr), Tel.: 22357
ELTA (Briefpost), Tel.: 22276
OTE (Fernmeldeamt), Tel.: 28099
Hafenverwaltung, Tel.: 22312
Krankenhaus, Tel.: 22369, 22011

IERAPETRA (0841)
Polizei, Tel.: 24200
Touristenpolizei, Tel.: 22560
ELTA (Briefpost), Tel.: 22271
OTE (Fernmeldeamt), Tel.: 22699
Krankenhaus, Tel.: 22488

SITIA
Touristenpolizei, Tel.: 24200
ELTA (Briefpost) , Tel.: 22283
OTE (Fernmeldeamt), Tel.: 28299
Hafenverwaltung, Tel.: 22310
Krankenhaus, Tel.: 22347

BANKEN

AGIOS NIKOLAOS
Trapeza Ellados, Tel.: 28446
Ethniki Trapeza, Tel.: 22545
Emporiki Trapeza, Tel.: 22779

IERAPETRA
Ethiniki Trapeza, Tel.: 22994
Ioniki-Laiki Trapeza, Tel.: 22313

SITIA
Ethniki Trapeza, Tel.: 22250
Emporiki Trapeza, Tel.: 22291

MUSEEN

AGIOS NIKOLAOS
Archäologisches Museum, Odos Paläologou 68, Tel.: 24943
Volkskundliches Museum, Tel.: 25093
SITIA
Archäologisches Museum (Hafenverwaltung), Tel.: 23917
Volkskundliches Museum

AUSGRABUNGSSTÄTTEN

Agia Fotia: Protominoisches Gräberfeld
Zakros: Minoischer Palast
Ierapetra: Die archäologische Sammlung ist im Rathaus untergebracht.
Mochlos: Gräber aus protominoischer Zeit
Neapoli: Archäologische Sammlung
Paläkastro: Minoische Siedlung

VENEZIANISCHE FESTUNGSANLAGEN

Venezianische Festungsanlagen finden sich in allen Präfekturen Kretas (s. Stadtpläne).

KLÖSTER

Selinari, Kremmaston, Aretiou, Kroustalenias, Toplou, Faneromenis, Exakoustis, Kapsa.

HÖHLEN

Diktäsche Grotte, Psychro/Lasithi
Milatos, Mirambelo
Peristeras, Karydiou/Sitia
Zakrou, Pelekition/Sitia

KULTURELLE VERANSTALTUNGEN

AGIOS NIKOLAOS	Im Sommer findet die Veranstaltungsreihe LATO statt mit Theateraufführungen, Ausstellungen kretischer Handarbeiten. Griechische und ausländische Musiker treten auf. Die Auferstehung und die Verbrennung des Judas werden auf einer Bühne im Hafen gefeiert.
VAI	Feier der Auferstehung im Toplou-Kloster.
GOURNIA	Fischerabend im Oktober. Wein und Vorspeisen aus Fisch werden kostenlos angeboten.
ELOUNDA	Das Kirchenfest der Metamorfosis am 6. August.
IERAPETRA	Im Juli und August die Veranstaltungsreihe Kyrvia mit Tanz, Theater, Kunst- und Photoausstellungen. Traditionelle Kirchenfeste werden gefeiert in Vainia am 27. Juli, Agios Panteleimonas in Kentri, am 15. August Marienfeiertag, am 13 - 14.9. Tou Stauvrou.
KALO CHORIO	Am 27.7 das Kirchenfest Ag. Panteleimonas und Ag. Sylla am 30.7.
KRITSA	Dreitägige kulturelle Veranstaltung in der zweiten Hälfte des August mit kretischem Abend, Tanz, Theater, Kinderprogramm.
NEAPOLI	Kirchenfest am 15. August.
HOCHEBENE VON LASITHI	Kirchenfest Ai-Janni am 29.8. Ag. Alexandros am 30.8, Ag. Zoni am 31.8.
PALÄKASTRO	Kirchenfest am 15. August mit Tanz und Musik.
SITIA	Veranstaltungsreihe Kornaria im Juli und August.

HOTELS

AGIA BARBARA (0841)

	Kat.	Tel.	Zim.	Bet.	Bad	Mon.
HELLENIC PALACE	A	71502	130	300	■	4-10

AGIOS NIKOLAOS (0841)

	Kat.	Tel.	Zim.	Bet.	Bad	Mon.
MINOS BEACH	L	22345/9	118	233	■	3-12
MINOS PALACE	L	23801/9	148	276	■	3-10
MIRABELLO VILLAGE	L	28400/5	131	251	■	3-12
ARCHONTICON	A		10	20		
CASTELLO	A	24044	10	27		4-10
DILINA	A	28292	11	23		4-10
HERA VILLAGE	A	28971/3	44	88	■	3-10
HERMES	A	28253/6	204	379	■	4-10
MIRABELLO	A	28806/9	174	322	■	1-12
AFRODITI	B	28200	10	20		4-10
ALEXANDROS	B	23907	8	16		3-10
AMALTHIA	B	28914/5	20	38	■	4-10
ARIADNI BEACH	B	22741/3	76	142	■	4-10
ARTEMIS BEACH	B	22065	17	30		4-10
CORAL	B	28363/7	170	323	■	4-10
CRI-CRI	B	23720	18	80	■	4-10
DIANA	B	22694	17	31	■	4-10
DOMENICO	B	22845	27	46	■	4-10
EL GRECO	B	28894	38	70	■	3-10
IKAROS	B	28901/3	19	35	■	4-10
IRIS	B	22407	24	41	■	4-10
LEVENTIS	B	22423	11	17	■	4-10
MARIGO	B	28439	12	24	■	3-10
NIKI	B	22095	12	20	■	1-12
ODYSSEAS	B	23934	21	35	■	
OLGA	B	22683	30	54	■	4-10
ORMOS	B	24094	46	84	■	4-10
RENAISSANCE	B	22125	22	44		4-10
RHEA	B	28321/3	113	220	■	1-12
SAND APARTMENTS	B	28452	19	56		4-10
VICTORIA	B	22731	15	28	■	4-10
ACRATOS	C	22721/5	30	59		4-10
ACROPOLE	C	22993	9	15	■	4-10
ALCESTIS	C	22454	24	45	■	4-10
ALFA	C	23701	40	74	■	4-10
ALMUROS BEACH	C	22865	47	87	■	4-10
APOLLON	C	23023/5	63	114	■	3-10
ARGYRO	C	28707	9	19	■	3-10
CRETA	C	22518	27	50		3-10
CRONOS	C	28761/2	38	68	■	1-12
DELTA	C	28991/8	10	19		3-10
DIAS	C	22263/4	14	25	■	4-10
DU LAC	C	22711/2	40	74	■	4-10
ELENA	C	28189	40	77	■	4-10
EUROPA	C		34	64		
KAMARA	C	23717	27	51	■	1-12
KERA	C	28711	12	24		4-10
KNOSSOS	C	24871	13	24	■	4-10
MAYROFOROS	C	23714	12	21	■	4-10
MYRSINI	C	28590	31	60	■	1-12
NEW YORK	C	28577	9	16		1-12
PANORAMA	C	28890	26	50	■	4-10
PERGOLA	C	28152	26	50	■	4-10
SGOUROS	C	28931	27	48	■	3-10
ZEPHYROS	C	23631	25	48	■	4-10
ELIZA	D	22695	10	16		4-10
AEGEON	E	22773	5	13		1-12
IRENE	E	23860	8	15	■	4-10

AMMOUDARES (0825)

	Kat.	Tel.	Zim.	Bet.	Bad	Mon.
VIRGINIA	B	22728	19	38	■	4-10

ELOUNDA (0841)

	Kat.	Tel.	Zim.	Bet.	Bad	Mon.
ASTIR PALACE ELOUNDA	L	41580/4	297	551	■	4-10
ELOUNDA BEACH	L	41412	301	578	■	4-10
ELOUNDA GULF VILLAS	A	41279	17	34		4-10
MARMIN	A	41513	160	295		3-10
ISLAND VILLAGE	B		15	23		
SOPHIA	B	41482	13	26	■	3-10
AKTI OLOUS	C	41270/1	49	95	■	4-10
ARISTEA	C	41300/5	37	70	■	1-12
CALYPSO	C	41316	16	30	■	4-10
MARIA	D	41335	12	20	■	4-10

ZAKROS (0843)

	Kat.	Tel.	Zim.	Bet.	Bad	Mon.
ZAKROS	C	93379	16	30	■	1-12

HIERAPETRA + FERMA (0842)

	Kat.	Tel.	Zim.	Bet.	Bad	Mon.
FERMA BEACH	A	61352/6	156	289	■	4-10
PETRA-MARE	A	23341/9	219	405		4-10

	Kat.	Tel.	Zim.	Bet.	Bad	Mon.
OSTRIA BEACH	B		48	87		
CAMIROS	C	28704	40	75	■	3-10
CRETA	C	22316	25	47		1-12
EL GRECO	C	28471/2	33	62	■	1-12
ERSI	C	23208/9	13	25	■	1-12
LYGIA	C	28881	15	29	■	4-10
ALKYON	D	22211	14	25		1-12
CORAL	D	22743	8	18		1-12
CRETAN VILLA	D	28522	9	20	■	1-12
IERAPYTNA	D	28530	8	14		6-10
IVISKOS	D		7	16		
LIVYKON	E	22371	11	21		1-12
VENIZELOS	E	28675	4	10		1-12
KALO CHORIO (BEACH) (0841)						
ISTRON BAY	L	61303	117	215	■	4-10
MOCHLOS (0843)						
SOFIA	D	94240	7	16	■	3-10
MOCHLOS	E	24205	9	15	■	1-12
MYRTOS (0842)						
ESPERIDES	C	51207	58	112	■	1-12
MYRTOS	C	51215	16	32	■	1-12
NEAPOLI (0841)						
NEAPOLI	D	32368	13	20	■	1-12
PALAIOKASTRO (0843)						
HELLAS	B	61240	13	24	■	1-12
ITANOS	E	61205	6	11		1-12
PALEOKASTRO	E	61235	7	14		
PACHEIA AMMOS (0842)						
CHRYSI AKTI (GOLDEN BEACH)	C	93278	12	24	■	1-12
XENIOS ZEUS	D	93289	8	19	■	1-12
SITIA (0843)						
CAPPA CRETE	A	28821/4	162	310	■	4-10

	Kat.	Tel.	Zim.	Bet.	Bad	Mon.
DENIS	B	28356	13	25		1-12
MARESOL	B	28933	27	47		1-12
ALICE	C	28450	36	69	■	1-12
CRYSTAL	C	22284	41	75	■	1-12
ITANOS	C	22146	72	138	■	1-12
MARIANA	C	22088	24	47	■	1-12
VAI	C	22288	44	84	■	4-10
ARCHONTICON	D	28172	10	22		1-12
MINOS	D	28331	14	27		1-12
MYSSON	D	28874	9	20		1-12
PRESSOS	D	28555	12	22		1-12
STARS (ASTRA)	D	22917	7	14		1-12
TZERMIADO (0844)						
KOURITES	D	22194	7	13		1-12
CRI-CRI	E	22170	5	12		1-12

CAMPINGPLÄTZE

GOURNIA MOON
Agios Nikolaos in Richtung Sitia, Tel.: (0842) 93243
Apr. - Okt.
Personen: 165
Zelte: 55

IERAPETRA CAMPING
Lasithi, Tel.: (0842) 61351, Apr.-Okt.
Personen: 123
Zelte: 41

KOYSOUMARI
Agios Ioannis-Ierapetra, Tel.: (0842) 61213, Apr.-Okt.
Personen: 198
Zelte: 66

TZIKAS CAMPING
Tel.: (0841) 32086, Apr.-Okt.
Personen: 120
Zelte: 40

PRÄFEKTUR RETHYMNO

VERKEHRSVERBINDUNGEN

a) Flugzeug

Rethymno besitzt keine direkte Flugverbindung mit Athen. Es ist erreichbar über den Flughafen Souda/Chania. Für den Transfer der Passagiere von und nach Rethymno stehen Busse von Olympic Airways zur Verfügung. Täglich gibt es zwei Flüge. Die Entfernung beträgt 60 km.

Informationen:

Olympic Airways, Pl. Kountouriotou, Tel. 22257

b) Schiff

Von Piräus gibt es keine direkte Schiffsverbindung nach Rehtymno. Die Verbindung wird hergestellt durch die Häfen Chania und Iraklio.

Informationen:

Schiffahrtslinie ANEK, Pl. Kountouriotou, Tel.: 22296.

c) Straße

Busverbindungen von Rethymno gibt es nach Iraklio und nach Chania sowie in zahlreiche Orte der Präfektur.

WICHTIGE TELEFONNUMMERN

RETHYMNO (0831)

Polizei, Tel.: 28156, 22333

EOT (Griech. Zentrale für Fremdenverkehr), Tel.: 24143, 29148

ELTA (Briefpost), Tel.: 22303

OTE (Fernmeldeamt), Tel.: 22699

Hafenverwaltung, Tel.: 22276

Krankenhaus, Tel.: 27491, 27814

BANKEN

Ethniki Trapeza, Tsouderou 18, Tel.: 29271
Ethniki Trapeza, Arkadiou, Tel.: 22009
Emporiki Trapeza, D. Kastrinojanaki, Tel.: 22228
Trapeza Ellados, Dimitrakaki - Moatsou, Tel.: 22258
Trapeza Kritis, P. Kountouriotou, Tel.: 29843

VENEZIANISCHE FESTUNGSANLAGEN

Venezianische Festungsanlagen finden sich in allen Präfekturen Kretas (s. Stadtpläne).

MUSEEN

RETHYMNO
Archäologisches Museum, Odos Arkadiou/K. Paläologou, Tel.: 29975
Historisches und Volkskundliches Museum, Tel.: 23667
Volkskundliches Sammlung des Lykio Ellinidon.

KLÖSTER

Arkadi, Preveli-Kloster, Arseniou, Roustikon

HÖHLEN

Sentoni, Zoniani/Milopotamos
Idäische Grotte, Anogio/Milopotamos
Gerontospilia, Melidoni/Milopotamos
Geraniou, Rethymno

KULTURELLE VERANSTALTUNGEN

RETHYMNON	Kultureller August mit Veranstaltungen. Das Weinfest im Stadtpark in den letzte vierzehn Tagen des Juli.
AGIA GALINI	Verschiedene Veranstaltungen mit Festen und Konzerten den ganzen Sommer über and während der Nautischen Woche.
ADELE	Kirchenfest Ag. Panteleimonas am 27.7.
ANOGIA	10-15. August Veranstaltungen im Rahmen der Anogia mit Gesangs-, Tanz- und Lyrawettbewerben.
ARKADI	Jahrestag der Zerstörung des Klosters am 8.11.
KOSARE	Kirchenfest am 15. August.
BALI	Kirchenfest Ag. Ioannis am 29.8.
PANORMOS	Karneval und Rosenmontag. Kirchenfest Ag. Nikolaos am 6.12.
PERAMA	Ende August das Traubenfest. In Achladi das Aprikosenfest im Juni In Skepasti das Weinfest im Juli.
PLAKIAS	Kirchenfest Ag. Georgios am 23. April und Zoodochou Pigis am Freitag nach Ostern.

HOTELS

AGIA GALINI (0832)

	Kat.	Tel.	Zim.	Bet.	Bad	Mon.
ANDROMEDA	B	91264	21	40	■	4-10
ACROPOLIS	C	91234	16	32		3-10
ASTORIA	C	91253	22	42		3-10
ATHINA	C	91331	17	33	■	4-10
CANDIA	C	91203	12	22		1-12
DEDALOS	C	91214	12	24		1-12
GLAROS	C	41326	27	51	■	
PETRA	C	91155	27	49	■	3-10
PHAESTOS	C	91223	8	16		1-12
SELENA	C	91273	8	15		1-12
SOULIA	C	91307	11	22		3-11
ARETI	D	91240	33	63		4-10
ASTIR	D	91229	10	21		4-10
IKAROS	D	91270	12	23		3-10
LETO	D	91241	8	17		4-10
MATHIOS	D	91205	12	23		4-10
MINOS	D	91218	12	23		1-12
PASIPHAE	D	91392	16	32		1-12
AKTEON	E	91208	9	20	■	1-12
ANGELIKA	E	91304	7	13		4-10
CORALI	E	91260	11	22		5-10
MANOS	E	91394	6	10	■	4-10
PANORAMA	E	91289	8	16	■	1-12

	Kat.	Tel.	Zim.	Bet.	Bad	Mon.
ANOGIA (0834)						
EIMARMENI	E	31365	6	16		1-12
PSILORITIS	E	31231	4	9		1-12
EPISKOPI (0831)						
MINOS	D	61208	12	23		1-12
MISIRIA (0831)						
ANNA	B	22590	10	20	■	4-10
PANORMOS (0834)						
KIRKI	B	51225	32	64	■	4-10
PLAKIAS						
KRITIKO CHORIO	A	31296/7	102	204	■	4-10
LAMON	B	31280/2	23	46	■	4-10
ALIANTHOS	C	31227	18	35	■	3-11
LIBYKO	C	31216	13	27	■	4-9
PLATANES (0831)						
NEFELI	B	21321	105	210	■	4-10
RETHYMNO (0831)						
EL GRECO	A	71102	307	573	■	4-10
BRASCOS	B	23721/3	82	156	■	1-12
IDAEON	B	28667/70	71	133	■	1-12
JO-AN	B	24241/4	50	93	■	1-12
KRITI BEACH	B	27401/2	54	100	■	3-11
OLYMBIC	B	24761/4	64	123	■	1-12
ORION	B	71471/3	73	138	■	3-11
XENIA	B	29111/2	27	54		1-12
ZORBAS BEACH	B	28540	12	22	■	3-10
ASTALI	C	24721/2	36	63	■	1-12
IONIA	C	22902	33	50	■	1-12
PALLADION	C	71789	26	52	■	4-10
PARK	C	29958	10	18	■	1-12
STERIS BEACH	C	28303	45	83	■	4-11
VALARI	C	22236	29	55	■	1-12
ACROPOLE	D	27470	13	23		1-12
KASTRO	D	24973	6	14		4-10
MINOA	D	22508	32	57	■	1-12
ACHILLION	E	22581	10	21		1-12
AGIOS PAVLOS	E	41350	7	18	■	5-10
PARADISSOS	E	22419	11	23		1-12
POSSIDON	E	23795	9	24		

CAMPINGPLÄTZE

AGIA GALINI
Agia Galini/Rethymno, Tel.: (0832) 91386, 91239 Apr.-Okt.
Personen: 135
Zelte: 45

ARCADIA
Misiria/Rethymno, Tel.: (0831) 28825, 22361 Apr.-Okt.
Personen: 150
Zelte: 50

ELIZABETH
Misira/Rethymno, Tel.: (0831) 28694, Apr.-Okt.
Personen: 492
Zelte: 164